上海检察

上海检察文库

检察业务论丛

行政犯定罪的基本原理与司法实务

Xingzhengfan Dingzui De Jiben Yuanli Yu Sifa Shiwu

李小文◎著

中国检察出版社

图书在版编目（CIP）数据

行政犯定罪的基本原理与司法实务 / 李小文著 . —北京：中国检察出版社，2023.12

ISBN 978-7-5102-2967-1

Ⅰ. ①行…　Ⅱ. ①李…　Ⅲ. ①刑罚－法律适用－研究－中国　Ⅳ. ①D924.134

中国国家版本馆 CIP 数据核字（2024）第 092654 号

行政犯定罪的基本原理与司法实务

李小文　著

责任编辑：夏妍妍
技术编辑：王英英
美术编辑：徐嘉武

出版发行：中国检察出版社
社　　址：北京市石景山区香山南路 109 号（100144）
网　　址：中国检察出版社（www.zgjccbs.com）
编辑电话：（010）86423796
发行电话：（010）86423726　86423727　86423728
（010）86423730　86423732
经　　销：新华书店
印　　刷：北京联兴盛业印刷股份有限公司
开　　本：710 mm × 960 mm　16开
印　　张：16
字　　数：265 千字
版　　次：2023 年 12 月第一版　　2023 年 12 月第一次印刷
书　　号：ISBN 978-7-5102-2967-1
定　　价：56.00 元

总 序

“实践没有止境，理论创新也没有止境。”注重发挥理论研究对检察工作的先导性、基础性、统摄性作用，及时为检察实践和改革创新提供高品质的理论支撑和智力支持，是上海市检察机关的优良传统，也是上海市检察机关推进新时代检察工作高质量发展，推进检察队伍革命化、正规化、专业化、职业化建设的重要抓手。

近年来，上海市检察机关持续学深悟透践行习近平新时代中国特色社会主义思想，全面贯彻习近平法治思想，发扬上海检察理论研究根植实践、勇立潮头、锐意创新、笃行致远的理论品格，依托“大调研”“大研究”工作格局，不断深化理论研究与实务探索的良性互动，持续创新丰富课题制、年会制、论坛制等载体和平台，产生了一批较高质量的理论研究成果，在引领理念、辅助决策、服务办案、助推改革等方面发挥了积极作用，为推动新时代上海检察工作行稳致远提供了有力支撑。

“上海检察文库·检察业务论丛”系列丛书以“理论建设与业务建设相辅相成、学术研究与实践应用统筹兼顾”为目标，主要择优收录本市检察业务专家、检察理论骨干人才和在本市检察系统挂职学者，就新时代检察机关法律监督工作相关重点问题撰写的专著、译著，旨在为检察官构建更为广阔的检察研究成果展示交流平台，以文见人、以文树人，建设高质量检察智库。

丛书编录秉持放眼全局、立足实践，以展示检察学术研究成果的方式，生动展现上海检察官在推进全面依法治国、坚持和完善中国特色社会主义检察制度，促进深化对检察工作基础性、战略性、全局性问题进行的深入思考、理论阐述和研究探索，以期形成既有学科覆盖面与研究的系统性，又具有鲜明的时代特征、检察特质和上海特色的检察理论研究成果体系，从而为推动新时代检察工作高质量发展，更好发挥法治固根本、稳预期、利长远保障作用提供理论支撑和智力支持。

理论是实践的先导、行动的指南。当前，世界百年未有之大变局加速演进，世界之变、时代之变、历史之变的特征更加明显。党的二十大开启全面建设社会主义现代化国家新征程，面对高质量发展对高水平法治保障新要求，面对人民群众在民主、法治、公平、正义、安全、环境等方面更趋多元多样的需求，迫切需要从检察理论和实践的结合上深入回答关于中国式现代化进程中法治保障的时代课题。上海检察机关将把牢宪法对检察机关的职责定位和上海在国家改革发展大局中的战略定位，以时不我待“争一流、走在前、排头兵”的担当，不断推进理论探索和创新，为在法治轨道上全面建设社会主义现代化国家贡献检察力量。

由于水平有限，难免纰漏，不当之处，敬请批评指正。

“上海检察文库”编委会

2022 年 12 月

目录
contents

导　言

一、问题提出和研究意义

长期以来，刑法的基本犯罪形态表现为自然犯，这是由自然经济条件下社会发展缓慢、社会关系简单、伦理标准划一等因素决定的。但18世纪以来，随着社会的发展尤其是经济的快速发展，社会关系日益多样而复杂，国家基于行政管理职能而制定的行政管理法规也日益增多，且几乎涉及国家管理和国民生活的方方面面，违反行政管理法规的行为逐渐出现分化，其中具有严重违法性的行为被各国规定为犯罪行为，此所谓根据前置行政法律规范的禁止才被认为是犯罪的行政犯。因此，从世界范围来看，刑法中的犯罪形态在数量上已由传统的自然犯占绝对优势演变为行政犯占绝对比重的局面。我国刑法亦呈现出这样的发展态势。1997年刑法修订时，依据形势发展新增罪名100余个，多数属于行政犯。1997年刑法施行以来，全国人大共颁布了1个单行刑法和11个刑法修正案，这些调整也主要体现在对行政犯的修改上，其中修改最多的是第三章破坏社会主义市场经济秩序罪，被反复修改的条文也多集中在第三章，如第151条、第162条、第163条、第164条、第180条、第182条、第185条、第191条、第200条、第225条等。正如有学者所称的，在经济快速发展的现代中国，“法定犯时代已随之到来”①。

可以预见的是，在我国今后相当长的一段时间内，行政、经济法规即行政犯的前置法规仍将处于不断出台和修订完善的过程中，与之相应的是，行政犯的刑事立法和司法也必将处于不断调整的状态中。在这样的背景下，行政犯定罪问题在司法实践中将产生不少的难题和困惑。行政犯定罪的前置法规的范围和效力应当如何限定？某一罪状表述中采用了与行政法规相同的用语时，是否应当作同一解释？如果作出不同解释，其边界又在哪里？行政法规的特别规定是否适用于刑法？行政法规的修改对行政犯的定罪是否产

---

① 储槐植：《要正视法定犯时代的到来》，载《检察日报》2007年6月1日，第3版。

生影响或者会产生怎样的影响？行政犯的行政违法性和刑事违法性应当如何判断？行政行为对行政犯的定罪有怎样的影响？行政犯的主观如何认定？等等。

对于这些问题，司法实践已经进行了一定的探索，以陆勇案、王力军案、“气枪大妈”案、鹦鹉案等为代表的一些案件引发了理论界甚至社会公众的广泛关注，其中不乏争议之声。笔者认为，上述问题的科学解答有待于理论层面的提炼和升华。问题背后的实质在于行政犯定罪的基本原理应当如何架构，相较于刑事犯的定罪，行政犯定罪在原则、方法和步骤上有何不同。这里涉及行政权、司法权和立法权的纠葛与划分，司法解释的形式立场和实质立场的纷争与取舍，罪刑法定原则在行政犯领域中的挑战与坚守，行政法规与刑事法律的关系，违法性认识在犯罪构成中的地位等刑法基本理论问题。对这些基础问题的研究有助于实践中从个案个性问题到类案一类问题的解决，有助于理论上从具体问题研究到抽象原理的构建，有助于对行政犯研究的进一步深入化和系统化。同时，对这些问题的研究既不能脱离刑法也不能局限于刑法，而必须跳出刑法，“置于法秩序一体化的视野中，在宪法价值秩序和比例原则的指引下，在具体法律体系语境下的部门法规范结构及其相互关系中，在与其他部门法乃至非法律的社会治理体系的交流碰撞和分工合作中”，[①] 实现对行政犯的科学治理。

二、研究现状和不足之处

行政犯（法定犯）的观念，一般认为最早渊源于古罗马法对于自体恶和禁止恶的区分。真正完整提出自然犯和法定犯分类并在刑事法理论上加以系统阐述的则是意大利刑事人类学派的加罗法洛。从其在《犯罪学》一书中提出自然犯和法定犯的概念以来，这一概念就始终争议不断，甚至饱受批判。究其原因，乃由行政犯本身的性质所决定。行政犯既涉及行政法也涉及刑法，二者的不同属性和不同目的，决定了既不能将行政法的目的当作刑法的目的，也不能将行政法所禁止的结果作为刑法禁止的结果。因此，行政犯的立法始终与其性质和属性之争相伴，成为一个首要问题在德、日法学界展开。1902 年被称为“行政刑法之父”的德国学者郭特希密特出版了人类历史

① 田宏杰：《行政犯治理与现代刑法的政治使命》，载《中国人民大学学报》2022 年第 1 期。

上第一部《行政刑法》专著以后，刑法学界和行政法学界都卷入了这场历经100多年的有关行政犯的争论，并形成了多种针锋相对的理论派系，乃至德国法学家考斯特林曾将行政犯问题称为“导致法学者绝望的问题”。[①]我国台湾地区因深受德日学说的影响，故也有众多学者对行政犯问题倾注了大量的心血。

反观我国大陆法学界对行政犯的关注，则相对起步较晚。1989年国际刑法学协会第14届代表大会召开时，理论上才开始关注行政犯和行政刑法问题。行政刑法是这次会议的一个议题，会议综述发表在《中国法学》1990年第1期上，行政刑法的有关信息也随之介绍到国内。之后，便相继有《行政刑法概论》（张明楷教授主编）、《行政刑法学》（李晓明教授著）、《行政刑法的一般理论》（刘艳红、周佑勇教授著）等专著问世。不少博士论文也将眼光投到了行政犯领域，比如黄河的《行政刑法比较研究》（2001年）、黄明儒的《行政犯比较研究——以行政犯的立法与性质为视点》（2002年）、何子伦的《台湾地区刑事犯与行政犯分界之研究》（2005年）、刘涛的《刑事不法和行政不法论》（2007年）、张冬霞的《论行政法与刑法的衔接与互动》（2008年）、郭晶的《刑事领域中行政犯问题研究》（2008年）、韩兆强的《法定犯理论与实践》（2012年）、施锐利的《行政违法与行政犯罪界分研究》（2016年）、夏宏强的《行刑冲突问题研究》（2017年）、夏陈婷的《行政犯的行政处罚与刑罚流动机制研究》（2020年）、孙继科的《论法定犯出罪机制的建构》（2020年）等。此外，还有数篇硕士论文和百余篇期刊上的论文亦论述了行政犯的相关问题。中国人民大学刑事法律科学研究中心还于2008年举办了“犯罪与行政违法行为的界限及惩治机制的协调”的学术研讨会，并将会议论文汇编成书，对一段时间内的行政犯的研究成果进行了系统整理。

纵观上述研究成果，主要研究内容集中于以下几个方面：（1）行政犯的概念。通说认为“行政犯和刑事犯”与“法定犯和自然犯”是两组相对应的概念，即行政犯的概念基本等同于法定犯。但仍有少数学者认为，行政犯是违反了行政管理法规，尚未构成犯罪的行为，即认为行政犯只是行政违法行为而非犯罪行为。（2）行政犯与刑事犯的区别。大部分学者认为二者有区分的必要和意义，也有少数学者认为应当反思自然犯、法定犯的分类，提倡一体化和无区别化。而主张区分二者的学者，则主要是在借鉴德、日和我国

① 参见黄河：《行政刑法比较研究》，中国方正出版社2001年版，第6页。

台湾地区的研究成果，形成质的差异说、量的差异说和质量差异说等几种观点，也有学者另辟蹊径，提出双重性质说的观点。（3）行政刑法的法律属性，即行政刑法究竟属于刑法领域还是行政法领域。同样也是在借鉴德、日法学的研究成果基础之上，提出了行政法说和刑法说两大对立的观点。后来又有学者提出行政刑法应当作为一门独立的交叉学科来研究。（4）行政犯的分类。我国学者根据不同的标准对行政犯进行了多种分类，有以犯罪主体为标准的，将行政犯分为自然人行政犯与单位行政犯，或者一般公民行政犯与国家工作人员行政犯；有以犯罪客体为标准的，将行政犯分为妨害一般行政管理秩序的行政犯、妨害司法管理行政管理秩序的行政犯等六种行政犯；有以犯罪主观方面为标准的，将行政犯分为故意行政犯、过失行政犯、严格责任行政犯。（5）行政犯的立法模式。学者们在比较了法国、德国、日本、我国台湾地区的行政犯立法模式之后，对我国现行的行政犯立法模式是否应当调整提出了不同的观点。有学者认为应当在刑事犯与行政犯分立的基础上，采取刑事立法的双轨制，即将刑事犯规定在单纯的刑法典中，而将行政犯规定在行政刑法中。也有学者认为我国应当坚持现行的单轨制立法模式。（6）行政违法行为与行政犯的界限，以及行政法规与刑事法律之间的衔接和互动。学者们在研究行政违法行为与行政犯的区别基础之上，提出以法益侵害是否存在、法益侵害的程度、法益侵害的危险、行为人的罪过种类及主观恶性程度等作为区分标准，合理地划定犯罪圈，促进非犯罪化和犯罪化，即行政法规和刑事法律之间的衔接和互动。其中有不少学者研究了刑法领域的非刑事法律适用以及非刑事法律规范中的刑事责任条款等问题，还有学者在研究罪刑法定原则、空白罪状、经济犯罪的规范解释等问题时涉及了行政法规和刑事法律的关系问题。（7）行政执法与刑事司法的衔接机制。这主要是从分析行政执法与刑事司法的内在逻辑关系入手，针对二者衔接工作中存在的现实问题，提出二者衔接的程序机制设计。

可见，我国对行政犯的研究已经取得了不少成果，但细细分析也可看出其中的不足：（1）少数研究成果脱离了我国的实际情况，盲目援引德、日的法学理论。殊不知，德、日两国对于行政犯研究的目的各不相同，甚至对行政犯概念的理解也有所不同。尤其在德国，“行政刑法”已徒有“刑法”之名，其行政犯指的是科以行政罚的秩序违反犯，只相当于我国的行政违法行为，而非行政犯罪行为。因此，如果盲目套用德国的行政犯理论来研究我国的立法和司法，自然难以得出让人信服的结论。（2）目前最多的研究成果还是集中于行政犯的概念、性质、特征、分类、立法等基本问题上，缺乏研究的深度。不过，这也符合研究的规律，对某一领域的研究总是从该领域最基本的问题开始，在对概念和属性等问题上取得共识后才能进一步深入研究。目前的研究现状，证明了我国对于行政犯的研究尚处于初级阶段。（3）研究存在一定的局限性。行政犯不仅涉及刑法问题，也涉及行政法问题，仅从单一的部门法角度研究，会造成学科的本位主义和自我封闭。目前一些研究成果的局限性表现在没有将行政犯置于宪法的大框架下进行研究，没有深究行政犯背后所蕴藏的与行政权、司法权的关系问题，也没有深入地结合其他部门法进行综合性研究。（4）对行政犯定罪问题缺乏系统性的研究。早期的博士论文大多就概念和立法问题进行比较法上的研究，而晚近的几篇博士论文则基本力求立法层面、司法层面、操作层面的面面俱到，而没有就某一层面的问题进行系统性的深入研究。对于行政犯的定罪问题，也多散见于一些期刊杂志的文章上，缺少整体性的宏观架构。（5）研究广度方面，对行政犯定罪问题的研究大多只是从罪状角度研究刑法分则规范与前置性行政法律规范的关系及法律适用问题，没有从行政行为对行政犯定罪的影响这一角度进行研究，更没有研究有行政犯特色的定罪基本原理问题。

三、拟解决问题和研究方法

针对上述不足之处，本书不求大而全地研究行政犯问题，而是缩小研究视角，力求研究深度，着重研究行政犯在定罪过程中的基本问题，立足于我国的立法实际和司法实践，尝试搭建行政犯定罪原理的基本框架。行政犯的概念在整体上应当得到认可，但同时应尊重行政犯所具有的相对性特点，即行政犯定罪既有与一般刑事犯罪相同的一面，又有一般刑事犯罪所不具有的独特问题。本书在正视这一前提的基础上，遵循以问题为导向的研究范式，针对司法实践中的疑难和争议，先具体问题后一般问题，探讨行政犯定罪与刑事犯定罪不同的地方。具体问题主要聚焦于以下四个方面：行政犯定罪中的空白罪状、行政违法到刑事违法的违法性判断、具体行政行为对行政犯定罪的影响以及行政犯罪的主观认定。在厘清具体问题的基础上，本书进而从一般问题的角度提出刑事司法在行政犯领域应当遵循适度介入原则，这是基于目前刑事司法在行政犯领域介入过度和介入不足并存所作的研究，本书提出了司法适度介入的实现路径，力求行政权和司法权在各自的领域各司其职。

本书的研究方法包括：

1. 规范研究法。法律规范是法学的核心，也是法律研究的基础。本书立足于我国立法实际，从行政犯罪的立法出发，运用刑法的基本理论阐释行政犯法律规范中的条文含义、构成要件、具体适用和适用效果等问题。

2. 交叉研究法。法律从来都不是一门自给自足的学科，它必须不断地从其他学科领域汲取知识来充实自身的发展，对于行政犯定罪问题而言，更是如此。行政犯的定罪既涉及刑法，也涉及行政法，因此本书结合宪法、行政法等相关部门法律对行政犯罪问题进行研究，尤其是在探讨具体行政行为对行政犯定罪的影响时，更是大量地运用行政法原理。

3. 比较研究法。行政犯的概念是一个舶来品，因此对行政犯的研究必须借鉴国外的相关立法、司法和法学理论，同时又需注意同一用语在不同法系和国家语境下的不同含义，最终要落脚于我国的司法语境。本书通过对国外和我国台湾地区行政犯定罪方面的理论和实践的介绍和借鉴，分析我国的具体问题。

4. 案例分析法。法律是一门实践科学，研究行政犯的定罪只有运用到司法实践才更有价值。因此，本书在分析具体问题时，注重挑选能够说明问题的典型案例，结合案件讨论行政犯定罪的基本原则和具体方法。只有发现司法实践中存在的问题，才能为司法实践不断提供更有针对性的理论供给。

第一章　行政犯概论

1902年，被称为“行政刑法之父”的德国学者郭特希密特出版了人类历史上第一部《行政刑法》专著以后，刑法学界和行政法学界都卷入了一场历经100多年的有关行政犯的争论，并形成了多种针锋相对的理论派系，乃至德国法学家考斯特林曾将行政犯问题称为“导致法学者绝望的问题”。[①] 我国台湾地区因深受德日学说的影响，故也有众多学者对行政犯问题倾注了大量的心血。而大陆法学界对行政犯的关注，则相对起步较晚。迄今，理论界对行政犯概念提倡的必要性、行政犯概念的内涵外延、行政犯的特征等基本问题都未完全达成共识。

第一节　行政犯的概念

一、行政犯概念的思想缘起

行政犯概念的思想缘起可以追溯到古罗马法对自体恶与禁止恶的区分。所谓自体恶，是指某些行为具有恶性不是因为法律的禁止规定，而是因为存在于行为的本质之中，是与生俱来的。禁止恶则是指某些行为具有恶性是因为法律的禁止规定，而不是与生俱来的。因此，有些不法行为，虽然法律没有加以规定，但根据伦理道德的观点，依然是应予非难的行为。相反地，有些不法行为在伦理道德上是无关紧要的，它之所以成为禁止的不法行为，纯粹是因为法律的规定。[②] 而在刑事法理论上正式提出自然犯与法定犯的概念并进行系统论述的，则是意大利著名的刑事人类学派的代表人物之一——加罗法洛。他于1885年在其经典著作《犯罪学》中提出，伤害怜悯感或正直感

---

① 黄河：《行政刑法比较研究》，中国方正出版社2001年版，第6页。

② 陈兴良：《刑法的启蒙》，法律出版社2007年版，第284页。

这两种基本利他情感的犯罪是自然犯，而法定犯则与特定国家的特定环境有关，它们并不说明行为人的异常，不证明他们缺少道德感。在加罗法洛的犯罪学体系中，自然犯无疑是犯罪的中心，法定犯被其排除在社会学研究的犯罪范围之外。他认为，被排除的犯罪常常仅是侵害了偏见或违反了习惯，或只是违背了特定社会的法律，而这些法律根据国家的不同而不同，且对社会的共同存在并非必不可少。[①]

二、行政犯概念的提出与分野

行政犯概念的正式提出发轫于德国，并在日本、意大利等国及我国台湾、澳门等地区继受，但无论是德国、日本还是我国台湾地区，在各自发展历程中，行政犯概念均发生了变化与分野。

（一）德国的行政犯概念

18 世纪，德国由于警察权力日渐增强和活动范围不断扩大，导致“警察犯”的概念开始出现，并和“刑事犯”相对应。一直到 19 世纪，“警察犯”基本等于“违警罪”，其间自成一体的“警察刑法典”可以说是行政刑法的最早立法例。但“警察犯”与“刑事犯”的区别却为理论界所争论不休。1871 年德国联邦刑法参照法国刑法，将犯罪分为重罪、轻罪和违警罪，将违警行为规定在刑法典中，并处以自由刑、罚金刑和拘役等。但该法典的出台受到包括冯·李斯特在内的诸多学者的批评，学者们认为违警罪系纯正的秩序违反行为，建议将违警罪从刑法法典中划分出来。[②]1902 年，被称为“行政刑法之父”的德国学者郭特希密特首创“行政刑法”一词，主张在传统的刑法典之外，另行制定行政刑法，以规范违警罪问题。他认为，法与行政是相对立的，两者应该有其不同的目的与手段，法的目的在于保护法益与人的意思领域，其手段是法规；行政的目的在于促进公共福利，其增进手段是行政活动。违反法的行为就是刑事犯，违反行政活动的行为就是行政犯。[③]德国 1949 年《经济刑法》和 1952 年《秩序违反法》的出台，意味着学者的上

---

① 参见［意］加罗法洛：《犯罪学》，耿伟等译，中国大百科全书出版社 1996 年版，第 29-53 页。

② 参见赵秉志、郑延谱：《中国行政刑法的立法缺憾与改进》，载《河北法学》2006 年第 8 期。

③ 刘艳红、周佑勇：《行政刑法的一般理论》，北京大学出版社 2008 年版，第 2 页。

述理论在立法上得以实现。1975年的德国刑法将旧刑法第29章的违警罪删除，将其中部分比较严重的行为升格为轻罪，规定在刑法典中，其余则归入《秩序违反法》。

由此可见，德国学说上所称的行政犯，在1952年之前，指的是旧刑法第29章以下科以刑罚的违警罪，而在1952年之后，指的则是科以行政罚的秩序违反犯。至此，“行政犯”一词从早期与刑法的纠葛状态发展到与刑法完全无关的状态。①

（二）日本的行政犯概念

日本刑法深受德国影响，其行政犯的概念亦从德国承继而来，但日本的行政犯概念自身发展出广狭二义两种。广义的行政犯包含科以行政罚的秩序违反行为，狭义的行政犯则仅指行政法上科以刑罚或科处行政罚的不法行为。②

日本行政法学者多从广义的角度解释行政犯。如日本宪法及行政法宗师美浓部达吉在其著作《行政刑法》概论中，将行政犯作为与刑事犯的对立概念予以阐述，认为行政犯是违反行政上取缔规定的行为。③而刑法学者则倾向从狭义的角度论述，曾根威彦认为，行政刑法原本是为了实现行政取缔目的而设立的法规，为了强制人们遵守它而设置了刑事罚则；④野村稔认为，行政犯是指根据刑罚法规作为犯罪处罚时才受到非难的行为，与自然犯系行为本身的恶不同，行政犯是被禁止的恶。⑤

（三）我国台湾地区的行政犯概念

我国台湾地区于1991年6月公布施行“社会秩序维护法”，替代一直在台湾地区适用的“违警罚法”。二者在体例上与德国《违反秩序法》相近，是独立于刑法之外的行政刑事规定，但在处罚内容上又与日本《轻犯罪法》

---

① 黄明儒：《也论行政犯的性质及其对行政刑法定位的影响》，载《现代法学》2004年第5期。

② 黄明儒：《也论行政犯的性质及其对行政刑法定位的影响》，载《现代法学》2004年第5期。

③ ［日］美浓部达吉：《行政刑法概论》，劲草书房1949年版，第4页。转引自郭晶：《刑事领域中行政犯问题研究》，华东政法大学2008年博士学位论文。

④ ［日］曾根威彦：《刑法总论》，有斐阁2008年版，第2页。转引自张祥宇：《行政犯法律性质的定位、缺陷及完善》，载《南华大学学报（社会科学版）》2016年第2期。

⑤ 参见［日］野村稔：《刑法总论》，全理其等译，法律出版社2001年版，第81页。

雷同，设有拘留处罚，似乎又属于刑罚范畴。[①]规定制定上的模棱两可造成警察罚属于刑罚抑或行政罚的性质不甚明确。此外，随着经济发展和社会变迁，台湾地区逐渐形成了一支庞大的行政刑法体系。凡有关内政、财政、经济、交通、卫生、教育、科技等行政法规上，多有附属刑罚的规定。而且这些行政刑法的规定，在犯罪主体、共犯、责任及犯罪竞合方面，都有行政的考虑，为达到行政取缔的目的，台湾地区“刑法”总则第 11 条规定：“本法总则于其他法令有刑罚之规定者，亦适用之。但其他法令有特别规定者，不在此限。”[②]台湾学者对行政犯概念的界定则可分为三类：[③]

1. 广义论。以林纪东、蔡墩明等为代表，主张凡是行政罚，无论是行政刑罚还是行政上秩序法，均为行政犯。

2. 狭义论。以陈朴生、林山田等为代表，主张刑法分为行政刑法和刑事刑法，故刑法中的犯罪也相应分为行政犯与刑事犯。行政犯即法定犯，是指违反国家为达成行政目的所设定的命令或禁止规范，才具可罚性的犯罪行为。

3. 广狭二义论。以韩忠谟、黄守高、吴景芳等为代表，主张行政犯应从广狭二义理解，狭义行政犯是指规定于行政法规中的构成犯罪应受刑罚科处的行为，广义上的行政犯则兼指构成秩序违反而科处秩序罚或罚锾的情形。

三、行政犯概念的本土化

我国理论界对行政犯和行政刑法的关注是在 1989 年国际刑法学协会第 14 届代表大会召开之后。这次会议的议题之一就是行政刑法，会议对行政刑法的概念虽有涉及，但未展开讨论，因而在决议中未作出明确规定。[④]会议综述发表后，学者们陆续开始撰写论文或出版专著对行政犯和行政刑法进行研究。纵观国内学者所下定义，以对行政犯的定位为标准可以分为两大类

---

① 参见何子伦：《台湾地区刑事犯与行政犯分界之研究》，中国政法大学 2005 年博士学位论文。

② 参见何子伦：《台湾地区刑事犯与行政犯分界之研究》，中国政法大学 2005 年博士学位论文。

③ 参见何子伦：《台湾地区刑事犯与行政犯分界之研究》，中国政法大学 2005 年博士学位论文。

④ 朝正：《国际刑法学协会第 14 届代表大会综述》，载《中国法学》1990 年第 1 期。

别：

（一）在行政法界域内阐述，认为行政犯系行政违法行为

这是少部分学者所持的观点。该观点从行政法的立场阐述行政犯概念，认为行政犯仅仅是一种行政违法行为，其法律后果是行政处罚。如有观点认为："所谓行政犯罪就是指破坏行政管理秩序情节严重，尚未构成犯罪，而行政刑法规定应受到行政刑罚制裁的行政违法行为。"① 较早就开始研究行政犯问题的卢建平教授亦持相似观点。② 也有学者从行政犯与法定犯区分的角度，主张法定犯兼具行政违法性与刑事违法性，而行政犯仅具有行政违法性。③

（二）在刑法界域内阐述，认为行政犯系行政犯罪行为

多数学者从刑法的立场阐述行政犯概念，认为行政犯是一种刑事犯罪行为，并认为行政犯与法定犯、自然犯与刑事犯是分别基本等同的。④ 但在认可行政犯系犯罪行为的前提之下，学者们对行政犯的具体界定又各不相同，以行政犯区分于自然犯的依据为标准，大体可分为两类：

1. 从伦理道德的角度进行界定。如马克昌教授认为："所谓自然犯，也称刑事犯，是指无需依赖法律的规定，其在性质上违反社会伦理被认为犯罪者；所谓法定犯，也称行政犯，是指本来并不违反社会伦理，根据法律的规定被认为犯罪者。"⑤ 孙万怀教授认为："法定犯是法律禁止的不规行为，不规的非难性基础在于法律的禁止行为本身而非传统固有的非道德性，而且因为为制定法所禁止而成为不规。"⑥ 黄明儒教授认为："行政犯，是指违反行政法规，严重危害基于行政法规而形成的但与社会一般伦理道德关系不密切的派生生

---

① 郭润生、刘东生：《行政刑罚基本问题初探》，载《山西大学学报（哲学社会科学版）》1998 年第 3 期。

② 卢建平教授未直接对行政犯给出明确的定义，但他认为行政刑法属于行政法，执行机构是行政机关而非司法机关，法律后果是行政处罚与行政处分，与刑法规定的刑罚有本质区别。据此可以推断出卢教授支持行政犯仅系行政违法行为的观点。参见卢建平：《论行政刑法的性质》，载《浙江大学学报》1993 年第 3 期。

③ 参见谭兆强：《法定犯理论与实践》，上海人民出版社 2013 年版，第 43-44 页。

④ 如马克昌：《比较刑法原理》，武汉大学出版社 2002 年版，第 89 页；陈家林：《外国刑法通论》，中国人民公安大学出版社 2009 年版，第 111 页；黎宏：《刑法学》，法律出版社 2012 年版，第 50 页；等等。

⑤ 马克昌：《比较刑法原理》，武汉大学出版社 2002 年版，第 89 页。

⑥ 孙万怀：《法定犯拓展与刑法理论取代》，载《政治与法律》2008 年第 12 期。

活秩序，并应科处刑罚制裁的行为。”①

2. 从行政违法的角度进行界定。如周佑勇、刘艳红教授认为：“行政犯罪是指违反行政法规范，情节严重同时又触犯国家刑律的行为。在法律性质上，这种违法行为具有违反行政法和刑事法之双重违法性，而不能只强调其行政违法性而否认其亦具有刑事违法性，反之亦然。”② 持以行政违法作为行政犯的前提并以此区分于自然犯观点的还有高铭暄教授、③陈兴良教授④、孙国祥教授、⑤ 王志远教授 ⑥ 等。

笔者认为，界定行政犯概念，既要借鉴国外经验又必须立足我国实际，既要考虑其产生的历史背景又必须结合现代的具体环境。

第一，行政犯应被界定在刑法范畴内，即行政犯是犯罪行为而非仅仅行政违法行为。在行政法界域内定义行政犯之所以不适宜我国，主要有两点原因：首先，这由我国的犯罪概念所决定。不同于德国等欧陆国家将违反法律禁止性规定或命令性规定的行为都界定为犯罪，并因此区分出司法刑法和行政刑法，我国的犯罪概念既有定性因素又有定量因素，刑法第 13 条“但书”将情节显著轻微危害不大的排除在犯罪圈之外。其次，这由我国的立法模式所决定。无论是德国的“并列式立法模式”，还是日本和我国台湾地区的“分散性立法模式”，其在行政法规中均直接规定行政犯的罪状和法定刑，而我国采取的是“大一统立法模式”，行政法规并不具有规定犯罪的功能，行

① 黄明儒：《行政犯比较研究》，法律出版社 2004 年版，第 121 页。

② 周佑勇、刘艳红：《行政刑法性质的科学定位》（上），载《法学评论》2002 年第 2 期。

③ 高铭暄教授认为，行政犯罪是违反行政法律关系，而为刑法规定为犯罪的行为。高铭暄、孙晓：《论行政犯罪与行政违法的界分》，载戴玉忠、刘明祥主编：《犯罪与行政违法行为的界限及惩治机制的协调》，北京大学出版社 2008 年版，第 169 页。

④ 陈兴良教授认为，行政犯又称法定犯，指违反行政法规之各种取缔罚则而构成的犯罪。陈兴良：《刑法各论的一般理论》，中国人民大学出版社 2007 年版，第 74 页。

⑤ 孙国祥教授虽然认为行政犯和法定犯非等同概念，但他对行政犯的界定是从是否违反前置性行政法角度分析的。参见孙国祥：《行政犯违法性判断的从属性和独立性研究》，载《法学家》2017 年第 1 期。

⑥ 王志远教授认为，应当将行政犯放在刑法体系中去认识，探究行政犯的犯罪本质，坚守行政犯的犯罪底色。王志远、董文哲：《论行政犯的犯罪本质——基于行政犯入罪逻辑的思考》，载《河北法学》2021 年第 2 期。

政犯的基本罪状和法定刑都在刑法典中加以规定，[①]所谓“附属刑法”日益虚化，[②]甚至可以说我国并不存在严格意义上的附属刑法。

第二，行政犯与自然犯（刑事犯）的区分标准应从行政违法而非伦理道德角度把握，这是由伦理道德的易变性和相对性所决定的。在加罗法洛以自体恶和禁止恶为依据，提出自然犯与法定犯概念的时代，社会对伦理道德的认识具有均衡性和较强的稳定性，但随着社会变迁的日益增速，现代社会的伦理道德也逐渐呈现多元化和易变性的特征。自然法中“自然”的概念不断地被扩展，使其不仅包括有形的宇宙，并且包括人类的思想惯例和希望。[③]一些原本与社会伦理无关的行为，被刑法当作犯罪处罚的时候，就产生了与伦理的联系，而当行政目的一旦改变，该犯罪被废止的时候，该行为又会再次脱离与社会伦理的关系。[④]而且我国刑法中一些典型的行政犯罪，如金融诈骗类犯罪，生产、销售伪劣产品类犯罪，欺诈发行证券罪等，其应受伦理非难性和自然犯应受伦理非难性一样显而易见。因此，以伦理道德作为行政犯与自然犯的区分标准并不科学。

综上，笔者认为，行政犯是指违反国家行政法规，危害行政法所保护的法律秩序，具有严重社会危害性，依据刑法应受刑罚处罚的行为。需进一步明确的是，行政法规并不局限于部门法意义上的行政法，而是包括具有管理性质的一切法律规范，其外延涉及工商、税收、金融、海关、交通、运输、文教、卫生、医疗、食品、劳动、社会保障等行政管理领域的法律规范，但不包括一般的治安管理方面的法律规范。否则，诸如盗窃罪、抢夺罪、敲诈勒索罪、寻衅滋事罪等典型的自然犯也会因为违反《治安管理处罚法》而被纳入行政犯范畴。

---

① 游伟、赵云峰：《经济犯罪“入罪”问题研究》，载《法律适用》2012 年第 1 期。

② 参见童德华：《我国刑法立法模式反思》，载《法商研究》2017 年第 6 期。

③ ［美］梅因：《古代法》，沈景一译，商务印书馆 1996 年版，第 31 页。转引自王志远、董文哲：《论行政犯的犯罪本质——基于行政犯入罪逻辑的思考》，载《河北法学》2021 年第 2 期。

④ ［日］大塚仁：《犯罪论的基本问题》，冯军译，中国政法大学出版社 1993 年版，第 20 页。

第二节 行政犯的特征

一、行政犯与刑事犯（自然犯）区别的必要性之争

行政犯与刑事犯的区别既有绝对性也有相对性。某些情况下，二者不可能截然区分，而且还不可忽视地存在"法定犯（行政犯）的自然犯（刑事犯）化"[①]现象。因而有观点认为，"法定犯与自然犯的区别实际上是困难的，刑法解释上的实益也不大"。[②]有学者进一步撰文论述反对行政犯与刑事犯的区分，并得出"自然犯与法定犯的分类方式必须在刑法理论中终结"[③]的结论。

反对论者的主要理由在于：[④]其一，伦理道德的模糊性使得二者区分不可能，认为"自然犯与法定犯的区分，为道德伦理对刑法的侵蚀和扩张提供了相当便宜的途径，道义标准借此堂而皇之地在刑法学中占了一席之地，对刑法自身的纯净化努力施以反动"。其二，"以处罚故意为原则，以处罚过失为例外是世界性的通则，不会因为自然犯与法定犯的区分而对法定犯破格例外"，因而二者区分不必要。

笔者认为，上述反对论者的观点有失偏颇。其第一点理由的基础并不现实存在。该观点以伦理道德的模糊性作为反对理由，前提在于肯定论者系以伦理道德作为区分二者的标准。但事实上，提倡行政犯概念的学者，绝大多数并非以伦理道德作为区分标准。而其第二点理由也不能否定这样一个事实，那就是行政犯和刑事犯虽然都以处罚故意为原则、处罚过失为例外，但二者在犯罪故意的具体认定上是有区别的。当行为人进行自然犯罪时，违法性意识一般不作审视或重点审视，这种意识是被推定为已经存在的内容，而

---

① ［日］大塚仁：《犯罪论的基本问题》，冯军译，中国政法大学出版社1993年版，第221页。

② ［日］川端博：《刑法总论讲义》，成文堂1997年版，第84—85页。转引自马克昌：《比较刑法原理》，武汉大学出版社2002年版，第98页。

③ 张文、杜宇：《自然犯、法定犯分类的理论反思》，载《法学评论》2002年第6期。

④ 参见张文、杜宇：《自然犯、法定犯分类的理论反思》，载《法学评论》2002年第6期。

行政犯则不同。[①] 对行政犯而言，行为人因缺乏违法性认识而没有认识到行为的危害性时，能否认定其具有犯罪故意，是值得探讨的问题。

区分行政犯与刑事犯，不仅具有理论意义，也具有立法和司法等实践意义，不能仅仅因为二者的区分有一定的相对性就完全否认分类的必要。

从立法角度看。首先，行政犯的立法涉及行政权与司法权的分工与制约。其次，我国行政犯的立法体制正越来越多地引发学者的关注与反思。再次，行政犯大多采用空白罪状，其如何回应罪刑法定原则的民主性、专属性和明确性，是行政犯立法中所需重点考虑和完善的地方。最后，行政犯的立法原则与以刑事犯为中心的传统刑法有所不同，“刑法立法的基础应由自然犯时代的结果本位转向法定犯时代的行为本位，这对整个社会而言价值更大。”[②]

从司法角度看。首先，行政犯以违反前置行政法规为前提。司法实践中认定行政犯必须了解和熟悉前置法规，而现代社会的行政法规体系既庞大又复杂，不仅其专业性增加了司法难度，而且行政法规的层级与法律效力也常常令司法界困扰或令理论界诟病。其次，行政犯的违法性认识问题也是司法实务中经常遇到的难题。再次，行政犯的定罪与行政行为有着密切关系，包括行政许可、行政处罚、行政确认在内的各种行政行为都对行政犯定罪产生影响，这是刑事犯定罪中极少遇到的问题。最后，行政犯定罪在司法实务中涉及行政执法与刑事司法的衔接，包括衔接平台与机制、检察监督机制等，这也是刑事犯定罪中不会面临的问题。

二、行政犯的特征：基于定罪角度的分析

与刑事犯相比较，行政犯具有诸多独有特征。[③] 鉴于本书研究的是行政犯定罪问题，故仅从定罪角度分析行政犯的特征。

（一）以违反行政法规为前提

刑法在行为规范的意义上并不具有原创性，人们可以做什么或者不可以

---

① 参见王利宾：《行政犯研究》，载《政治与法律》2008 年第 12 期。

② 储槐植：《要正视法定犯时代的到来》，载《检察日报》2007 年 6 月 1 日，第 3 版。

③ 如有观点论述法定犯具有六大特征：双重违法性、较大易变性、较强目的性、较弱反伦理性、较强专业性、较高隐蔽性。参见韩兆强：《法定犯理论与实践》，华东政法大学 2012 年博士学位论文。

做什么来源于刑法以外的法、伦理道德、宗教习惯等其他规范，[①]刑法是对不服从第一次规范所保护的利益进行强有力的第二次保护的规范。[②]刑法的这一总体性特征在行政犯中表现尤为明显，因为行政犯首先违反的是行政法规，其次违反的才是刑事法规。行政违法性是行政犯定罪的前提，如果一个行为在行政法规上是合法的，即便其符合形式上的犯罪构成要件，也因缺乏实质的违法性而不构成犯罪。正如有学者所言："刑法不能充当前锋，越过行政法规定，直接完成对一个行为从行政违法性到刑事违法性的双重判断。第一层次的行政违法性不满足，就不能进入刑事违法性判断的第二个层次。"[③]

（二）构成要件上具有行政依附性

行政犯是由行政违法行为转化而来，决定了其在构成要件上具有一定的行政依附性，具体表现在：第一，概念上有依附性。如刑法第180条规定："内幕信息、知情人员的范围，依照法律、行政法规的规定确定。"[④]第二，空白刑法规范在解释上对行政法规有依附性。如刑法第133条规定："违反交通运输管理法规，因而发生重大事故……"至于哪些行为可以构成交通肇事罪，还得以道路交通安全法等交通运输法规为前置性的判断依据。第三，违法阻却事由上对行政法或行政机关具有依附性，即因行政机关的许可或核准而阻却行政犯的犯罪构成要件。

---

① 王志远、董文哲：《论行政犯的犯罪本质——基于行政犯入罪逻辑的思考》，载《河北法学》2021年第2期。

② ［日］宫本英修：《刑法大纲（总论）》，弘文堂1935年版，第3页。转引自张明楷：《刑法学》（第五版），法律出版社2016年版，第15页。

③ 张绍谦：《试论行政犯中行政法规与刑事法规的关系——从著作权犯罪的"复制发行"说起》，载《政治与法律》2011年第6期。

④ 有部分刑法条文在修订时也改变了原有援引前置法规进行定义的立法模式，如《刑法修正案（十一）》将刑法第140条原第2款"本条所称假药，是指依照《中华人民共和国药品管理法》的规定属于假药和按假药处理的药品、非药品"予以删除；将刑法第219条原第3款"本条所称商业秘密，是指不为公众所知悉，能为权利人带来经济利益，具有实用性并经权利人采取保密措施的技术信息和经营信息"予以删除等。但这并不意味着刑事司法中对假药、商业秘密的认定可以离开前置的《药品管理法》和《反不正当竞争法》相关规定。

（三）法律责任上具有双重可罚性

行政犯既有行政违法性又有刑事违法性，因而在法律后果上表现出行政处罚和刑事处罚的双重可罚性，这并不违反一事不再罚原则。如醉酒驾驶的，既要承担被吊销驾照等行政处罚的后果，也要承担危险驾驶罪的刑事责任。实践中存在不少有案不移、以罚代刑现象，除了行政执法与刑事司法的衔接机制不畅通，也与行政机关对行政犯的法律规定及行政犯在法律责任上的双重可罚性不理解有关。

第二章　行政犯的空白罪状与司法认定

尽管不少学者主张较为理想的行政犯立法模式是以附属刑法或者单行刑法明确规定其犯罪构成，[①] 认为附属刑法有助于维系刑法典稳定、衔接刑法与各部门法，有助于实现刑法对社会的有效治理，[②] 但我国目前尚无真正意义上的附属刑法，对行政犯采取的仍是以统一刑法典为基础，以修正案为主要修订方式的立法模式。因此，对行政犯司法认定的研究还需回归我国立法现状，回归刑法条文中的罪状表述。

所谓罪状，是指刑法分则的罪刑式条文所描述的具体犯罪的基本的构成要件。[③] 苏联刑法学家特拉伊宁形象地将罪状比喻成犯罪构成的“住所”，并称“这里（在罪状中）安插了形成具体犯罪行为构成的一切因素”。[④] 从罪状上看，行政犯与刑事犯表现出显著的不同，刑事犯大多采用叙明罪状或简单罪状，在法条适用上基本不涉及其他法律法规的援引，与罪刑法定原则要求的明确性相契合；而行政犯广泛采用空白罪状，[⑤] 本身已面临着罪刑法定原则的考问，在司法适用中更是常常招致学界非议。本章拟以罪刑法定原则为视角，研究行政犯的空白罪状与罪刑法定原则的关系，并在罪刑法定原则的指引下探讨行政犯定罪过程中的前置法规的援引范围与援引规则。

---

① 于冲：《附属刑法缺位下行政犯空白罪状的功能定位及其要件填补》，载《中国刑事法杂志》2021 年第 5 期。

② 童德华：《附属刑法：实现刑法参与国家治理的有效形式》，载《时代法学》2020 年第 1 期。

③ 李希慧：《罪状、罪名的定义与分类新论》，载《法学评论》2000 年第 6 期。

④ ［苏联］特拉伊宁：《犯罪构成的一般学说》，薛秉忠等译，中国人民大学出版社 1958 年版，第 218 页。转引自马荣春：《世界多样性及其方法论：去意识形态后犯罪论体系的哲学自觉》，载《法治研究》2014 年第 9 期。

⑤ 各国立法都呈现这样的趋势，即越来越多的在刑法中通过空白刑法规范的方式规定行政犯。参见刘艳红、周佑勇：《行政刑法的一般理论》，北京大学出版社 2008 年版，第 28 页。

第一节 行政犯的空白罪状与罪刑法定原则

一、行政犯的罪状：广泛采用空白罪状

学理上，罪状被分为四种类型：叙明罪状、简单罪状、引证罪状和空白罪状。空白罪状中，刑法条文没有具体说明某一犯罪的成立条件，但指明了必须参照的其他法律、法令，规定空白罪状的法条也称为空白刑法或白地刑法。①

由于行政犯以行政违法性为前提，而行政违法性的判断依据在于各种行政法律规范，因此行政法律规范作为行政犯的前置法规，对犯罪构成要件起着充实和规定作用。从我国刑法条文援引前置法规的方式看，大部分采用的是显性表述，少部分为隐性表述。

所谓隐性表述，是指从刑法条文的字面看，并未规定"违反 ×× 法规"，但从条文的内容上看，其实已经将相关的行政法律规范的内容包含在刑法规定中。比如《刑法修正案（十一）》之前的刑法第 219 条对侵犯商业秘密的内容予以了直接而详细的规定，但仔细对比该条规定与 2017 年修订前的《反不正当竞争法》第 10 条的规定，从行为方式到行为对象，二者的表述可谓都基本一致。

而显性表述则是指从刑法条文的字面即可看出此处必须援引相关的前置法规。笔者对此进行归纳，发现采用显性表述的条文有 80 余条，占刑法总条文数的近五分之一，不但数量众多，而且具体表述方式也可谓多种多样，② 以是否明确了前置法规的法律位阶为标准，可以分为两大类：

---

① 张明楷：《刑法学》（第五版），法律出版社 2016 年版，第 27 页。

② 有学者归纳了 11 种表述方式，包括"违反 ×× 管理规定""违反规章制度""违反 ×× 法规""不符合国家规定""违反国家规定""违反 ×× 法的规定""违反法律、行政法规规定""违反规定""违反法律规定""违反 ×× 有关规定""违反 ×× 规定"。参见王瑞君：《刑事违法性判断前提条件：空白罪状的现状与反思》，载《政法论丛》2006 年第 4 期。笔者认为，仅从文字表述上进行罗列，缺乏分类的标准，实际意义不大。

（一）明确了前置法规的法律位阶

1. 以法律为前置法规，具体有两种形式。一种是不但规定前置法规必须是法律，而且指明了具体的法律名称，如第159条："公司发起人、股东违反公司法的规定……" 第189条："银行或者其他金融机构的工作人员在票据业务中，对违反票据法规定的票据……" 类似的还有第329条第2款、第330条、第343条、第345条、第398条、第407条等。另一种是只规定了前置法规必须是法律，但没有指明具体的法律名称，刑法第296条和第297条采用的是这种方式。如第297条："违反法律规定，携带武器、管制刀具……"

2. 以国家规定为前置法规，有20余个条文。① 如第163条第2款"公司、企业或者其他单位的工作人员在经济往来中，利用职务上的便利，违反国家规定……"，第185条之一第2款"社会保障基金管理机构、……证券投资基金管理公司，违反国家规定运用资金的……"，第225条"违反国家规定，有下列非法经营行为之一……" 等。根据第96条，"违反国家规定"，是指"违反全国人民代表大会及其常务委员会制定的法律和决定，国务院制定的行政法规、规定的行政措施、发布的决定和命令"。

3. 以法律、行政法规为前置法规。如第180条和第405条两个条文，该两个条文都是采取了融合式，即将法律和行政法规并列作为前置法规，如第180条规定："内幕信息、知情人员的范围，依照法律、行政法规的规定确定。"

根据《立法法》和《刑法》相关规定，上述罪状表述中的"法律""国家规定""行政法规"的制定主体都非常明确，因此其法律位阶也是明确的。而从外延上看，国家规定包括法律和行政法规，且采用"违反国家规定"的法条数量最多，因此，在下文论述明确位阶的前置法规的范围时，仅以"国家规定"进行论述。

---

① 包括第135条、第137条、第163条第2款、第185条之一、第186条、第190条、第222条、第225条、第280条之一、第285条、第286条、第288条、第337条、第338条、第339条、第344条、第350条、第355条、第385条、第389条、第391条、第393条、第394条、第395条、第396条、第405条第2款等。

（二）未明确前置法规的法律位阶

1. 以“规定”为前置法规。涉及 10 余个条文，[①] 表述方式有“违反 ×× 规定”“违反规定”“不按照规定”三种。如第 188 条规定：“银行或者其他金融机构的工作人员违反规定……”由于刑法只对“违反国家规定”进行了界定，而没有界定“违反规定”的含义，故理论上对“违反规定”是否包括国家规定之外的规定是有争议的。

2. 以“法规”为前置规范。涉及 10 余个条文，[②] 表述方式为“违反 ×× 法规”，如第 340 条规定：“违反保护水产资源法规……”根据《立法法》规定，“法规”既包括国务院制定的行政法规，也包括地方人民代表大会及其常务委员会制定的地方性法规，因此地方性法规是否能够成为行政犯的前置法规成为有争议的问题。

3. 以“法”为前置法规。涉及 10 余个条文，[③] 表述方式为“非法”。如第 176 条规定：“非法吸收公众存款或者变相吸收公众存款……”此处的“法”显然不是狭义的“法律”概念，除了法律，还包括国务院制定的行政法规，但是否还包括地方性法规和部门规章等，则值得进一步探讨。

4. 以“规章制度”为前置法规。涉及第 131 条和第 132 条两个条文，如第 131 条规定：“航空人员违反规章制度……”规章制度并非严格意义上的法律用语，其内涵和外延应当如何界定不无疑问，如地方性法规和地方政府规章、单位内部的规范甚至习惯与惯例等能否成为刑法中的“规章制度”？

二、行政犯空白罪状的生成原因

与传统刑法的犯罪形态以刑事犯占绝对优势不同，现代各国的刑法都以行政犯占绝对比重。尽管有学者出于对罪刑法定原则被弱化的担忧，主张刑

---

① 包括第 126 条、第 128 条、第 134 条、第 134 条之一、第 135 条之一、第 136 条、第 161 条、第 180 条第 4 款、第 188 条、第 230 条、第 331 条、第 332 条、第 436 条、第 437 条、第 442 条等。

② 包括第 133 条、第 139 条、第 228 条、第 322 条、第 325 条、第 327 条、第 340 条、第 341 条、第 342 条、第 342 条之一、第 410 条、第 432 条、第 435 条等。

③ 包括第 130 条、第 163 条第 1 款、第 176 条、第 207 条、第 208 条、第 209 条、第 281 条、第 282 条、第 283 条、第 284 条、第 333 条、第 334 条、第 351 条、第 352 条、第 387 条等。

法对于空白罪状的适用应当谨慎，尽可能地减少空白罪状的数量，[①] 但行政犯广泛采用空白罪状却是不争的事实。笔者认为，从其产生的历史及发展趋势来看，空白罪状的生成有其内在理论基础和外在现实需要，是一个必然发生的过程。

（一）刑法调整社会关系的最广泛性和行政犯本身的特性促成空白罪状生成

刑法所调整的社会关系具有最广泛性，这是行政犯采用空白罪状的前提。部门法所调整的社会关系是某一特定社会领域的关系，而刑法与民法、行政法等部门法不同，刑法调整的社会关系则涉及人身关系、财产关系、经济关系、行政管理关系等社会生活的各个领域。刑法为所有的部门法适用提供最后的保障，构筑社会正义的最后一道防线。正如卢梭所言，"刑法在根本上与其说是一种特别的法律，还不如说是其他一切法律的制裁"，[②] 一般部门法所保护的法益，刑法几乎都要予以保护。[③] 由此形成了刑法与其他法律规范的特定关系：一方面，其他法律规范需要以刑法作为最终的保障手段；另一方面，刑法是否启动与介入，很多情况下又以具体行为是否违反了其他法律规范为前提。尤其是行政犯，本身即是以行政违法性为入罪前提的，行政违法性的判断标准无疑只能是行政法律规范（非部门法意义上的行政法），因此，行政犯的罪状最常见的表述就是"违反国家规定"或"违反……法"。即刑法调整社会关系的最广泛性和行政犯本身的特性促使行政犯的构成必须以其他前置法规为基础，因此行政犯采用空白罪状成为必然。

（二）法律法规的专业化、复杂性使行政犯的空白罪状成为必然

传统刑法以刑事犯为主，规制的行为多为简单的侵犯人身权、财产权的犯罪，其罪状多采用简单罪状或叙明罪状，司法中无须过多借助其他专业领域的知识。但随着社会的进步，经济、技术等领域日益细分，相应地，行政法律规范的专业化、细分化的特点也愈加突出，作为所有法律规范最后保障的刑法也面临着前所未有的复杂的社会领域。仅凭刑法已很难完成对行为违法性的判断，必须借助各种行政法律法规的专业性和特定性加以甄别、判断，金融、海关、知识产权、环境保护、医疗卫生、食品安全等领域表现得

① 参见江溯：《罪刑法定原则的现代挑战及其应对》，载《政法论丛》2021年第3期。

② ［法］卢梭：《社会契约论》，何兆武译，商务印书馆2003年版，第70页。

③ 张明楷：《刑法学》（第五版），法律出版社2016年版，第20页。

尤为明显。因此行政犯比重日益增大的现代刑法中采用空白罪状的法条必定增多。

（三）为保持刑法典的简洁性，行政犯的空白罪状成为必须

据统计，截至 2019 年 2 月，我国共有法律 250 多部、行政法规 700 多部、地方性法规 90000 多部、行政规章 11000 多部。[①] 在各种法律、法规、规章所调整的社会关系中，社会危害性严重的行为都需要刑法规制，但仅凭现行刑法 452 个条文以及 11 部刑法修正案，想要同时做到全面规制又不乏明确性，必然不堪重负。[②] 为了在有限的容量内，尽可能准确严谨地表述罪状，就必须保证刑法条文的简洁明了，否则刑法将沦为异常膨胀的法律汇编。以刑法第 133 条规定的交通肇事罪为例，其前置法规，即“道路交通运输管理法规”，包括道路交通安全法、道路交通安全法实施条例、公路法、机动车登记办法、机动车驾驶证管理办法、机动车驾驶员考试办法、道路运输条例等众多行政法律规范。如此数量众多的行政法规要在刑法第 133 条中一一明确列举，显然既不符合立法简洁性的要求，也是不可能实现的。

（四）为保持刑法典的稳定性，行政犯的空白罪状成为必须

与行政法主要追求合目的性不同，刑法作为司法法必须保证法的安定性。[③] 随着社会分工的专业化、细密化，行政立法不断扩张，为达行政目的，行政法的内容允许而且应当具有易变性。仅以《证券法》为例，1998 年出台以来至 2009 年，不到十年的时间已经历三次修正和两次修订，其他被修改的前置行政法律规范不计其数。如果将行政法律规范的内容都罗列在刑法条文中，势必导致刑法的朝令夕改，从而削弱刑法的稳定性。空白罪状所具有的类型化功能和规范弹性，就能既较好地解决刑法对时势的包容性和适应性问题，又能保持刑法的稳定性。

---

① 参见思力：《建设中国特色社会主义法治体系的重要内涵》，载求是网，http：//www.qstheory.cn/wp/2019-02/25/c_1124156552.html。

② 于冲：《附属刑法缺位下行政犯空白罪状的功能定位及其要件填补》，载《中国刑事法杂志》2021 年第 5 期。

③ 谭滨、赵宁、瞿勇：《我国刑法分则中空白罪状的解释规则探讨》，载《政治与法律》2012 年第 1 期。

三、空白罪状与罪刑法定原则之契合的质疑与回应

行政犯广泛采用空白罪状，与其说是刑事立法“空白”缺陷，不如说是刑事立法中“留白”技术的运用，[①] 是开放性构成要件的表现，也是相对罪刑法定主义的产物。从原则上说，空白罪状与罪刑法定所要求的法律民主性、专属性和明确性之间并不存在根本冲突，但从目前我国空白罪状的立法现状来看，仍有应当警惕和改进之处。

（一）从绝对罪刑法定原则到相对罪刑法定原则

1. 国家形式：从行政国家到福利国家

随着经济的发展和社会的变迁，行政权与司法权呈此消彼长的态势，国家也随之先后呈现出三种形态：第一种形态是行政国家。在长达数千年的封建社会里，司法权依附于行政权而存在，国家权力集中表现在行政权上，行政权垄断了对个人生活所有领域的判断与支配。第二种形态是法治国家。19世纪的自由资本主义时期，刚刚从封建主手中夺取了政权的资产阶级尚未摆脱封建专制统治阴影的笼罩，对行政权怀有深深的怀疑与提防。法治国家讲究分权原则和司法独立，将行政权限定在最低必要限度。德国学者迈尔提出：“法治国的行政，为了以法律的方式来决定，人必须尽最大的可能通过法律来加以约束。宪法应将此任务赋予立法机关，立法机关应尽最大可能制定法规或命令来约束行政权，这是法治国无可怀疑的第一任务。”[②] 第三种形态是福利国家。19世纪末20世纪初的资本主义已由自由竞争发展为垄断经营，个人至上的理念已无法应对种种严重的社会问题，运用行政手段干预经济和社会的现象逐渐增多，特别是利用福利社会政策来化解社会矛盾已成为现代国家治理社会的必要手段。行政权开始以积极的态度介入国民生活的各个领域，但与封建社会行政国家对国民生活的介入不同，这一阶段的行政介入之目的在于促进社会福利而非生成行政特权。福利国家既要充分发挥行政权灵活性的效能与作用，又需兼顾国家司法权终局性、制约性的效能与作用，[③] 以达成行政权与司法权的“和谐共处”。

---

① 参见田宏杰：《罪状结构的开放性与罪状类型化的反思》，载《法商研究》2023年第2期。

② 郑永流：《德国“法治国”思想和制度的起源与变迁》，载夏勇主编：《公法》（第二卷），法律出版社2000年版，第51页。

③ 参见李晓明：《行政刑法学导论》，法律出版社2003年版，第93页。

2. 罪刑法定：从绝对主义到相对主义

国家形态的不同对应着不同的刑法观念与原则。封建社会实行的是罪刑擅断，封建刑法具有四个特征：一是干涉性，即刑法干涉到个人生活的所有领域；二是恣意性，即对何种行为处以何种刑罚，事前并无法律的明文规定，通常由一定的人恣意裁量；三是身份性，即同样的行为由于行为人、被害人的身份不同，而导致处罚的有无和轻重；四是残酷性，即刑罚方法大部分是死刑和身体刑。①

罪刑法定是对封建社会罪刑擅断的反抗。19 世纪确立的法治国，在法治理论上以启蒙思想家的"天赋人权"和"个人自由"为理论指导与基石。卢梭的"主权在民"或"契约论"，孟德斯鸠的"三权分立"及康德的理性论，成为自由资本主义时期法治国理论构建的基础。刑法学者从三权分立理论和费尔巴哈的心理强制说演绎出绝对罪刑法定的思想。前者认为只有立法权才是直接代表主权者的意志，要求立法机关制定刑法，司法机关适用刑法；后者认为人都是趋利避害的理性动物，要求事先明文规定犯罪及法律后果，从而促使人们做出趋利避害的选择，以免实施犯罪行为。

贝卡里亚在其经典著作《论犯罪与刑罚》中的论述充分体现了严格的罪刑法定主义思想，他明确，"只有法律才能为犯罪制定刑罚。只有代表根据社会契约而联合起来的整个社会的立法者才拥有这一权威。任何司法官员（他是社会的一部分）都不能自命公正地对该社会的另一成员科处刑罚。超越法律限度的刑罚就不再是一种正义的刑罚"，"当一部法典业已厘定，就应逐字遵守，法官唯一的使命就是判定公民的行为是否符合成文法律"。与民法、行政法等部门法不同，② 贝卡里亚对传统刑法尖锐的批评和对罪刑法定坚定的呼吁，无异于封建社会里一声振聋发聩的雷鸣，"使他完全有可能发动一场刑法哲学和刑事诉讼方面的革命"③。

绝对的罪刑法定主义是一种严格的、不容任意选择或变通的原则。它要

---

① ［日］平野龙一：《刑法总论Ⅰ》，有斐阁 1972 年版，第 5 页。转引自张明楷：《刑法的基本立场》，中国法制出版社 2002 年版，第 1 页。

② ［意］贝卡里亚：《论犯罪与刑罚》，黄风译，中国大百科全书出版社 1993 年版，第 11、13 页。

③ Barnes & Teeters，*New Horizons in Criminology*，Prentice Hall，New York，1945，p.460.

求犯罪和刑罚的法律规定，必须是绝对确定的，因而它极为迷恋和推崇成文的法律形式，认为只有成文的法律才能抵御各种权力和欲望的侵袭。它要求绝对的明确性、绝对禁止适用类推解释和扩大解释、绝对禁止适用习惯法、绝对禁止刑法溯及既往、绝对禁止法外施刑和不定期刑。

应该说，绝对的罪刑法定主义对封建专制主义的反抗、对人的解放的追求及其确立的个人本位思想在当时的具体历史环境中具有里程碑式的进步意义。但随着社会变迁和福利国家的来临，政府由后台的“守夜人”积极走向前台，充任社会的“总管家”，绝对的罪刑法定原则逐渐受到各方面的严峻挑战。绝对罪刑法定主义的思想渊源，即三权分立思想和心理强制学说遭受了批评与攻击，被认为既不符合大陆法系各国的法制现状，也不完全符合事实。[①] 以狄骥为代表的社会法学家和以庞德为代表的实证法学家发动了所谓的法律社会化运动。庞德指出，时代、社会在不断地发展，在历史的每一个发展阶段，都有其特殊的社会条件。19 世纪法律的历史，主要是有关日趋承认个人权利——这些权利常常被看作是自然的和绝对的权利——的记录；在 20 世纪，应该用更加广泛地承认人类的需要、要求和社会利益这方面的发展来重复这段法律历史。[②] 尤其是法西斯刑法使世界遭受的惨遇，更让人们清醒地认识到，形式法治国只钟情于法治的形式与程序，容易使刑法沦落为统治者推行自己意志的工具，暴行披着合法的外衣更能肆无忌惮地侵犯着公民自由与基本人权。经过“二战”的洗礼，个人本位观念逐渐被社会本位意识所取代，社会秩序的关注被放在首位，要求通过社会协调一致的行动实现社会利益的最大化。形式的法治国逐渐向实质法治国转变，绝对的自由主义演变成相对的干涉主义。反映在刑法领域则表现为，以社会防卫论为理论核心的刑事实证学派（又称新派）对建立在个人本位观念之上的刑事古典学派（又称旧派）的反动，以及相对的罪刑法定主义对绝对罪刑法定主义的取代。

相对的罪刑法定结合了旧派与新派的优点，从完全取消司法裁量到限制司法裁量；从完全反对法官对刑法进行解释到允许法官对刑法进行严格解释；从完全否定类推到容许对被告人有利的类推；从完全禁止事后法到从旧兼从轻；从绝对确定的法定刑到相对确定的法定刑。这些变化使罪刑法定主义更

① 参见张明楷：《罪刑法定与刑法解释》，北京大学出版社 2009 年版，第 6 页。

② 参见［美］庞德：《法律史解释》，华夏出版社 1989 年版，第 144 页。

加适应保障人权的需要，同时又克服其僵硬性，获得了一定的灵活性。[①]由于相对罪刑法定具有明确的目的性和回应性，[②]得以在当今各国的刑事立法、司法和刑法理论中被广泛地承认。

（二）空白罪状与罪刑法定原则

1. 空白罪状与法律民主性原则

刑法的处罚范围与程度直接关系着每一个人的生命、身体、自由、财产与名誉等重大权利，属于特别重大的事项。根据民主主义要求，国家的重大事务应由国民自己决定，因此，规定犯罪与刑罚的刑法应由国民选举产生的立法机关制定。而空白罪状的特点就在于行为规范与处罚规范的分离，由此引发的疑问是，行政机关制定的行为规范能成为空白罪状的补充规范时，立法机关是否逃避了自己的立法责任，是否有违民主法治原则？我国有学者认为，空白罪状的设置方式，实际上将决定某种行为是否构成犯罪的权力部分让渡给了行政法规，[③]国务院的行政法规有权规定刑事罚则，行政犯罪可以随着行政法规、行政措施、行政命令的变化而变化，是对《立法法》的背离和超越，带有违宪之嫌。[④]

笔者认为，空白罪状并不违反民主法治原则。首先，从形式上看，1997年刑法后，我国并不存在行政法规规定刑事罚则的情况，即我国不存在所谓的附属刑法。行政法规中“构成犯罪的，依法追究刑事责任”只能理解为：行政执法机关遇到行政犯罪时，必须交由司法机关处理。在这一点上，我国严格遵循了罪刑法定原则的要求。[⑤]其次，从内容上看，并非所有的行政法规都可以成为行政犯罪的前置法规，只有被刑法所认可的行政法规才可以成为行政违法性的判断依据；而且也并非所有违反被刑法认可的行政法规的行为都构成行政犯罪，除了行政违法性，刑法对行政犯还有其他要件的要求（如情节、后果）。总之，一个行为是否构成行政犯罪，其最终依据的是刑法而非行政法规，后者只是刑法在判断行为是否具有行政违法性的一个依据。

---

① 陈兴良：《罪刑法定主义的逻辑展开》，载《法制与社会发展》2013年第3期。

② 车剑锋：《最高限度与最低限度罪刑法定的划分及其意义——对传统罪刑法定原则分层策略的反思与重构》，载《政治与法律》2017年第9期。

③ 参见徐松林：《我国刑法应取消“非法经营罪”》，载《法学家》2003年第6期。

④ 参见刘伟：《经济刑法规范适用原论》，法律出版社2012年版，第63页。

⑤ 张明楷：《刑法学》（第五版），法律出版社2016年版，第49页。

正如有学者所论述的："由什么规定犯罪与刑罚是立法问题，而对刑法的规定进行补充适用是法律适用问题，二者不在同一层面上。"①

2. 空白罪状与法律专属性原则

根据法律专属性原则，规定犯罪和刑罚的规范必须是立法机关制定的成文法，即法律（狭义）。而行政犯空白罪状的设置使得用以补充适用刑法的前置法规既包括法律，也包括法律以外的行政法规甚至部门规章等，后者无疑会招致违背专属性原则的质疑。如有学者认为，空白罪状具体犯罪构成要件的确定完全或部分地是由相关法规或制度来承担的，即使被参照的相关法规或制度不是定罪量刑的直接依据，但在事实上也决定着司法机关的具体定罪活动和行为人是否构成犯罪，一旦这些被参照的相关法规或制度不具有最大程度的民主性时，无疑就违背了法律专属性原则。②

对此问题，国外刑法学界同样存有争议。如在意大利就存在绝对主义与相对主义的对峙，其中绝对主义认为，在刑法领域只能由法律来规定犯罪和刑罚，不允许适用任何第二性法源，包括补充规范中的法规；相对主义则认为，在急速变化的现代国家里，立法只可能制定行为规则的"主线"，让较低等级的渊源决定具体的内容，即允许行政机关在法律规定的基本原则范围之内制定、完善具体的行为规范。通说则采取了一种折中主义的态度，对空白刑法规范的法定刑部分，采取绝对主义，行政机关无权制定或选择刑罚；对空白刑法规范的罪状部分，采取相对主义，只要条文援引足够明确，就应当允许行政法规对空白刑法的补充。③日本立法和司法界均认为空白罪状不违背罪刑法定，如有学者指出："空白刑法法规……仅将一部分构成要件授权其他法律或行政命令补充，因而并不违反罪刑法定主义中法定主义的要求，只是其他法律或行政命令得为补充者，应以特定事项为限，否则仍难谓其与罪刑法定主义不相抵触。"④

---

① 参见刘艳红：《空白刑法规范的罪刑法定机能》，载《中国法学》2004年第4期。

② 参见刘树德：《罪刑法定原则中空白罪状的追问》，载《法学研究》2001年第2期。

③ 参见［意］杜里奥·帕多瓦尼：《意大利刑法学原理》，陈忠林译评，中国人民大学出版社2004年版，第15-22页。

④ ［日］占川经夫：《改订刑法总论》，法律文化社1974年版，第41页。转引自刘艳红：《空白刑法规范的罪刑法定机能》，载《中国法学》2004年第4期。

笔者认为，上述观点值得借鉴。一方面必须坚持行政法规无权规定犯罪与刑罚，另一方面又得认识到刑法中的空白罪状属于法律授权以行政法规补充法律未具体规定的事项，虽然所援引的法规形式上是由行政机关制定，但实质上因有法律的授权而与单纯的行政命令不同。当然，法律授权应尽量满足明确性和民主性的要求。结合目前我国行政犯空白罪状中有不少“违反规定”“违反规章制度”“非法”等概括表述的立法现状，对于这些法律条文还应不断提高其前置法规的民主性和明确性，否则，援引的法规位阶太低时，难免有使犯罪构成要件法定化蜕变为行政化的危险，空白罪状与法律专属性原则只能渐行渐远。

3. 空白罪状与法律明确性原则

明确性是罪刑法定原则对立法活动的基本要求，因为“不明确的刑法不仅有使无辜者身陷囹圄的危险，而且由于它涉及大量的价值判断和自由裁量，因而容易导致司法上的差别对待和应用法令含混的危险”。[①] 根据明确性原则，刑法的规定无论是关于犯罪的还是关于刑罚的，都必须尽可能具体，且意义必须明确。[②] 而空白罪状将部分构成要件的内容委诸于其他法律、行政法规等前置规范，刑法条文本身并不对构成要件作完整而详细的规定，这是否有违于明确性原则？笔者认为，随着罪刑法定主义由绝对走向相对，其所要求的明确性原则也完成了从绝对明确到相对明确的跨越。

综观各国和地区对刑法明确性的态度，也无不体现了相对明确的旨趣。德国联邦法院在刑法明确性的问题上认为，通过司法判决使不明确的法律具体化是符合宪法要求的。[③] 意大利学者认为，“明确”本身就不是一个确定的概念，所谓“构成要件的明确性”只能是一种立法政策的方向，对于刑法明确性的标准主要通过司法认定予以确立，其最高法院认为，刑法规定的明确性意味着刑法规范必须具有能够使法官根据法律的规定来认定行为的确定

① 参见［美］卡尔威因等：《美国宪法释义》，徐卫东译，华夏出版社 1989 年版，第 231 页。

② ［日］大塚仁：《刑法概说》（总论），冯军译，中国人民大学出版社 2009 年版，第 71 页。

③ ［德］克劳斯·罗克辛：《德国刑法学总论》，王世洲译，法律出版社 2005 年版，第 101 页。

性。[①]日本宪法虽规定了“不明确即无效”的原则，但日本尚未出现过最高法院的判例以法律条文不明确为由，认为刑罚法规违宪而无效的。相反，其不少判例驳回了不明显的主张。[②]事实上，日本最高法院的立场是只要能够通过解释的方法明确限定法的含义、内容，就不应指责其不明确。[③]我国台湾学者亦认为，明确与否是相对的概念，因此明确性的要求比罪刑法定原则的其他派生原则更难判断与掌握，绝对的明确难以强求，至少保证有合理的明确性。[④]

由此可见，无论是因为法本身系一般分类的抽象性构建还是因为语言的空框结构，包括刑法在内的法律明确性只能是相对而无法实现绝对，而链接相对明确的刑法规定与纷繁复杂的案件事实之间的桥梁就是司法技术。笔者认为，这一立场对于缺乏违宪审查机制的我国而言很重要，因为立法上有关新型犯罪的条款大量运用空白条款和模糊性概念已成普遍的发展倾向，但同时“它们在使法变得不那么明确的同时也为法的解释容纳社会的发展与特殊个案的适用提供了可能，为法的开放性机制的形塑奠定了基础，从而使法具备适度的弹性回应社会”。[⑤]因此，在解读行政犯的空白罪状时，浪漫地幻想空白罪状的绝对明确或简单地讨论空白罪状是否符合明确性要求，都意义不大。

一方面，我们要在立法上将明确性作为导向，对空白罪状的参照规范要指向明确，做到有法可依、守住位阶底线；同时参照规范的内容要清晰、适当，在立法上避免内容过于宽泛，并对各种社会利益、社会关系和社会矛盾作出妥当安排，[⑥]以尽量满足刑法规范的理解可能性和预测可能性。刑罚权是和平时期一个国家最具暴力性的国家权力，其发动必须有充分的法律依据，因此作为刑罚权发动依据的刑法必须具备最大程度的明确性，为公民提供确

---

① [意]杜里奥·帕多瓦尼：《意大利刑法学原理》，陈忠林译评，中国人民大学出版社 2004 年版，第 26–30 页。

② [日]大塚仁：《刑法概说》(总论)，冯军译，中国人民大学出版社 2009 年版，第 72–73 页。

③ 张明楷：《外国刑法纲要》(第二版)，清华大学出版社 2007 年版，第 32 页。

④ 林钰雄：《新刑法总则》，中国人民大学出版社 2009 年版，第 33–34 页。

⑤ 参见劳东燕：《刑法基础的理论展开》，北京大学出版社 2008 年版，第 142–143 页。

⑥ 韩粮远：《罪刑法定视野下对空白罪状的再追问——以赵春华案及 23 个同类案件为分析样本》，载《犯罪研究》2017 年第 6 期。

定的行为指南。以明确性为标准，有学者将刑法的明确性问题转化为参照法规的明确性问题，认为只要参照规范是明确的，就应当认为并不违反明确性的要求。[①] 这当然是从“应然”角度来讲，空白刑法规范并不违反刑法明确性原则，而是刑法相对明确的一种立法体例。但是从“实然”角度来看，我国空白刑法规范的具体参照内容是否符合明确性原则，还值得探讨。[②] 也有学者在肯定空白罪状是罪刑法定主义明确性原则之体现和运用的基础上认为，我国作为空白刑法补充规范的行政管理法规本身都是明确的，并以刑法第 327 条规定的非法出售、私赠文物藏品罪为例，认为该条规定的前置法规即《文物保护法》第64条在内容上是十分明确的，因而符合罪刑法定原则。[③] 笔者认为，后一观点有以偏概全之嫌且对明确性的理解过于表面化。事实上，我国的空白罪状就其对前置法规的规定形式来看，的确有非常明确的作出法律援引指示的条文，比如第 159 条（违反公司法的规定）、第 189 条（违反票据法的规定）、第 329 条（违反档案法的规定）、第 330 条（违反传染病防治法的规定）等；但也存在只是相对明确地作出法律援引要求的条文，如多个条文中的“违反国家规定”；同时还存在明确性较差地作出法律援引要求的条文，如第 131 条和第 132 条规定的“违反规章制度”。对于后两种情形，法条表述对所要参照依据的行政法律规范的范围和层级指向不明，显然值得改进。甚至有些罪名既未在刑法条文中明确构成要件，也未表述要参照前置法规，如《刑法修正案（十一）》新增的妨害兴奋剂管理罪，法条规定“引诱、教唆、欺骗运动员使用兴奋剂参加国内、国际重大体育竞赛”，但何为“国内、国际重大体育竞赛”，刑法条文未作规定，也未指明需要参照的前置法规，而《体育法》中也未对此作出规定，导致该新增罪名具有极大的模糊性，还会引发罪名的解释权和效力位阶问题。[④] 观察国外有些刑事立法，不但指明了援引的其他法律规范的名称，而且具体指明了援引的条款，笔者

---

① 陈兴良：《刑法的明确性问题：以〈刑法〉第 225 条第 4 项为例的分析》，载《中国法学》2011 年第 4 期。

② 杨剑波：《刑法明确性原则研究》，中国人民公安大学出版社 2010 年版，第 31 页。

③ 王瑞君：《刑事违法性判断前提条件：空白罪状的现状与反思》，载《政法论丛》2006 年第 4 期。

④ 参见于冲：《附属刑法缺位下行政犯空白罪状的功能定位及其要件填补》，载《中国刑事法杂志》2021 年第 5 期。

认为值得我们借鉴。如《瑞士联邦刑法典》第 323 条:“债务人为下列行为之一的，处拘役或罚金刑:(1)在依法通知抵押或接受货物清单时，债务人自己不到场又不派代表到场的(破产法第 91 条第 1 款第 1 项、第 163 条第 2 款和第 345 条第 1 款)……”[①]

另一方面，我们要在司法上尊重和理解刑法规范的弹性，充分运用司法解释的技术与方法，尽量消弭“空白罪状高度概括性所引发的不确定性”，[②]通过个案正义实现罪刑法定原则的二重机能。不能简单地认为“行政违法行为与犯罪行为的相同点都在于侵害了受保护的法益或者行政利益，区别只在于行政违法行为的危险程度明显小于犯罪行为”，[③]从而过度依赖前置法规，甚至以前置法规则替代刑法规则，主动放弃对刑事违法性的实质审查，使得行政犯罪质消融的同时扩大了犯罪圈。[④]比如，对于司法实务中争议最多也最受理论界诟病的非法经营罪的兜底条款“其他严重扰乱市场秩序的非法经营行为”，如果不严格遵循体系解释的规则，就会导致凡是违反国家规定的经营行为，只要达到情节严重的起刑点都会入罪，如此一来，兜底条款变成了整个破坏社会主义市场经济秩序罪的兜底条款而非非法经营罪的兜底条款，其“口袋罪”的命运也就在劫难逃。从立法目的或者法益保护出发，设置非法经营罪的根本目的不在于保护国家对特定业务的许可权，而在于防止这些业务的失控可能造成的严重后果，[⑤]实务中只有以此为视角进行“量”和“质”的双重检验，才能合理地控制犯罪圈。

---

① 《瑞士联邦刑法典》(2003 年修订)，徐久生、庄敬华译，中国方正出版社 2004 年版，第 103 页。

② 有学者认为，空白罪状的高度概括性使得罪名认定具有极高的不确定性，以至于很容易诱发口袋罪。参见陆焕强、沈琳梅:《从非法经营罪的设置评析空白罪状的缺陷》，载《法治论丛》2016 年第 6 期。

③ [德]汉斯·海因里希·耶赛克、托马斯·魏特根:《德国刑法教科书》，徐久生译，中国法制出版社 2017 年版，第 86 页。

④ 参见王莹:《论行政不法与刑事不法的分野及对我国行政处罚法与刑事立法界限混淆的反思》，载《河北法学》2008 年第 10 期。

⑤ 陈金林:《法定犯与行政犯的源流、体系地位与行刑界分》，载《中国刑事法杂志》2018 年第 5 期。

第二节　前置法规的援引范围

一、“国家规定”的范围界定

根据刑法第96条规定，“国家规定”的范围包括两类：一是全国人民代表大会及其常务委员会制定的法律和决定；二是国务院制定的行政法规、规定的行政措施、发布的决定和命令。其中立法机关有权制定法律和决定、国务院有权制定行政法规，其依据均来源于宪法和《立法法》，且制定的程序、名称等均有规定；国务院有权规定行政措施、发布决定和命令，其依据来源于宪法，但宪法只将三者予以并列，未对三者的含义进行规定。[①] 只有《国家行政机关公文处理办法》中规定，决定“适用于对重要事项或重大行动做出安排，奖惩有关单位及人员，变更或撤销下级机关不适当的决定事项”、命令“适用于依照有关法律公布行政法规和规章；宣布施行重大强制性行政措施；嘉奖有关单位及人员”，行政措施与命令的关系变为从属关系。可见，宪法、刑法和《国家行政机关公文处理办法》对行政措施、决定和命令的规定不一致，导致三者的区分有一定困难。但从刑法第96条规定来看，其着重点不在于如何区分三者，而在于从制定主体上限定“国家规定”的范围，即只有全国人民代表大会及其常务委员会、国务院制定的规范才属于“国家规定”。刑法的规定是清楚的，然而司法实践和理论界却对如下问题产生了巨大争议：

（一）部门规章是否属于“国家规定”

根据《立法法》《行政法规制定程序条例》和《规章制定程序条例》，国务院各部、委员会、中国人民银行、审计署和具有行政管理职能的直属机构，可以根据法律和国务院的行政法规、决定、命令，在本部门的权限范围内，制定规章。行政法规的名称一般为“条例”，规章的名称不得使用“条例”。可见，部门规章和行政法规有严格的区分，部门规章的法律效力低于

---

① 《宪法》第89条规定：国务院根据宪法和法律，规定行政措施，制定行政法规，发布决定和命令。

行政法规。

1. 理论争议与实践分歧

部门规章能否成为国家规定？反对观点认为，国家权力分为立法权、行政权和司法权，只有行使这些权力的机构制定的规定才是名副其实的国家规定。不在此列的任何机构，都不能代表国家。[①] 因此，国务院各部委制作、经国务院批准、以各部委名义发布的规定，不应当视为国家规定。对制作主体作严格限制，将前述三个机关之外的任何机关所发布的规范性文件均排除在追究被告人刑事责任的依据之外，有助于防止部门保护主义和地方保护主义对刑事司法的侵袭。[②] 司法实践中亦有判例支持该观点：

案例 1：谢某某、梁某某走私制毒物品案[③]

被告人谢某某、梁某某于 2002 年 5 月 5 日、6 月 28 日、7 月 13 日三次共走私盐酸 160 吨。公诉机关认为两被告人的行为触犯了刑法第 350 条的规定，构成了走私制毒物品罪，并以此为由向一审法院提起公诉。两被告人以其不知道盐酸为制毒物品为由，辩称其行为不构成犯罪。两被告人的辩护律师则以被告人没有犯罪故意为由，主张两被告人的行为不构成走私制毒物品罪。一审法院审理后认为，两被告人的犯罪故意不是很明显，且盐酸不能被认作是受管制的制毒物品，因为刑法第 350 条、全国人大常委会颁布的《关于禁毒的决定》、最高人民法院有关司法解释都没有明确规定盐酸属制毒物品，遂判决两被告人无罪。公诉机关不服，提起抗诉。二审法院认为尽管对外经济贸易合作部于 1999 年 12 月 18 日以对外经合部令第 4 号颁布的《易制毒化学品进出口管理规定》附录所列联合国管制的 22 种易制毒化学品名称中包括了盐酸，但是该《规定》属于部门规章，不属于法律、行政法规的范畴，不能作为刑事审判的法律依据。遂裁定驳回抗诉，维持原判。

---

① 詹红星：《“违反国家规定”的宪法解释与司法适用》，载《湘潭大学学报（哲学社会科学版）》2016 年第 5 期。

② 参见王恩海：《最高人民法院对非法经营罪中“违反国家规定”的适用》，载《法治研究》2015 年第 4 期。

③ 海南省洋浦经济开发区人民法院刑事判决书，（2003）浦刑初字第 17 号；海南省洋浦经济开发区中级人民法院刑事判决书，（2004）浦中刑终字第 2 号。

案例 2：周某某、梁某某等非法经营、出版、传播淫秽物品牟利案 [①]

2008 年 3 月 24 日始，被告人周某某、梁某某开始实际运营及管理广州某某科技有限公司（以下简称公司）。公司旗下设有网站，通过与作者签订协议的方式刊发网络文学作品，再以会员付费阅读及广告、推广等方式获取收益。该公司依法获批了出版物经营许可证和增值电信业务经营许可证，但未获批网络出版服务许可证。该网站在刊载普通文学作品的同时，还刊载淫秽、色情小说吸引读者阅读。同案人赵某（另案处理）为该网站的主编，被告人雷某、唐某某、陈某均为网站编辑，其中雷某是部分淫秽小说的责任编辑，被告人唐某某、陈某没有担任过淫秽小说的责任编辑，但作为值班编辑，均偶尔接触过部分淫秽小说。一审法院认定五名被告人的行为均构成非法经营罪和出版、传播淫秽物品牟利罪，数罪并罚。五名被告人上诉后，中院发回重审。案件经重审一审和二审，争议焦点集中于能否认定非法经营罪。本案中，被告人所在的公司根据国务院颁布的《出版管理条例》的一般性规定领取了出版物经营许可证，根据国务院颁布的《互联网信息服务管理办法》的规定领取了增值电信业务经营许可证，而经过申请未获批准的网络出版服务许可证所依据的法律是原国家新闻出版总署、信息产业部 2002 年 6 月 27 日颁布的《互联网出版管理暂行规定》，其效力层级是部门规章。即便是 2016 年 2 月国家新闻出版广电总局联合工业和信息化部重新颁布的《网络出版服务管理规定》，仍然属于部门规章，并不是非法经营罪明确要求违反的国家规定。最终法院认为未取得网络出版服务许可证而经营涉案网站的行为不构成非法经营罪。[②]

赞成观点则认为，国务院下面有很多部门，这些部门代表国务院对各行业进行管理和监督，有权对涉及的问题作出规定和解释，这些规定和解释应该说是代表了国务院，应当视为是国务院的规定。因此，违反部门规章就是违反国家规定。[③] 司法实践中以违反部门规章为由认定违反国家规定，并进

---

① 广东省广州市天河区人民法院刑事判决书，（2014）穗天法刑初字第 2408 号；广东省广州市人民法院刑事判决书，（2016）粤 01 刑终 1376 号；广东省广州市天河区人民法院刑事判决书，(2017)粤 0106 刑初 82 号；广东省广州市人民法院刑事判决书，(2018)粤 01 刑终 1162。

② 参见杨毅：《仅违反部门规章或地方性法规不构成非法经营罪》，载《人民司法》2019 年第 20 期。

③ 参见顾肖荣：《近期证券市场的主要涉罪问题》，载《法学》2007 年第 6 期。

而认定行为人构成犯罪的判决不在少数。

案例 3：丁某非法经营案[①]

被告人丁某（美籍华人）于 2006 年至 2008 年期间，以 80 元至 160 元的单价，先后从小商贩手中收购 1300 余个人类头骨，通过互联网非法向境外出售 200 余个，卖出价为每个 150 美元左右，经营数额共计 1.9 万余美元。2008 年 6 月，公安机关对丁某所住别墅的车库进行搜查，发现人类头颅骨 1100 余个。经鉴定，均为近代自然人头骨。检察机关以被告人丁某的行为违反《尸体出入境和尸体处理的管理规定》，构成非法经营罪向北京市第一中级法院提起公诉。辩护人认为，我国法律对买卖人头骨是否属于非法经营并无明文规定，被告人行为不构成犯罪。法院经审理，认定被告人丁某犯非法经营罪，判处其有期徒刑 8 年，并处罚金人民币 30 万元，驱逐出境。被告人上诉后，北京市高级人民法院根据《尸体出入境和尸体处理的管理规定》"严禁进行尸体买卖，严禁利用尸体进行商业活动"驳回上诉，维持原判。

这起案件中，司法机关判断行政违法性的依据为 2006 年 8 月 1 日由卫生部、公安部、海关总署等 9 部门公布实施的《尸体出入境和尸体处理的管理规定》，显然认为部门规章属于国家规定。此外，还有司法机关将国务院批准、国务院办公厅转发的部门规章视为国家规定等。[②]

2. 最高人民法院的态度

针对实践中对"国家规定"不断扩张的解释，最高人民法院于 2011 年 4 月 8 日下发《关于准确理解和适用刑法中"国家规定"的有关问题的通知》（法〔2011〕155 号），其中规定："根据刑法第 96 条的规定，刑法中的'国家规定'是指，全国人民代表大会及其常务委员会制定的法律和决定，国务院制定的行政法规、规定的行政措施、发布的决定和命令。其中，'国务院规定的行政措施'应当由国务院决定，通常以行政法规或者国务院制发文件的形式加以规定。以国务院办公厅名义制发的文件，符合以下条件的，亦应

① 《北京买卖人头骨案终审落槌》，载《人民法院报》2010 年 9 月 24 日。

② 如朱某非法经营案中，针对被告人无证经营不具备合法手续的汽车的行为，辩护人认为违反部门规章不属于违反国家规定。法院判决被告人违反了由国务院批准、国务院办公厅转发的国家工商行政管理局《关于汽车交易市场管理的暂行规定》，即符合非法经营罪要求的"违反国家规定"。案例来源：广东省珠海市香洲区人民法院刑事判决书，（2000）香刑初字第 591 号。

视为刑法中的‘国家规定’：（1）有明确的法律依据或者同相关行政法规不相抵触；（2）经国务院常务会议讨论通过或者经国务院批准；（3）在国务院公报上公开发布。……对于违反地方性法规、部门规章的行为，不得认定为‘违反国家规定’。对被告人的行为是否‘违反国家规定’存在争议的，应当作为法律适用问题，逐级向最高人民法院请示。”

该通知明确将部门规章排除在“国家规定”之外，且在程序上对各级法院适用刑法第96条进行了限制，体现了最高人民法院从严解释“国家规定”的立场与要求，但仍将符合一定条件的由国务院办公厅制发的文件视为“国家规定”。因此，有学者在肯定上述通知的同时也认为其仍存有一定瑕疵，因为刑法第96条的规定只有主体这唯一标准，并没有考虑文件审议流程及公布形式，将国务院办公厅执法的文件认定为“国家规定”违反了刑法第96条，属于类推解释，也与《立法法》精神不符。①

3. 本书观点

笔者认为，除特殊情况外，部门规章不得视为国家规定，但在对国家规定进行理解时，可以参照部门规章的内容。

首先，原则上部门规章不得视为国家规定，这是由罪刑法定原则所决定的。罪刑法定原则具有人权保障和社会保护的双重机能，因此，作为行政犯前置法规的国家规定，既不能因范围过宽而损害刑法的人权保障机能，又不能因范围过窄而限制刑法保护社会的功能。刑法第96条将国家规定的制定主体限定为全国人大及其常委会、国务院，正是罪刑法定的体现，其目的就是要避免地方保护主义、部门保护主义等对公民权利的侵害，维护国家法治统一。

其次，所谓的特殊情况有两种，一是指在《立法法》施行以前，按照当时有效的行政法规制定程序，经国务院批准、由国务院部门公布，且在国务院清理行政法规时依然予以确认的，可以被视为国家规定。如1991年5月6日国务院批准、1991年7月22日国家工商行政管理局令第7号公布了《企业名称登记管理规定》，2012年11月9日国务院《关于修改和废止部分行政法规的决定》对该规定的第28条第2款予以修订，而规定在整体上予以保留，因此，该规定仍然属于有效的行政法规，可以被视为刑法中的国家规

① 参见王恩海：《最高人民法院对非法经营罪中“违反国家规定”的适用》，载《法治研究》2015年第4期。

定。将符合这种特殊情况的规定视为国家规定，是由我国立法程序的沿革所决定的。1987 年《行政法规制定程序暂行条例》中规定："经国务院常务会议审议通过或者经国务院总理审定的行政法规，由国务院发布，或者由国务院批准、国务院主管部门发布。"即当时对于行政法规的发布和施行实行双轨制，既有直接由国务院发布的行政法规，也有经国务院批准、由国务院主管部门发布的行政法规。但随着《立法法》（2000 年 7 月 1 日起实施）、《行政法规制定程序条例》（2002 年 1 月 1 日起实施，同时《行政法规制定程序暂行条例》被废止）、《规章制定程序条例》（2002 年 1 月 1 日起实施）的施行，行政法规和部门规章的制定主体、名称、制定程序和公布主体、文号均有了明确的区分。其中行政法规必须由国务院常务会议审议或由国务院审批后报请总理签署国务院令公布施行，而部门规章则只需经部务会议或者委员会会议决定后由部门首长签署命令予以公布，二者不在同一法律位阶上。因此，《立法法》施行以后的，由国务院批准、国务院部门发布的规定不能再视为"国家规定"。

二是指国务院批转的部门规章，其表现形式往往为"通知"，可以视为国家规定。如《国务院批转发展改革委关于坚决制止电站项目无序建设意见的紧急通知》（国发〔2004〕32 号）、《国务院批转住房城乡建设部等部门关于进一步加强城市生活垃圾处理工作意见的通知》（国发〔2011〕9 号）等。国务院转批的下属部门规章，实质上具有国务院的属性，[①] 经国务院同意并转批，其发文机关是国务院，[②] 是国务院以批转的形式颁布的针对不特定的行政管理相对人的规范性文件，是在全国范围内要求加强有关方面管理的行政措施，属于"国家规定"。而前述所引朱某非法经营案中，法院认为国务院批准、国务院办公厅转发的国家工商行政管理局《关于汽车交易市场管理的暂行规定》（国办发〔1985〕65 号）也属于国家规定，笔者认为不妥。因为国务院办公厅只是国务院的内设机构，《国务院组织法》并未赋予其制定、发布行政法规的权力，国务院办公厅转发与国务院批转是不同的，二者在文号上不同，效力等级也自然不同。

---

① 参见秦新承：《非法经营罪中的"国家规定"及有关刑事罚则的理解》，载《法学》2008 年第 1 期。

② 吴大勇、周天京：《论非法经营罪中的"国家规定"》，载《中国检察官》2016 年第 7 期。

最后，笔者认为，在援引国家规定时，必须严格遵循罪刑法定原则，将国家规定界定为全国人民代表大会及其常务委员会制定的法律和决定；国务院制定的行政法规，颁布的行政措施、决定和命令。但在对国家规定进行理解时，可以参照部门规章的内容。毕竟法律和行政法规的规定可能过于原则，部门规章是对法律和行政法规的具体化，但必须明确的是：部门规章不是定案的法律依据，法院在判决文书中不得直接援引部门规章，而只能在相关国家规定的内容不够明确时，参照部门规章的内容对国家规定进行解读。定案的法律依据依然是国家规定而非部门规章，而且当部门规章与法律、行政法规相冲突，或者部门规章的限制性规定没有法律和行政法规的上位法依据时，法院不能参照其对国家规定进行解读。

（二）地方性法规、地方政府规章、单位内部规定是否属于“国家规定”

有观点认为在具体案件的处理中应坚持原则性与灵活性相结合，如果严格按照刑法第 96 条的规定来解释“国家规定”，将使司法实务无法操作，因此应当从宽解释“国家规定”，将其拓展至国务院各部委制定的部门规章及各省、自治区、直辖市制定的地方性法规以及单位的内部规定。①

案例 4：王某某、姚某某私分国有资产案②

被告人王某某、姚某某分别担任国际货运公司（国有企业）经理、财务人员期间，在该公司连续三年经营亏损，按其上级公司食品进出口公司《关于试行公司内部经营预算管理的若干办法》等有关考核规定，无资格向上级公司申请批准发放奖金的情况下，仍由王某某指使姚某某制造假账，向上级公司报送内容虚假的财务报表，并由王某某申请上级公司批准，获得国际货运公司半年奖、年终奖发放额度，由姚某某从该公司的账户中提现 1089700 元转存于户名为黄某某的个人账户内。后两名被告人以给该公司职工发放半年奖和年终奖的名义对上述公款进行集体私分。其中，王某某、姚某某个人分别实得人民币 157000 元和 99000 元。公诉机关认为，被告人的行为构成了私分国有资产罪。辩护人认为，食品进出口公司的《关于试行公司内部经营预算管理的若干办法》（以下简称《办法》）系内部规定，违

---

① 参见王恩海：《论我国刑法中的“违反国家规定”——兼论刑法条文的宪法意义》，载《东方法学》2010 年第 1 期。

② 上海市虹口区人民法院刑事判决书，（2006）虹刑初字第 331 号；上海市第二中级人民法院刑事判决书，（2006）沪二中刑终字第 504 号。

反公司内部规定不是构成私分国有资产罪的依据，故被告人不构成私分国有资产。一审法院认为《办法》虽然是单位的内部规定，但这是为了贯彻执行国家法律法规如《企业国有资产监督管理暂行条例》《全民所有制工业企业转换经营机制条例》等，使国有资产保值增值而制定的，被告人王某某、姚某某在公司连续三年经营亏损的情况下，采取做假账的方式将上级单位投入的流动资金转入小金库集体私分，从表面上看是违反了单位的内部规定，其实质是违反了国家法律法规，故其行为构成私分国有资产罪。一审法院以私分国有资产罪对两名被告人定罪量刑，被告人王某某不服，提起上诉，二审法院驳回上诉，维持原判。

主审该案的法官认为，只要部门规章、地方性法规以及单位内部规定是为了贯彻执行国家法律法规，行为人违反了这些部门规章、地方性法规以及单位内部规定，就可以认为违反了国家规定。① 笔者赞成两名被告人的行为构成私分国有资产罪的结论，但认为其违反的“国家规定”是国务院2003年颁布的《企业国有资产监督管理暂行条例》（以下简称《暂行条例》），而非上级单位的《办法》。因为《暂行条例》对国有企业负责人规定了对国有资产保值增值、不得损害企业国有资产所有者和其他出资人的合法权益的义务，并在第40条规定：“国有及国有控股企业的企业负责人滥用职权、玩忽职守，造成企业国有资产损失的，应负赔偿责任，并对其依法给予纪律处分；构成犯罪的，依法追究刑事责任。”两名被告人使用虚假财务报表向上级单位申请奖金，并私立账户予以私分的行为，显然属于该条规定的“滥用职权造成国有资产损失的行为”。可见，司法实践中既要避免“找法困难”，也要克服“找法过剩”。② 正确的做法是仔细研读法律和行政法规，理解其中的原则与精神，准确适用“国家规定”，这样才能在罪刑法定原则的框架内实现个案的实质正义。

---

① 肖晚祥：《私分国有资产罪中违反国家规定的理解与把握》，载《人民司法》2008年第16期。

② 所谓“找法困难”，是指根据前置法条的上下文的体系解释，可以当然地推断出某一结果，但法条却对这一结果没有具体的规定。而“找法过剩”，则是指某一问题能够找到前置性法条，但是这一前置性法条是否符合刑法的根本目的是存疑的，所找到的法条就是“多余的法条”。参见张涛、魏昌东：《回顾与展望：刑法中的“违反国家规定”研究》，载《法治社会》2018年第6期。

而主张地方性法规、地方政府规章甚至单位内部规定也属于“国家规定”的观点，笔者实难赞同。如果该主张在实践中得以盛行，刑法第96条将形同虚设，罪刑法定的机能将丧失殆尽，同时也会破坏社会主义法制的严肃性和统一性。市场经济也是法治经济，具有统一性的法律规则对于市场经济的培育和发展意义重大。因为现代市场经济是一种大规模的经济形式，市场参与者往往需要大量的资金，生产、流通和获利在时空上都具有广泛性和长期性，这就要求市场主体必须尽可能地对未来进行预测；另外，现代市场经济又以陌生人之间经常性的商品流转为基本存在条件，商品流转的基础是存在共同认可和遵守的流转规则，不能规则互异、政出多门。[①]这就要求在一个国家或一个特定的法域内，不得以地方立法制定单独的经济规则，破坏市场经济规则的统一性从而妨碍市场经济的发展。正如学者所归纳：“在市场经济的不断扩展中，在法治的形成过程中，各国（殖民地国家除外）都有一个打破封建制的过程，就是要扫除地方保护主义和胳膊肘向里拐的现象。”[②]纵观各国市场经济的发展史，都可以发现这一过程。例如意大利宪法第120条第2款明确规定，各大区“不得制定任何形式的妨碍各大区人员或货物流通的规定”，其目的就是防止各大区形成排他性、独立性的法律制度，禁止在意大利国内出现妨碍交通商业方面自由流通的法律规定。[③]而刑法作为一国整个法律体系的最后保障，行政犯的设立意味着社会活动最后边界的划定，基于市场经济规则统一化的要求，用于补充犯罪构成要件的“国家规定”应当具有适用上的统一性，不得因地方、部门甚至单位的规定而出现刑法适用的不同结论。这一点对于正在致力于建设社会主义法治国家的中国尤为重要。虽然我国宪法第5条规定了“一切法律、行政法规、地方性法规都不得同宪法相抵触”，《立法法》第4条也要求“立法应当依照法定的权限和程序，从国家整体利益出发，维护社会主义法制的统一和尊严”，但不容否认的事实是，现阶段利用地方立法和部门立法阻碍统一的法律实施以谋取地方利益和部门利益的现象仍屡见不鲜。如果动辄以刑法来保护地方利益和部门

---

① 唐稷尧：《论我国经济犯罪的立法模式选择——兼谈空白罪状内涵的解释与补充》，载《四川师范大学学报（社会科学版）》2006年第6期。

② 苏力：《道路通向城市——转型中国的法治》，法律出版社2004年版，第35页。

③ ［意］杜里奥·帕瓦多尼：《意大利刑法学原理》，陈忠林译评，中国人民大学出版社2004年版，第19页。

利益，无疑与现行司法改革的去地方化和去行政化南辕北辙。

当然，也有论者以刑法上的数额犯起刑点大多有地区差异为由为地方性法规和规章作为“国家规定”而辩护，[①]但笔者认为，“两高”的司法解释允许各省、自治区、直辖市根据本地区经济发展状况确定本地区的具体数额标准，其前提在于地区标准必须在“两高”司法解释的数额标准幅度之内，而非随心所欲地制定标准。更关键的是，各地起刑点的差异并未改变行为的违法性，其只是在全国统一的犯罪的基本模型内在定量因素上予以因地制宜，而非脱离基本模型在定性因素上实行地方标准。而如果允许地方性法规和规章作为“国家规定”，那将从根本上改变行为合法与否的性质，一些原本不违反国家法律、行政法规的行为，却可能因违反地方性法规和规章，不仅被视为“非法”，而且还会以最严厉的刑法来制裁。或者同样的行为在此地合法，在彼处却非法甚至构成犯罪，则显然与同一法域内法秩序统一性原则大相背离。因此，数额犯起刑点的地区差异不能成为地方性法规和规章被升格视为“国家规定”的理由。

二、“国家规定”之外的前置法规范围

“国家规定”之外的前置法规在法条上的表述方式有“规定”“法规”“法”“规章制度”等。这些前置法规的范围究竟该如何界定，以“规定”为例，是只限于“国家规定”，还是可以泛指其他规范性文件，值得研究。

有论者指出，诸如刑法条文中的“违反规定”是立法的表述疏漏，其实应该是“违反国家规定”，否则不必专设第 96 条对分则中的“违反国家规定”作出限制。[②]笔者对此不能认同，立法机关对不同罪名的空白罪状之前置法规采用不同的表述方式，而且以“规定”为前置法规的法条多达 10 余个条文，说明乃立法者有意为之而非疏漏所致。不同罪名在法益保护、刑法介入的时间和程度上均有不同，也决定了前置法规的不同表述方式，其外延必定有所区别。因此，“国家规定”与“规定”、“规章制度”不是同一含义，后者的外延宽于前者，将“规定”“规章制度”限制在“国家规定”的范畴，缺少法律依据。

---

① 参见关俊峰：《空白罪状问题探讨》，郑州大学 2011 年硕士学位论文。

② 蒋铃：《刑法中“违反国家规定”的理解和适用》，载《中国刑事法杂志》2012 年第 7 期。

以刑法第134条规定的重大责任事故罪为例，在2006年之前该罪名的前置法规是“规章制度”，通说认为“规章制度”不仅包括国家发布的各种有关安全生产的法律、法规，企事业单位在安全管理等方面的规程、规则、章程、办法、制度等，也包括虽无明文规定，但反映了生产、科研、设计、施工中安全操作的客观规律，长期为群众所公认的行之有效的操作习惯。[①]《刑法修正案（六）》将该罪名的前置法规修正为“有关安全管理的规定”，但立法机关有关人士在解读该罪名的修正理由时只谈到之前的犯罪主体范围过小导致打击不力等原因，[②]并未对前置法规由“规章制度”改为“有关安全管理的规定”作出说明，《刑法修正案（十一）》在修改第134条时，仍保留了“违反有关安全管理的规定”，因此学界和实务界仍然保持了对该法条修正前对“规定”所作的广义理解。[③]但是当“规定”表现为单位内部的规定甚至是习惯时，就必然招致来自罪刑法定原则的质疑。如有学者认为，“如果单位的规章制度可以成为特定注意义务的根据，那么实际上等于说单位的规章制度具有填补空白犯罪构成的作用，这严重违反了罪刑法定原则的要求”，[④]实务部门亦有人提出，“按照罪刑法定原则，本罪的规定必须见诸于文字，而不能是没有文字的习惯”。[⑤]

笔者认为，将“规定”拓展到单位内部规定和习惯并不违背罪刑法定原则。罪刑法定主义经历了从绝对主义到相对主义的变迁，其所要求的法律专属性原则亦由绝对趋于相对。意大利刑法学界通说对法律的专属性作折中主义理解，即在刑法中是否允许存在非法律性规范作为渊源的问题上，坚持刑法渊源绝对的法律专属性，否认任何行政法规具有作为刑法直接渊源的效力，但在是否允许行政法规或习惯法来补充完善刑法规范的问题时，则认为在一定条件下一般承认非正式性法律对刑法规范的补充作用。其中习惯反映的是一个社会根深蒂固的普遍的文化要求，不能否认它事实上具有决定刑法

---

① 王作富主编：《刑法分则实务研究》（上），中国方正出版社2003年版，第205页。

② 参见黄太云：《刑法修正案解读全编》，人民法院出版社2011年版，第170–172页。

③ 周光权：《刑法各论》（第四版），中国人民大学出版社2021年版，第226页。

④ 王俊平：《责任事故犯罪构成要件之比较》，载高铭暄、赵秉志主编：《刑法论丛》（第七卷），法律出版社2003年版，第319页。

⑤ 参见张军等：《刑法纵横谈》，北京大学出版社2008年版，第40–43页。

规范适用范围的作用。[1] 日本刑法学通说也认为，虽然习惯和惯例不能作为刑法的直接的法律渊源，但在构成要件的理解和违法性的判断根据等，不少情形下应根据习惯和条理。[2] 而且，习惯和惯例是在长期的生产、作业过程中逐渐形成的，具有稳定性、合理性和反复适用性，为广大生产人员所知悉和认可，从这一点看，其也符合罪刑法定原则所强调的民主性。可见，罪刑法定原则反对的是以习惯作为直接的刑法渊源，但并不反对在解释犯罪构成时考虑习惯因素。关于安全生产的习惯和惯例本身并没有规定哪些行为是犯罪，因此不存在习惯和惯例创制犯罪的事实，因而认为习惯作为注意义务的根据蕴含着罪刑擅断的危险、违反了罪刑法定原则的批评是不妥的。[3] 最高人民法院 2011 年颁布的《关于进一步加强危害生产安全刑事案件审判工作的意见》中亦将公认的惯例和生产经营单位制定的安全生产规章制度和操作规程作为“有关安全管理规定”的参考依据。

当单位内部规定与行政规章对安全管理的规定不一致时，应当以哪个“规定”为准，笔者认为宜遵循要求更严格的规定。比如国家安全生产监督管理总局颁布的《煤矿安全规程》第 136 条规定：“采区回风巷、采掘工作面回风巷风流中瓦斯浓度超过 1.0%，必须停止工作，撤出人员，采取措施，进行处理。”有的单位则规定“瓦斯浓度超过 0.8% 时即停止工作，撤离人员”。如果在瓦斯浓度大于 0.8% 而小于 1% 时因未及时撤离而发生事故，应当认定违反了“规定”。因为安全生产环境极为复杂，统一的规定是针对普遍情况所设立的最低标准，对某些企业可能不足以完全防范事故的发生，生产、作业单位在此基础上根据周边地形、环境、气候等与煤矿相关的具体情况制定更为严格的标准，应当认为是该煤矿合法有效的“安全管理规定”。

同样的问题在经济犯罪尤其金融犯罪罪名中更是争议不断。如刑法第 188 条规定的违规出具金融票证罪，罪状表述为“银行或者其他金融机构的工作人员违反规定，为他人出具信用证或者……”有观点认为，这里的“规定”仅限于与出具信用证或其他保函、票据、存单、资信证明有关的所有法

---

① ［意］杜里奥·帕瓦多尼：《意大利刑法学原理》，陈忠林译评，中国人民大学出版社 2004 年版，第 15-23 页。

② ［日］大塚仁：《刑法概说》（总论），中国人民大学出版社 2009 年版，第 76 页。

③ 汪红飞：《论空白刑法中补充规范的范围——以重大责任事故罪为视角》，载《太原师范学院学报（社会科学版）》2006 年第 6 期。

律、法规。[①]也有观点认为，该条文中的“违反规定”只是立法的表述疏漏，应该就是“违反国家规定”。[②]但多数学者主张，这里的“规定”除了包括与出具信用证、保函、票据、存单、资信证明有关的金融法律、法规，还包括金融机构内部制定的有关规章制度。[③]又如刑法第 180 条第 4 款规定的利用未公开信息交易罪，其罪状表述为“证券交易所……等金融机构的从业人员以及……的工作人员，利用因职务便利获取的内幕信息以外的其他未公开信息，违反规定，从事……”此处“规定”的内涵外延究竟是什么，可谓众说纷纭。在 2011 年上海检察机关办理李某某案件时，辩护人即提出本罪涉及的“规定”仅限于《证券投资基金法》，而该法并没有规定禁止利用未公开信息交易的行为，因此李某某的行为不符合“违反规定”的构成要件。必须正视的现实是，2009 年《刑法修正案（七）》新增利用未公开信息交易罪时，《证券法》《证券投资基金法》等相关法律、法规中都没有明确规定内幕信息之外的其他未公开信息的保护制度，这种立法模式被学者称为“无先而后”[④]，这是由于金融业发展和金融创新势头迅猛而行政立法相对滞后的无奈之举，给理论和司法实务造成困扰。为避免受到违反罪刑法定原则的苛责，实务中多年来处理的利用未公开信息交易罪案件都基本集中于资产管理机构投资某个证券、期货金融产品的决策信息。有实务人士认为，这不利于打击现实中存在的形形色色利用对于证券、期货交易价格具有重大影响的尚未公开的信息进行证券、期货交易以牟利的行为，从而不利于实现增设本罪的立法目的。[⑤]2019 年“两高”联合发布的《关于办理利用未公开信息交易刑事案件适用法律若干问题的解释》中对此问题进行了回应，解释第 3 条规定：“刑法

---

① 参见骆梅芬：《关于非法出具金融票证罪的几个问题》，载赵秉志主编：《新千年刑法热点问题研究与适用》（下），中国检察出版社 2001 年版，第 958 页。

② 蒋铃：《刑法中“违反国家规定”的理解和适用》，载《中国刑事法杂志》2012 年第 7 期。

③ 张明楷：《刑法学》（第五版），法律出版社 2016 年版，第 791 页；刘宪权：《金融犯罪刑法学原理》，上海人民出版社 2020 年版，第 300 页；王爱立主编：《〈中华人民共和国刑法〉解释与适用》，人民法院出版社 2021 年版，第 489 页。

④ 参见胡启忠：《金融刑法立罪逻辑论：以金融刑法修正为例》，载《中国法学》2009 年第 6 期。

⑤ 古加锦：《利用未公开信息交易罪司法适用的疑难问题研究》，载《政治与法律》2015 年第 2 期。

第一百八十条第四款规定的‘违反规定’，是指违反法律、行政法规、部门规章、全国性行业规范有关证券、期货未公开信息保护的规定，以及行为人所在的金融机构有关信息保密、禁止交易、禁止利益输送等规定。”司法解释的起草人员指出，之所以将金融机构内部的规定纳入“违反规定”，是因为法律、行政法规、部门规章、全国性行业规范有关未公开信息保护的规定比较原则，实践中需要结合行为人所在金融机构有关规定予以认定。[①]

第三节　前置法规的援引规则

一、法律位阶规则

在一国的法律体系内，各种法律规范之间由于制定主体和程序的不同而具有不同的等级地位，此所谓法律位阶。根据我国《立法法》第98条、第99条、第100条和第102条规定，[②]我国的法律位阶共有六级：第一位阶是宪法，是根本法，具有最高的法律效力；第二位阶是法律，制定主体是全国人民代表大会和全国人民代表大会常务委员会；第三位阶是行政法规，制定主体是国务院；第四位阶是地方性法规，制定主体是地方人民代表大会和地方人民代表大会常务委员会；第五位阶是部门规章和地方政府规章，制定主体分别是国务院各部门和地方政府，二者具有同等效力；其他规范性文件则属于第六位阶。每一个法律规范都处于其中一个台阶上，具有相应的法律效力，处于较高位阶的法律规范的效力高于处于较低位阶的法律规范，二者不一致时，应以较高位阶的法律规范为准；而当处于同一台阶的法律规范之间对同

① 姜永义、陈学勇、王尚明：《〈关于办理利用未公开信息交易刑事案件适用法律若干问题的解释〉的理解与适用》，载《人民法院报》2020年4月30日，第5版。

② 我国《立法法》第98条规定：“宪法具有最高的法律效力，一切法律、行政法规、地方性法规、自治条例和单行条例、规章都不得同宪法相抵触。”第99条规定：“法律的效力高于行政法规、地方性法规、规章。行政法规的效力高于地方性法规、规章。”第100条规定：“地方性法规的效力高于本级和下级地方政府规章。省、自治区的人民政府制定的规章的效力高于本行政区域内的较大的市的人民政府制定的规章。”第102条规定：“部门规章之间、部门规章与地方政府规章之间具有同等效力，在各自的权限范围内施行。”

一事项的规定不一致时，则由相应的上级机关或立法机关裁决。①

如前文所述，我国刑法对不同的行政犯罪规定了不同效力等级的前置法规，在司法适用过程中援引前置法规时必须满足刑法条文所规定的位阶要求。以非法经营罪为例，其前置法规必须达到"国家规定"的层面，部门规章不能作为直接援引的前置法规。如根据刑法第 225 条第 1 项，"未经许可经营法律、行政法规规定的专营、专卖或者其他限制买卖的物品的"，构成非法经营。但在我国，不少部门规章和地方政府规章都超出法律、行政法规和国务院《对确需保留的行政审批项目设定行政许可的决定》设置了专营、专卖或者限制买卖的条款。所谓专营专卖必定是通过设置准入门槛限制特别商品或资源的自由流通，是对公民自由权利的一种限制，其正当性依据只能来源于国家政策的需求，如果允许部门或地方政府随意设置专营专卖或限制买卖，则是部门利益或地方利益对国家市场经济统一性和公民自由的不当侵入，丧失正当性。因此，如果仅仅违反了部门规章或地方政府规章设置的专营专卖条款，则因不符合第 225 条规定的前置法规的效力等级要求而不构成非法经营罪。

而"国家规定"之外的前置法规，如前所述，其范围可以及于单位内部规定甚至习惯。但在援引上仍需遵循位阶规则，即法律和行政法规可以直接援引，位阶在行政法规之下的法律规范（如行政规章等）能否作为行政犯罪的前置法规，则需要司法机关在具体案件中予以决定。我国《行政诉讼法》第 63 条规定："人民法院审理行政案件，以法律、行政法规、地方性法规为依据。地方性法规适用于本行政区域内发生的行政案件。人民法院审理行政案件，参照规章。"可见行政规章在行政诉讼中也仅具有"参照"效力，作为事关公民最基本权利剥夺、证据规格要求最高的刑事诉讼，规章及以下的法律规范更应当只有"参照"意义，而不能一概加以援引。当这些效力等级较低的法律规范缺乏上位法依据或者与上位法相冲突时，不宜作为刑事审判

---

① 如《立法法》第 106 条规定："地方性法规与部门规章之间对同一事项的规定不一致，不能确定如何适用时，由国务院提出意见，国务院认为应当适用地方性法规的，应当决定在该地方适用地方性法规的规定；认为应当适用部门规章的，应当提请全国人民代表大会常务委员会裁决；部门规章之间、部门规章与地方政府规章之间对同一事项的规定不一致时，由国务院裁决。根据授权制定的法规与法律规定不一致，不能确定如何适用时，由全国人民代表大会常务委员会裁决。"

中判断违法性的根据。

案例 5：赵某某非法持有枪支案[①]

2016 年 8 月至 10 月间，赵某某在天津市河北区李公祠大街海河亲水平台附近摆设射击摊位进行营利活动。同年 10 月 12 日 22 时许，赵某某被公安机关巡查人员查获，当场收缴枪形物 9 支及配件等物。经天津市公安局物证鉴定中心鉴定，涉案 9 支枪形物中的 6 支为能正常发射、以压缩气体为动力的枪支。一审法院以非法持有枪支罪判处赵某某有期徒刑三年六个月。二审法院考虑其主观恶性和社会危害性均较小，改判其有期徒刑三年缓刑三年。

案发时，刑法及司法解释均未对涉枪罪名中的“枪支”规定具体认定标准，司法实践中主要依照行政法中的标准进行认定。本案中两级法院认定涉案枪形物为枪支的主要依据是公安部 2008 年印发的《公安机关涉案枪支弹药性能鉴定工作规定》中关于枪支认定的标准，即“对不能发射制式弹药的非制式枪支，按照《枪支致伤力的法庭科学鉴定判据》的规定，当所发射弹丸的枪口比动能大于等于 1.8 焦耳 / 平方厘米时，一律认定为枪支”。笔者认为，判决将公安机关的上述内部工作规定适用于刑事案件违背了法律位阶原则。因为根据《枪支管理法》规定，“枪支，是指以火药或压缩气体等为动力，利用管状器具发射金属弹丸或者其他物质，足以致人伤亡或者丧失知觉的各种枪支”，即只有“足以致人伤亡或丧失知觉”的枪形物才能被认定为枪支。该认定标准高于公安部工作规定，且系位阶更高的法律，二者出现矛盾时，刑事司法机关应当适用法律而非部门行政规章。该案判决后，“两高”发布《关于涉以压缩气体为动力的枪支、气枪铅弹刑事案件定罪量刑问题的批复》要求，在定罪量刑时要考虑枪支的“致伤力大小”，言下之意，较低的枪支认定标准适用于行政法对枪支的管理秩序是没有异议的，但将其作为刑法上涉枪类犯罪的认定标准则有失偏颇，刑法中的枪支致伤力程度应当高于行政法上的枪支。

二、法益同一规则

当某一法律规范未达到具体刑法条文对前置法规的位阶要求时，自然不能成为刑事审判中判断违法性的根据，但满足了位阶要求也不必然就能成为

① 天津市河北区人民法院刑事判决书，（2016）津 0105 刑初 442 号；天津市第一中级人民法院刑事判决书，（2017）津 01 刑终 41 号。

可以被援引的前置法规。只有当刑法条文保护的法益和某一法律、行政法规或其他规范性文件保护的法益相同时，后者才可以在刑事审判中采用。如非法经营罪属于经济犯罪领域，扰乱市场秩序的行为才能适用此罪名，如果私设路障，收取过路费，使政府收费落入个人私囊的行为虽然违反行政专项收费法律，也违反了专项许可制度，但是行政收费不属于市场经营的范畴，因此也不构成非法经营罪。①

案例 6：陈某非法经营案②

陈某在重庆市江北区成立重庆某某汽车有限责任公司，经营范围为销售汽车、摩托车及配件、普通货运业务。1998 年 1 月至 1999 年 9 月，陈某在没有运营许可证的情况下对外发包 18 辆奥拓车，让承租方以无营运证的代步车在重庆市区非法营运，从中非法获利 199 万元。法院认为建设部和公安部颁发的《城市出租车管理办法》虽然对经营出租车资质设定了许可，但是该办法系部门规章，不属于刑法中的“国家规定”，故在判决中未以该办法为依据。而是认为陈某的行为违反了《公司法》第 11 条关于“公司应当在登记的范围内从事经济活动”的规定，以及《中华人民共和国公司登记条例》第 39 条、第 41 条关于“分公司的经营范围不得超出公司的经营范围”的规定，属于“违反国家规定”，并以此为依据判决陈某的行为构成非法经营罪。

笔者认为，上述判决理由值得商榷。《公司法》和《公司登记条例》的制定主体分别为全国人大常委会和国务院，因此在形式上的确符合“国家规定”的位阶要求，但是其与非法经营罪所保护的法益并不吻合。非法经营罪保护的是特定的市场准入秩序，其所谓的“许可”只能包括特定行政主管部门颁发的特定行为或经营对象的行政许可，而不适用于颁发的普遍适用于一切经营主体的营业执照等，因为就特定的经营活动而言，主管的机关是特定的主管机关而不是工商行政管理部门。③否则，按上述判决的理解，所有未办理工商营业执照或超出执照范围的经营活动，无论是否涉及特定的行政许可，只要经营额达到起刑点，均一律构成非法经营罪，显然混淆了行政违法

---

① 陈兵：《空白罪状适用的规范性解释——以前置性规范为中心》，载《西南政法大学学报》2014 年第 2 期。

② 张庆国：《无运营证发包出租车是否构成非法经营罪》，载《人民司法》2002 年第 5 期。

③ 参见王作富：《非法经营罪调控范围的再思考》，载《中国法学》2005 年第 6 期。

和刑事违法的界限，造成打击面的不当扩大。

案例 7：王某某非法经营案

2014 年 11 月至 2015 年 1 月，王某某未办理粮食收购许可证，未经工商行政管理机关核准登记并颁发营业执照，擅自在巴彦淖尔市临河区白脑包镇附近村组无证照经营违法收购玉米，将所收购的玉米卖给巴彦淖尔市粮油公司杭锦后旗蛮会分库，非法经营数额 218288.6 元，非法获利 6000 元。案发后，王某某主动投案自首、退缴非法获利 6000 元。临河区人民法院经审理认为，被告人王某某违反国家法律和行政法规规定，未经粮食主管部门许可及工商行政管理机关核准登记并颁发营业执照，非法收购玉米，非法经营数额 218288.6 元，数额较大，其行为构成非法经营罪，判处其有期徒刑 1 年，缓刑 2 年，并处罚金 2 万元。一审宣判后，被告人王某某未上诉，检察机关未抗诉，判决发生法律效力。该案在媒体披露以后，引起社会的高度关注。2016 年 12 月 16 日，最高人民法院作出（2016）最高法刑监 6 号再审决定，指令巴彦淖尔中院再审本案。巴彦淖尔中院经再审认为，原判决认定的原审被告人王某某没有办理粮食收购许可证及工商营业执照买卖玉米的事实清楚，其行为违反了当时的国家粮食流通管理有关规定，但尚未达到严重扰乱市场秩序的危害程度，不具备与刑法第 225 条规定的非法经营罪相当的社会危害性和刑事处罚的必要性，不构成非法经营罪。因此改判原审被告人王某某无罪。

笔者赞成无罪判决的结论。上述案件中，王某某没有办理粮食经营许可证和工商营业执照而进行粮食收购活动，确实违反了当时《粮食流通管理条例》的相关规定，属于无照经营，但因为工商营业执照并不是一般许可，而只是登记，它不具有限制性，只是为了工商行政管理的方便而设置的行政制度。因此，即使是无照经营，也只是取缔并予以行政处罚的问题，不构成非法经营罪。① 王某某违反行政管理有关规定并不等同于刑事违法，是否构成犯罪还要看其行为是否符合定罪的特征和构成要件。非法经营罪的法益不在于保护国家对特定业务的许可权，而在于防止这些业务的失控可能造成的严重危害后果。② 从社会危害性看，适用兜底条款进行入罪的行为应具有与前

① 陈兴良：《违反行政许可构成非法经营罪问题研究》，载《政治与法律》2018 年第 6 期。

② 陈金林：《法定犯与行政犯的源流、体系地位与行刑界分》，载《中国刑事法杂志》2018 年第 5 期。

三项规定行为严重程度相当的社会危害性，严重与否需要从实质危害性上判断，严格区别“其他严重扰乱市场秩序的非法经营行为”的质与量，并在情节和危害后果上加以限定。王某某从粮农处收购玉米卖予粮库，在粮农与粮库之间起了桥梁纽带作用，没有破坏粮食流通的主渠道，没有严重扰乱市场秩序，达不到严重扰乱市场秩序、情节严重的程度。①

案例 8：王某非法收购、出售珍贵、濒危野生动物案②

2016 年 5 月，被告人王某因售卖 6 只家养鹦鹉（其中 2 只为小太阳鹦鹉，属濒危野生动物）被刑事拘留。随后，公安机关在其宿舍查获该种鹦鹉 35 只，和尚鹦鹉 9 只，非洲鹦鹉 1 只，共计 45 只。2017 年 4 月，深圳市宝安区人民法院一审以非法出售珍贵、濒危野生动物罪判处被告人王某有期徒刑 5 年，并处罚金人民币 3000 元。王某不服提起上诉。深圳市中级人民法院认为，王某承认自己知道涉案鹦鹉为国家法律禁止买卖，但仍收购或出售，其行为已构成非法收购、出售珍贵、濒危野生动物罪。二审综合考虑到在王某家中查获的 45 只鹦鹉系待售，因其意志以外的原因而未得逞，属犯罪未遂，可比照既遂犯从轻或减轻处罚；同时，多数涉案鹦鹉系人工驯养繁殖，其行为的社会危害性相对小于非法收购、出售纯野外生长、繁殖的鹦鹉。综上，对王某可以在法定刑以下量刑，故依法改判上诉人王某有期徒刑 2 年，并处罚金人民币 3000 元。

二审法院虽然在法定刑以下对被告人量刑，已然考虑到本案各种具体情节，但笔者从法益保护的同一性角度分析后，仍然对上述行为定罪处理持保留意见。诚然，最高人民法院《关于审理破坏野生动物资源刑事案件具体应用法律若干问题的解释》第 1 条规定“珍贵、濒危野生动物”包括“驯养繁殖”的保护野生动物，且本罪的前置法规《野生动物保护法》第 27 条规定：“因科学研究、人工繁育、公众展示展演、文物保护或者其他特殊情况，需要出售、购买、利用国家重点保护野生动物及其制品的，应当经省、自治区、直辖市人民政府野生动物保护主管部门批准，并按照规定取得和使用专用标识，保证可追溯。”被告人王某出售人工繁育鹦鹉既非为科学研究等特殊目的，也未经主管部门批准，具有行政违法性，系“非法”行为。从法

---

① 梁宏、马蓓蓓：《王力军非法经营案再审改判无罪案的理解与参照》，载《人民司法（案例）》2021 年第 17 期。

② 广东省深圳市中级人民法院刑事判决书，（2017）粤 03 刑终字第 1098 号。

律适用的形式逻辑来看，得出符合刑法第341条规定的“非法收购、出售珍贵、濒危野生动物罪”的结论似乎顺理成章。但如果仔细分析本罪所保护的法益，就不难发现定罪结论与法益保护之间的错位。本罪所保护的法益是珍贵、濒危野生动物资源、物种多样性和生态环境，以防止珍贵、濒危野生动物物种灭绝，[①]“意义在于防止以非法收购、运输、出售的方式助长、方便对环境资源的破坏，而不仅仅是对上述物种的管理制度”，[②]因此认定本罪时，“需要特别注意行为是否侵害或者威胁了珍贵、濒危野生动物资源，而不能形式化的认定本罪”。[③]王某出售的是自己繁殖的变异种鹦鹉，虽违反行政许可规定，但并没有达到破坏野生动物资源的程度，且通过繁殖增加了物种数量，并未侵害到本罪所保护的法益。因此，本案判决引起公众质疑，甚至被批评为“不符合公众认同的常情、常理、常识”[④]也就不足为奇了。

三、转授权立法无效规则

授权立法在我国普遍存在，且具有法律依据，它是指行政机关根据立法机关授权制定各种行政管理法规。但我国立法实践中也存在不少转授权立法，即被授权的行政机关再次将权力转授给其他机关，由此产生的问题是转授权制定的法律文件能否成为行政犯的前置法规？笔者认为，转授权立法在根本上违反了《立法法》第15条“被授权机关不得将被授予的权力转授给其他机关”之规定，属于无效立法，不应在刑事司法中作为行为违法性的判断依据。

案例9：郭某某非法经营案[⑤]

被告人郭某某系被告单位西安标准烟草机械配件厂厂长，法定代表人。该企业持有《烟草专用机械零配件生产企业许可证》，生产烟草专用机械零配件。1999年11月至2001年8月间，被告人郭某某决定并伙同其他被告人

---

① 何天秀：《危害珍贵、濒危野生动物罪的认定——以“深圳鹦鹉案”“大学生掏鸟窝案”为例》，载《中国检察官》2021年第12期。

② 黎宏：《刑法学各论》，法律出版社2016年版，第449页。

③ 张明楷：《刑法学》（第五版），法律出版社2016年版，第1134页。

④ 参见姚万勤：《判决公正与刑法适用的公众认同——以深圳鹦鹉案等系列案件为分析视角》，载《法律方法》2019年第3期。

⑤ 刘树德：《“口袋罪”的司法命运——非法经营罪的罪与罚》，北京大学出版社2011年版，第299-301页。

将从江西南昌市购得的烟机后身和本厂生产的烟机刀头箱等零配件非法倒卖给他人，为他人开办地下烟厂或进一步倒卖提供条件，非法经营额共计 102.8 万元。法院认为，《烟草专卖法》第 25 条虽有“烟草专用机械是指烟草专用机械的整机”的规定，但在第 45 条里却授权国务院可根据本法制定实施条例。1997 年 7 月 3 日，国务院发布了《烟草专卖法实施条例》，该条例第 39 条第 2 款授权烟草专用机械的名录由国务院烟草专卖行政主管部门即国家烟草专卖局规定。1999 年 4 月 8 日，国家烟草专卖局以国烟法（1999）191 号文公布了特定烟机部件的名录，该名录中规定了“后身部件、印刷箱部件、刀头部件、烟枪部件”等 13 种部件不得随意倒卖，属专控专卖部件。本案中，被告单位所倒卖的部件正是属于该名录中所列的专卖部件。该名录是依据国务院《烟草专卖法实施条例》的授权作出的，具有与《烟草专卖法实施条例》同等的法律效力，两者同属于行政法规的范畴。法院以此为依据判决被告人和被告单位的行为构成非法经营罪。

笔者认为，上述判决缺乏法律依据。我国《立法法》虽然认可授权立法，但也对授权立法的适用进行了限制，该法规定：被授权机关不得将该项权力转授给其他机关。由此可见，转授权立法是被明确禁止的，因为转授权立法造成立法权层层授权，造成法制不统一，尤其是被转授权的机构带有明显的部门利益色彩时，转授权立法更容易成为部门利益的保护伞。上述案例中，全国人大常委会制定了《烟草专卖法》，授权国务院可根据该法制定实施条例，而国务院制定的《烟草专卖法实施条例》又授权国务院烟草专卖行政主管部门规定烟草专用机械的名录，这是明显的转授权，已经违反了《立法法》规定，而且烟草专卖局制定的名录超越了其上位法《烟草专卖法》对于“烟草专用器械”的定义，这种限权性的规定与上位法冲突时，更不应成为刑事判决的依据。

值得关注和肯定的是，随着立法的不断科学化，不少行政犯的前置法规修订时已经限缩了行政机关的权力。如内幕交易罪作为典型的行政犯，我国刑法第 180 条第 3 款规定“内幕信息、知情人员的范围，依照法律、行政法规的规定确定”。2005 年《证券法》第 74 条将“国务院证券监督管理机构规定的其他人”规定为内幕信息知情人的兜底项，第 75 条将“国务院证券监督管理机构认定的对证券交易价格有显著影响的其他重要信息”规定为内幕信息的兜底项，2019 年修订《证券法》时基本保留了对知情人兜底项的规定，但将重大事件的规定修改为“国务院证券监督管理机构规定的其他事项”。

笔者认为，将内幕信息兜底项中的“认定”修改为“规定”，一字之差体现的却是对监管部门权力的限定和对公民权利的保障，这与本书所主张的行政犯定罪中应坚持转授权立法无效规则的旨趣相同。对于有学者认为的将“国务院证券管理机构规定的其他人”也作为证券内幕交易的主体，系由国务院证券管理机构的规定补充了证券法的规定，违反了罪刑法定原则，[①] 笔者并不认同，因为《证券法》将监管部门“规定”的其他人和其他重大事项作为兜底项，系授权立法，不存在转授权立法，符合立法法的规定。如果监管部门再次授权将证券交易所规定的其他人或其他事项作为知情人或内幕信息，则属于转授权立法，不得作为刑法定罪的依据。

① 参见张祥宇：《行政犯法律性质的定位、缺陷及完善》，载《南华大学学报》2016 年第 2 期。

第三章　行政犯的违法性判断

行政犯罪以违反前置行政法规为前提，行政违法性是基础。行政违法性与刑事违法性之间具有怎样的关系，在满足什么样的条件下，可以完成从行政违法性到刑事违法性的跨越，这些都涉及违法性判断问题。可以说违法性在行政犯定罪过程中居于核心地位，但相比较于德日刑法基于其犯罪论体系对违法性所作的深入研究，我国的犯罪论体系中违法性并没有独立的地位，其重要性未得到足够的重视与挖掘。本章拟以违法性理论为基础，分别探讨行政犯定罪过程中的行政违法性与刑事违法性判断问题。

第一节　法秩序的统一性与违法的相对性

违法，也称为不法，[①] 是人的行为在法律上的否定评价，强调的是行为所具有的与法律规范相矛盾的性质，即行为根据法的见地不能允许的性质。[②] 违法，是各个法领域共有的概念，比如民法领域存在民事违法，行政法领域存在行政违法，那刑法中讨论的违法，其含义该如何界定？

一、违法性的内涵界定

（一）大陆法系刑法的违法性概念

大陆法系采取构成要件该当性—违法性—有责性的犯罪论体系，违法性是犯罪成立条件之一。构成要件是犯罪成立的第一个要件，从一开始就被认为是客观的、记述的、价值中立的犯罪类型。例如德国学者贝林格就强调构

---

① 当然，有观点认为违法与不法也是有区别的，违法是行为与法规范的矛盾，不法是评价为违法的行为本身。［德］汉斯·海因里希·耶赛克、托马斯·魏根特：《德国刑法教科书（总论）》，徐久生译，中国法制出版社 2001 年版，第 288 页。但笔者在此从一般的意义上将违法与不法作同义理解。

② 马克昌：《比较刑法原理》，武汉大学出版社 2006 年版，第 275 页。

成要件不包括主观的、规范的要素，不包含客观处罚条件，也与违法性没有关系。其后，迈耶将贝林格的思想一般化，认为构成要件符合性是认识违法性的最重要根据，从而将构成要件与违法性的关系拉近了一步。迈耶有个形象的比喻是“构成要件与违法性之间是烟与火的关系，烟不是火，烟不包含火，但它可以得出火存在的结论直到提出相反的证据”，[①] 即推断符合构成要件该当性的行为即具有违法性，除非具有违法阻却事由。到了麦兹格，在迈耶理论的基础上继续发展，其主张违法类型说理论，因而从正面肯定了构成要件包含主观要素及规范要素。而主张违法有责类型说的小野清一郎则进一步认为构成要件背后的实质就是违法性与道义的责任。[②] 从大陆法系犯罪论体系的发展来看，尽管构成要件已不再是纯客观的要件，而是包含了规范要素与责任要素，但构成要件仍然只是犯罪成立的条件之一。符合了构成要件该当性的不法行为，仍然有待于通过违法性要件和有责性要件进行审查。换言之，在刑法的检验程序中，违法性和责任都是通过消极的方式查明。[③] 因此，构成要件中的规范要素与违法性不能等同。[④]

违法性被置于构成要件之后，对符合构成要件该当性的行为作出审查。但究竟如何判断违法性的内容，大陆法系国家刑法并没有作出正面规定，而是从反面规定了违法阻却事由，将符合构成要件该当性但具有违法阻却事由的行为阻却在犯罪之外，并由此产生了形式违法性与实质违法性的分野。

形式违法性，是指行为违反法秩序乃至法规范。默克尔和宾丁就是这样理解违法性的本质，如默克尔认为违法就是否定法，即违反客观的法秩序本身。形式违法性说从规范角度理解违法，当然有其根据，但这种学说并没有对违法性的实体作任何说明。因此，出现了进而追求实质违法性的见解。实质违法性说内部有存在法益侵害说和规范违反说的不同观点。例如李斯特基于对法益概念的研究，提出违法性的实质在于对法益的侵害或者威胁。而迈耶则认为违法性是指“与国家承认的文化规范不相容的态度”，他所谓的

---

① 刘艳红：《开放的犯罪构成要件理论研究》，中国政法大学出版社 2002 年版，第 45 页。

② 参见张明楷：《刑法的基本立场》，中国法制出版社 2002 年版，第 96-105 页。

③ ［德］乌尔斯·金德霍伊泽尔：《德国刑事违法性的基础》，陈璇译，载《人民检察》2015 年第 19 期。

④ 陈兴良：《违法性理论：一个反思性检讨》，载《中国法学》2007 年第 3 期。

“文化规范”包含了作为宗教的、风俗的命令与禁止，以及作为交易上、职业上的要求而规律个人的规范，即法律规范原则上都是国家所承认的文化规范。大塚仁教授则试图调和法益侵害说与规范违反说，他认为，违法性的实质是违反国家、社会的伦理规范，给法益造成侵害或者威胁。[①]

从上述对大陆法系刑法理论的梳理可以得出两点结论：第一，由于行为符合构成要件就意味着行为具有形式违法性，因此，作为犯罪成立条件之一的违法性是指实质违法性，其所起的作用是出罪而非入罪，是消极而非积极，是缩小犯罪圈而非扩大犯罪圈；第二，违法性中的“法”并不是指某个具体的刑法条文，甚至不是指刑法规范，而是指作为整体的法秩序，这样的“法”是整体的、抽象的、价值的，这为超法规的违法阻却事由提供了可能。日本学者小野清一郎指出，违法性和道义责任，同时属于伦理的、规范的判断，这种判断的标准，自然超出了刑法规定的范围。因此，违法性这个特性并不单纯为刑法的相应条文所确定，也可以由其他立法以及立法以外的法律渊源所决定，它是法秩序的一般问题。[②]在意大利的刑法学上亦认为，某事实是合法还是违法，不可能仅在刑法领域内进行判断，只有将该事实放在整个法律秩序中，才可能得出其客观方面是否合法的结论。[③]至此，构成要件与违法性之间产生了明确的分工：在构成要件的范围内，刑法之规范目的具有主导性的地位，其他的价值考虑必须依附于这一目标。而在违法性阶层中，则全面引入其他法领域、社会领域的重要价值，并允许价值之间的相互限制与竞争。[④]

（二）我国刑法的违法性概念

我国刑法学深受苏俄刑法学的影响，违法性在“犯罪客体—犯罪客观方面—犯罪主体—犯罪主观方面”的犯罪构成体系中没有独立的地位，而是在讨论犯罪的特征时使用违法性这一概念，认为社会危害性、刑事违法性、应

---

① 参见［日］大塚仁：《刑法概说》（总论），冯军译，中国人民大学出版社2009年版，第347—350页。

② ［日］小野清一郎：《犯罪构成要件理论》，王泰译，中国人民公安大学出版社1991年版，第20页。

③ ［意］杜里奥·帕多瓦尼：《意大利刑法学原理》，陈忠林译评，中国人民大学出版社2004年版，第136页。

④ 杜宇：《合分之道：构成要件与违法性的阶层关系》，载《中外法学》2011年第4期。

受刑罚处罚性分别是犯罪的本质特征、法律特征和后果特征。其中刑事违法性，是指行为触犯了刑律，是社会危害性的法律表现，是犯罪行为与一般违法行为相区别的重要特征之一。[①]从上述表述可以看出两个问题：第一，所谓“刑事违法是指行为触犯了刑法”，多少有些同义反复之嫌，属于形式上的描述而非本质上的揭示；第二，我国的刑事违法性仅限于从刑法规范角度对行为作出判断，与大陆法系刑法中的违法性不同。后者是犯罪成立条件之一，而我们的刑事违法性则是犯罪的特征，我们判断一个行为是否构成犯罪的依据是犯罪构成要件，符合犯罪构成要件的行为即构成犯罪，从而具有犯罪的刑事违法性特征。换言之，构成要件符合性与刑事违法性之间具有相对应的关系，前者成立就相应地成立后者。

如果将上述关系与大陆法系的犯罪论体系相对比，不难发现，在三阶层的犯罪论体系中，构成要件所具有的罪刑法定机能是极为明显的。而我国刑法中的刑事违法性虽然也要发挥罪刑法定机能，但过于抽象的违法性标准难以承担这一使命。更为关键的是，在四要件的犯罪论体系中，刑事违法性并不是四个要件之一，没有被纳入犯罪论体系，只是在犯罪论中讨论，难以为具体犯罪的认定提供客观标准。[②]两相比较，我国的刑事违法性相当于他们的构成要件该当性，由于符合构成要件该当性的行为就意味着具备了形式的违法性，因此又可以认为，我国的刑事违法性相当于大陆法系的形式违法性，其不具有大陆法系中实质违法性所具有的缩小犯罪圈的功能，即不能将形式上符合构成要件但不具有实质违法性的行为排除在外。在我国这一功能是由社会危害性完成的，社会危害性理论同样源于苏俄刑法学，其处于犯罪构成四要件之外，却对四要件具有重大影响，是犯罪的实体性存在，[③]同时又是一个笼统的、抽象的、不确定的标准，在一定程度上可以说是一种社会政治的评价，是政治正确性在刑法领域内的反映和标志，[④]而社会危害性的严重

---

① 参见高铭暄主编：《刑法专论》（上编），高等教育出版社2002年版，第120-122页。

② 陈兴良：《违法性的中国语境》，载《清华法学》2015年第4期。

③ 参见陈兴良：《违法性论的重塑——一个学术史的考察》，载《政法论坛》2011年第5期。

④ 劳东燕：《社会危害性标准的背后——对刑事领域“实事求是”认识论思维的质疑》，载陈兴良主编：《刑事法评论》（第7卷），中国政法大学出版社2000年版，第207页。

程度更是一个很难确定的标准，带有很强的主观判断倾向。[①] 更关键的是，社会危害性自外于犯罪构成，与各犯罪构成要件处于一种疏离关系，导致在犯罪构成之外寻找社会危害性，在行为具有社会危害性而不具备犯罪构成的情况下，就容易作出入罪的判断，从而与罪刑法定原则相背离。[②] 也就是说，我国的社会危害性亦难以完成大陆法系实质违法性的出罪功能，反而具有入罪的内在冲动。

有学者在比较了我国的刑事违法性与大陆法系的违法性之后，指出："我国的刑事违法由于社会危害性这一虚缥的、无实体内容的概念为理论支持，而蜕变为一个纯粹的形式概念，即形式违法；同时由于刑事违法性的评价是以犯罪构成的评价形式进行的，而后者的评价只能是一次性的评价过程。据此，可以将我国的刑事违法评价总结为一次性的、违法性的形式审查。与大陆法系的从形式违法到实质违法的双层次审查机制相比，我国的刑事违法评价可以说是一种单层次的形式审查。"[③] "由于在犯罪成立的条件中没有单独设置违法性的要件，因而不利于通过违法性要件将那些虽然符合构成要件的行为经过利益权衡排除在违法性之外，从而限缩犯罪的范围。"[④] 正是这种功能上的重大差别，表明有必要借鉴大陆法系违法性理论中的合理成分为我所用，详言之，违法性不应仅仅栖息在犯罪特征中，而应该作为犯罪成立的一个独立条件在司法定罪过程中得以适用。

（三）大陆法系违法性理论可供我国行政犯定罪借鉴之处

大陆法系刑法理论中的违法性理论可供我国在行政犯定罪过程中予以借鉴，理由在于：行政犯罪的违法性无法仅在刑法领域完成，这和违法性理论具有契合之处。违法性理论中的"法"着眼于整体的法秩序，要根据所有部门法的相关规定来判断符合构成要件该当性的行为是否不具备任何法律规定的正当化事由。这一点无论是一般的刑事犯罪还是行政犯罪都适用。例如在认定符合故意杀人罪构成要件的杀人行为的违法性时，不仅需要根据刑法

---

① 李晓明、陆岸：《社会危害性与刑事违法性辨析——重在从"罪刑法定"视角视之》，载《法律科学》2005 年第 6 期。

② 参见陈兴良：《违法性理论：一个反思性检讨》，载《中国法学》2007 年第 3 期。

③ 米传勇：《刑事违法论——违法性双层次审查结构之提倡》，载陈兴良主编：《刑事法评论》（第 10 卷），中国政法大学出版社 2002 年版，第 25 页。

④ 陈兴良：《违法性的中国语境》，载《清华法学》2015 年第 4 期。

的规定，看这个行为是否符合正当防卫、紧急避险，还要以所有部门法规定为依据，判断其是否合法履行职务的行为，是否合法的医疗行为，是否行使合法权利的行为等。但在行政犯定罪中，违法性理论的适用更为直接和广泛。因为行政犯罪本身具有“二次违法性”特征，以行政违法性为构罪前提。而行政违法性的判断显然不是在刑法领域能完成的任务，需要借助其他法律的判断。行政犯的罪状中广泛采用“违反 ×× 法律”“违反国家规定”“违法”“非法”等表述，显然这些“法”都是指刑法以外的法律。这种“违法”与刑法上的违法性之间是什么关系，这种违法要素与犯罪构成体系又是什么关系，显然这些问题的回答都可以借鉴大陆法系的违法性理论，这将在下文予以展开。

二、违法性的一元论与多元论

如前所述，违法性中的“法”是针对整体法秩序而言，由此产生的一个争议问题在于：一个行为的合法性或者违法性，对于全部法律领域是否必须统一地加以规定，还是能够根据具体法域有区别地加以判断?

（一）违法一元论

违法一元论，又称为法秩序的统一性，是指“某些符合刑罚构成要件的行为应在什么样的情况下最终认定为违法，不仅从刑法，而且应当从整个法秩序来判定”这一原理。[①] 违法一元论认为，违法性是在违反全体法秩序这意义上使用的概念，宪法、刑法、民法、行政法等多个法领域构成的法秩序之间互不矛盾，更为准确地说，在这些个别的法领域之间不应作出相互矛盾、冲突的解释。例如，在某一法领域被认为是合法的行为，在其他的法领域就不能认定为违法而加以禁止，或者不可能出现与之相反的事态。[②] 否则民法上容许的行为，发生在刑法上被处罚的情况，市民就会变得不知所措。[③] 在日本，违法一元论的典型代表是木村龟二，他认为，违法性在全体法秩序或者法领域中是一元的，在其他法领域中违法，在刑法上也不能正当化。法

---

① ［日］松宫孝明：《刑事立法与犯罪论体系》，成文堂 2003 年版，第 123 页。转引自于改之：《刑民分界论》，中国人民公安大学出版社 2007 年版，第 179 页。

② 王骏：《违法性判断必须一元吗？——以刑民实体关系为视角》，载《法学家》2013 年第 5 期。

③ 于改之：《刑民分界论》，中国人民公安大学出版社 2007 年版，第 179 页。

秩序是一个大气球，无论是民法部分破了，还是刑法部分破了，气球无疑都破了。[①] 也就是说，在其他法域被认为是违法的行为，不能在刑法领域作为违法阻却事由。

（二）违法多元论

违法多元论，又称违法相对性论，该理论主张虽然法秩序在某种意义上应当具有统一性，但是规范之间的矛盾可以根据法秩序目的不同在有必要的范围之内消除即可，而没有必要进行绝对的排除。[②] 由于民法、刑法、行政法等各个法规内在目的、性质与适用上的差异，因而其所必要的违法性的程度在各个法领域就是相对的或者多义的。比如，民法领域中的不法行为所产生的法律效果，是以救济被害人损失为目的的损害赔偿，刑法是以保护法益和维护社会生活的安全为目的，所以其法律效果是最具有强制力的刑罚。既然如此，作为一种成立条件的违法性，在不同的法领域当然就应当不同，因而刑法上的违法性与其他法律上的违法性具有区别。[③] 例如，在刑法上被认定为违法的行为，在民法及其他法领域一定是违法的，但反之则未必。

（三）缓和的违法一元论

违法一元论对违法多元论最强烈的批评是，其他法律允许的行为也有可能在刑法中被评价为违法行为而处罚，这与刑法的精神相违背。如关于违法阻却事由，《日本刑法典》第 35 条明文规定，基于法令或正当业务的行为，不罚。[④] 但那种认为违法性在整个法秩序中完全单一，在一个法领域属于违法的行为绝不可能在另一个法领域属于合法的“严格的违法一元论”，也过于绝对和突兀，在学说上已失去支持。绝大多数的一元论者受违法多元论的启发，对自身观点进行修正和改进，例如宫本英脩认为作为一般规范违反的违法性在法秩序全体中是单一的，刑法和民法的违法概念是同一的，在一般规范的违法性基础上再加上可罚的违法性就是犯罪行为。[⑤] 佐伯千仞承认并

---

① ［日］前田雅英：《刑法总论讲义》，东京大学出版会 1998 年版，第 97 页。转引自于佳佳：《违法性之“法”的多元解释》，载《河北法学》2008 年第 10 期。

② ［日］曾根威彦：《刑法学基础》，黎宏译，法律出版社 2005 年版，第 214-215 页。

③ 张明楷：《外国刑法纲要》，清华大学出版社 2007 年版，第 148-149 页。

④ ［日］松宫孝明：《刑法总论讲义》（第 4 版补正版），钱叶六译，中国人民大学出版社 2013 年版，第 81 页。

⑤ ［日］宫本英脩：《刑法学粹》，成文堂 1985 年版，第 511 页。转引自童伟华：《日本刑法中违法性判断的一元论与相对论述评》，载《河北法学》2009 年第 11 期。

进一步发展了宫本英脩的理论，他一方面主张全体法秩序下违法性是统一的，同时认为在发现的形态中，有各种各样的类型、轻重不同的阶段，这种观点被称为“缓和的违法一元论”。[①] 详言之，其主张违法性虽然是统一的，但违法的程度不同，民法上的违法行为，在刑法上并不能认为是适法行为，但没有达到可罚的程度而已。

实际上，缓和的违法一元论和违法多元论在很多问题上的结论是相同的。二者的区别主要体现在以下几个问题：（1）符合构成要件的行为，在民法或者行政法中被允许的话，在刑法中是否也要认定为正当？（2）在民法或者行政法中被禁止的行为，符合刑法上的构成要件的场合，该行为在刑法上是否也具有违法性而可罚？对于这两个命题，违法多元论都持否定态度。缓和的违法一元论，肯定（1）的命题，而否定（2）的命题。至于严格的违法一元论，命题（1）和（2）均被肯定。[②] 此外，对于阻却了刑法上的违法性的行为是否必然排除有关相同保护对象的其他部门法领域的违法性的问题，违法统一性论持肯定态度，而违法多元论则予以否定。[③]

三、缓和的一元论于我国之提倡

由于违法性在我国的犯罪构成体系中没有独立的地位，因而违法性理论在我国刑法理论中未得到足够的重视，最高司法机关甚至立法机关在违法性问题上立场也出现摇摆。

（一）立法机关和最高司法机关的立场

我国立法机关坚持过违法一元论的观点，在其他法领域尚未对某一行为作出禁止性规定的情况下，坚持不以刑法规制。最典型的事例就是期货类犯罪的立法。1997 年刑法修订之时，有学者建议增设期货犯罪的类型，但没有被立法机关采纳，因为当时还没有全国性的期货交易法律，对于期货领域的违法行为，本身没有相应的经济法规作出明确的禁止性规定，因而不能直接纳入犯罪的范围。我国较为完整的期货犯罪是在 1999 年 12 月 25 日刑法修正案中加以规定的，因为 1999 年 6 月国务院已颁布《期货交易管理暂行条例》，

---

① 参见郑泽善：《法秩序的统一性与违法的相对性》，载《甘肃政法学院学报》2011 年第 7 期。

② ［日］曾根威彦：《刑法学基础》，黎宏译，法律出版社 2005 年版，第 214-215 页。

③ 于佳佳：《违法性之“法”的多元解释》，载《河北法学》2008 年第 10 期。

对期货交易中的违法行为有了明确界定，刑法就有条件将其中情节较为严重的行为上升为犯罪。这也说明，经济刑法，只是对经济、行政法规的禁止性规定的重申和制裁的选择性刑事提升。①

但立法机关的这一立场并未得到一以贯之的坚持。例如 2005 年《刑法修正案（五）》增设了窃取、收买、非法提供信用卡信息罪，而当时作为信用卡管理的主要规范性文件《信用卡管理办法》及其他非刑事法律中并没有规定这种行为的民事或行政法律责任；2009 年《刑法修正案（七）》增设了出售、非法提供公民个人信息罪和非法获取公民个人信息罪，并规定构罪前提之一是“违反国家规定”，但当时我国尚未建立个人信息保护的法律框架。当然，从入罪必要性角度分析，立法机关将前述行为规定为犯罪，是由于前述行为在生活中大量出现并已严重危害到相关法益，有必要予以刑事规制，且刑事立法后可以对民事、行政立法形成倒逼机制，这是立法机关将前述行为入罪化的合理之处。但从刑法与民法、行政法的关系角度分析，刑法应当是所有部门法律的保障法，在整个法律体系中应当处于最后保障地位，类似这样“无先而后”② 的立法，在民商事法和行政法都未确定某一行为的违法性时，刑法予以超前介入，不免有不教而诛之嫌。

最高司法机关的立场也和立法机关一样，颁布的司法解释中既有遵循违法一元论的，又有肯定违法多元论的。前者如最高人民法院 2001 年《关于情节严重的传销或者变相传销行为如何定性问题的批复》和最高人民检察院法律政策研究室《关于 1998 年 4 月 18 日以前的传销或者变相传销行为如何处理的答复》，都坚持了在国务院《关于禁止传销经营活动的通知》出台以前的行为不能认定为非法经营罪。而体现出违法多元论的司法解释也不少，如最高人民法院《关于审理扰乱电信市场管理秩序案件具体应用法律若干问题的解释》（2000 年 4 月 28 日颁布，5 月 24 日生效）对擅自经营电信业务的行为规定以非法经营罪定罪处罚，但《电信条例》一直到 2000 年 9 月 25 日才由国务院颁布。又如最高人民法院 2009 年《关于办理妨害信用卡管理刑事案件具体应用法律若干问题的解释》将信用卡套现行为解释为非法经营罪，在

---

① 参见游伟：《刑法调整经济行为的前提法根据》，载《人民法院报》2008 年 10 月 22 日，第 6 版。

② 这种立法方式被学者形象地称为“无后而先”，参见胡启忠：《金融刑法立罪逻辑论——以金融刑法修正为例》，载《中国法学》2009 年第 6 期。

制定过程中就有意见提出，信用卡套现行为本质是一种非法经营行为，但存在的问题是目前尚无法律和行政法规明文规定禁止信用卡套现，有可能扩大非法经营罪的范围。但解释者最终认为，《刑法修正案（七）》已将“非法从事资金支付结算业务”规定为非法经营罪的行为方式之一，因此“对于实践中利用 POS 机、网上支付、电话支付等方法从事套现活动，情节严重，需要追究刑事责任的，可以适用刑法第 225 条规定处理”。①

（二）缓和的违法一元论之提倡

严格的违法一元论因过于恪守法秩序的统一性，而否认各个法领域的不同目的和特点，因而不可取。虽然缓和的一元论和违法多元论在很多问题的结论上趋于一致，但笔者仍然认为缓和的一元论更值得提倡。

缓和的一元论首先承认和尊重法秩序在整体上的统一性。应当说，虽然不同的法律因各自调整不同的社会关系而有不同的法律原理与法律规则，但从法秩序的协调统一角度，一个国家之内全部的法律应当形成一个整体，相互之间不应该存在冲突。我国宪法也明确了“国家维护社会主义法制统一和尊严”的规定，可以视为法秩序统一性在宪法上的承认与尊重。根据法秩序统一性原则，合法化事由应当从整体法秩序中予以归纳，无论是私法还是公法里的合法化事由，均可以直接运用到刑法领域里，同时也意味着，刑法中特殊的合法化事由，同样可使其他法领域里的行为被合法化。② 如果在任何一个法领域中得到许可的一种举止行为，仍然要受到刑事惩罚，那么这将会是一种令人难以忍受的价值矛盾，也将违背刑法作为社会政策最后手段的这种辅助性，③ 就相当于民法、行政法或者其他法律要求国民从道路左侧通行，而刑法却处罚向左通行的行为。④ 正因为此，日本刑法学者井田良认为，“统

---

① 参见刘涛：《解读〈最高人民法院、最高人民检察院关于办理妨害信用卡管理刑事案件具体应用法律若干问题的解释〉》，载《刑事审判参考》第 72 集。

② ［德］汉斯·海因里希·耶赛克、托马斯·魏根特：《德国刑法教科书（总论）》，徐久生译，中国法制出版社 2001 年版，第 392 页。

③ ［德］克劳斯·罗克辛：《德国刑法学总论》（第 1 卷），王世洲译，法律出版社 2005 年版，第 397 页。

④ 吴镝飞：《法秩序统一视域下的刑事违法性判断》，载《法学评论》2019 年第 3 期。

一的一般的违法性概念是有用的，并且是不可欠缺的”。[①] 相比较之下，违法多元论认为各个法领域的违法性是相互独立的，从而对民法或行政法中被许可的行为在刑法上也应被肯定其正当性的命题持否定态度，这与整体法秩序发生直接的冲突，将造成国民无所适从的局面，严重影响国民的安全感和对法的信任感。

在尊重法秩序统一性的前提下，缓和的一元论也认为各个法规因其内在目的、性质与适用上的差异，因此其所必要的违法性的程度在各个法领域具有差异性，从而承认了刑事违法的独立性和特殊性。独立性就表现为“刑法不论其构成概念或者机能，均不从属于刑法以外的其他法的领域而有独立性的思想”[②]，某一行为是否应当犯罪化，应该规定什么样的法定刑，应基于刑事政策自身的考量。由此引发的问题在于：一种对确定举止行为的民法性的或者公法性的禁止性存在，是否意味着在任何情况下，这种举止行为一旦同时满足了一个刑法规定的行为构成，也就表现了刑法上的不法？对于这一问题，罗克辛教授认为不能简单地用“是”来回答，在一般情况下是这样的，但并不是必须这样做。[③] 这里涉及在入罪问题上，是否存在违法性的统一性原理的问题。显然，在入罪问题上，民事上、行政上的违法不等同刑事上的违法，尤其是在我国只将严重的民事、行政的违法行为才规定为刑事违法的情况下更是如此。但具有民事、行政的违法性的行为，又同时具备刑事上的不法性的，通常确实是可以作为犯罪处罚的。在这种情况下，刑事不法正是以民事、行政不法为其逻辑前提的，即只有在具有民事、行政的不法的前提下，才有刑事不法可言。如果民事上、行政上是合法的，则不可能在刑事上认定为不法。在这种双重的违法结构中，刑事违法是建立在民事、行政的违法的前提之上的。[④]

可见，缓和的违法一元论既坚持法秩序的统一性又兼顾违法的相对性，

---

① ［日］井田良：《刑法总论点理论构造》，成文堂2005年版，第143页。转引自童伟华：《日本刑法中违法性判断的一元论与相对论述评》，载《河北法学》2009年第11期。

② 马克昌、卢建平：《外国刑法学总论（大陆法系）》，中国人民大学出版社2016年版，第5页。

③ ［德］克劳斯·罗克辛：《德国刑法学总论》（第1卷），王世洲译，法律出版社2005年版，第397页。

④ 陈兴良：《违法性理论：一个反思性检讨》，载《中国法学》2007年第3期。

符合我国“定性 + 定量”的犯罪化模式，尤其在行政犯罪领域，紧密地涉及前置法规定与刑法规定的关系问题，笔者认为缓和的违法一元论视角下，行政犯定罪应当坚持以下几个规则：（1）在前置法规中许可的行为，即使符合形式上的犯罪构成要件，在刑事司法实践中，也不能认定为犯罪。如根据2002年修正的《保险法》第54条增设规定：“投保人申报的被保险人年龄不真实，并且其真实年龄不符合合同约定的年龄限制的，保险人可以解除合同，并在扣除手续费后，向投保人退还保险费，但是自合同成立之日起逾二年的除外。”[①] 这意味着，即使投保人投保时对保险人谎报年龄，自合同成立起二年以后发生保险事故，即使发现有谎报年龄的事实，保险公司也必须履行支付保险金的义务。如果行为人虚假申报年龄签订保险合同，二年后依据保险事故申请保险公司支付保险金，从形式上看完全符合刑法第198条规定的保险诈骗罪的构成要件，即“投保人故意虚构保险标，骗取保险金”。据此有观点认为，该行为构成保险诈骗罪，并认为保险合同有效不意味着对行为人的欺骗行为进行了合法性评价，即民事行为的有效性不能阻却刑事违法性。[②] 但笔者认为，如果这种行为被认定为保险诈骗罪，则将出现民商法上该合同有效，保险人应当支付保险金，而刑法上却构成犯罪，保险金应当作为违法所得予以追缴并退还保险人的结论。对于同一笔保险金的处置出现了难以调和的矛盾，也将造成利益相关人及社会公众的无所适从，对于这种民事上有效的行为不宜追究刑事责任。（2）前置法规缺乏或者前置法规未规定行为违法性的时候，刑事司法机关应作出非罪认定。如《电信条例》于2000年9月25日出台之前，最高司法机关便于2000年4月28日以司法解释的形式将擅自经营电信业务的行为以非法经营罪入罪处理，有违行政犯二次违法性特征，经不起理论推敲。因此，在2000年9月25日之前擅自经营电信业务的行为不宜认定为犯罪。（3）前置法规规定了行为的违法性时，司法机关才可以进一步根据刑法原理认定其是否构罪。如前述《电信条例》出台之后，司法机关依据该条例“电信业务实行许可制度”的规定，认定擅自经营电信业务的行为在达到起刑点的前提下构成非法经营罪，便不存在法律和理

① 《保险法》在2009年和2015年又进行修正，对该内容仍予以了保留，现行《保险法》规定在第32条和第16条。

② 参见陈禹僮：《刑事违法性判断必须遵循法秩序统一性原理》，载《检察日报》2023年2月8日，第3版。

论障碍了。(4) 行政犯罪行为必然在其他法领域也是违法的，反之，刑法中的非罪行为不意味着在其他法领域中的合法及责任的免除。如构成侵犯著作权罪的行为必然亦违反了《著作权法》，但尚未达到犯罪起刑点的侵犯著作权行为，虽不构成犯罪，但不意味着在《著作权法》中系合法行为，而是应当承担相应的民事责任。

第二节　行政违法性判断

根据缓和的违法一元论，无论是私法还是公法里的合法化事由，均可以直接运用到刑法领域，阻却刑事违法性。反映在行政犯领域，就是前置法规中合法的行为，不可能成为刑法上的行政犯罪。因此，行政违法性判断是行政犯定罪过程的第一步。缓和的违法一元论同时认为违法具有一定的相对性，因此刑法中所讲的行政犯之行政违法性与行政法上的行政违法性既有共同点又有不同之处，不同之处体现在刑法和行政法对于同一规范用语解释的相对不同，以及行政法上关于行政违法性的特殊规定不必然适用于刑法领域等，这些问题将在下一节予以详细展开。本节立足于二者的共同点，阐述行政犯之行政违法性判断的一般问题。

一、判断主体：行政机关抑或司法机关

行政机关对社会生活的介入可谓涉及方方面面，而且随着专业日益细分化，即使对同一领域的介入，有时也会涉及多个行政机关。以知识产权领域为例，行政执法机关包括知识产权局、工商行政管理局、版权行政管理部门、文化行政管理部门、新闻出版部门、农业、林业、公安等多家行政机关，[①] 而司法机关仅仅是法院、检察院和公安机关。因此，与司法机关相比，每天都在处理行政性问题的行政机关在各自的行政领域可谓驾轻就熟，对相关的行政法规也有更全面而及时的掌握以及更深入而专业的理解。出于对专业的尊重，司法机关往往非常重视行政机关对某一专业问题的意见，甚至视行政机关出具的行政违法性认定意见为必备证据。笔者认为，行政犯定罪过

① 这从国家知识产权局每年发布的《中国知识产权保护状况》即可看出。

程中的行政违法性判断主体应当是司法机关而非行政机关，行政机关出具认定意见并非定罪的前置程序。

首先，从宪法的角度来看。在我国，宪法第131条和第136条分别规定了人民法院和人民检察院依法独立行使审判权和检察权，不受行政机关、社会团体和个人的干涉。即刑事司法不应依赖行政机关的意见作为裁判依据。

其次，从司法权与行政权的区别来看。司法权的本质是判断权，其效力具有终极性；而行政权的本质是管理权，其效力只具有先定性，行政权的行使是否合法、合理，不能由行政机关自己判断，而需要由行使判断权的司法机关进行判断，司法审查权由此应运而生。① 在行政犯领域，对于犯罪构成要件的判断，当然应当由司法机关来进行。行政犯的第一次违法性评价，也就是行政违法性确认是认定刑事违法性的基础，司法机关不仅是应当，而且必须作出实质性审查。

再次，从行政权和刑事司法权的运行来看。刑事证据的规格和证明要求是所有诉讼中最严格的，行政机关认定行政违法所依据的证据和证明规格不可能达到刑事审判的要求。如直接使用行政机关的意见，无疑降低了刑事案件的证据规则和证明要求，影响了刑事审判的公正性。

最后，从实务操作的可行性来看。目前我国一些领域的行政监管与该领域的实际发展不相适应，如分业监管的金融监管体制就难以适应混业经营的现状。一些交叉地带或新的金融衍生产品，可能同时涉及多个金融领域。在这种情况下，由哪个行政机关出具行政违法性的证明是不明朗的，而且不同监管部门由于其司职所系迥异，对于同一行为不必然会得出同样的认定结论。实践中，有些行政机关认为出具相关意见超越了其职权范围，也有些行政机关会因为部门利益等多种原因而拒不配合司法机关。因此，如果行政犯罪的案件如果都必须先有行政机关的认定意见，则难以避免因部门协调不畅而导致的案件久拖不决。

综上，笔者认为，刑事司法中认定某一行为是否具有行政违法性，应当由司法机关作出判断，尤其是对行政法规已经有明确规定，司法机关可以直观地对行为性质进行判断的情况下。而对于一些案情重大复杂，需相关行政部门协助的，则可以商请行政机关提供协助，必要时出具性质认定意见。这

① 参见孙笑侠：《司法权的本质是判断权——司法权与行政权的十大区别》，载《法学》1998年第8期。

种做法也获得了最高司法机关的认可，早在2008年1月，最高人民法院、最高人民检察院、公安部、中国证券监督管理委员会联合颁布的《关于整治非法证券活动有关问题的通知》第2条就规定："非法证券活动是否涉嫌犯罪，由公安机关、司法机关认定。公安机关、司法机关认为需要有关行政主管机关进行性质认定的，行政主管机关应当出具认定意见。"2012年前述四家机构又联合下发《关于办理证券期货违法犯罪案件工作若干问题的意见》，该意见第4条规定："公安机关、人民检察院和人民法院在办理涉嫌证券期货犯罪案件过程中，可商请证券监管机构指派专业人员配合开展工作，协助查阅、复制有关专业资料。证券监管机构可以根据司法机关办案需要，依法就案件涉及的证券期货专业问题向司法机关出具认定意见。"2014年最高人民法院、最高人民检察院、公安部《关于办理非法集资刑事案件适用法律若干问题的意见》第1条更是直接明确："行政部门对于非法集资的性质认定，不是非法集资刑事案件进入刑事诉讼程序的必经程序。行政部门未对非法集资案件作出性质认定的，不影响非法集资刑事案件的侦查、起诉和审判。"可见，司法机关可以不经前置行政认定即对构成犯罪的行为定罪处罚，只有在司法机关"认为有需要"的情况下，才要求有关行政机关出具认定意见，而非"必须"要求行政机关出具认定意见。而且行政机关出具的认定意见，并不具有当然的证明力，司法机关对其仍需进行形式和实质的全面审查，经过全面审查后可以全部采纳也可以部分采纳甚至不予采纳。

以一起司法机关部分采纳行政认定函的内幕交易案为例。[①]2013年8月起，上市公司A公司与B公司太阳能科技股份有限公司开始商谈租赁厂房、设备并以租金抵偿应收账款的意向等，同年11月1日，A公司与B公司正式签订合作协议。2013年11月4日，A公司申请停牌，公告上述合作事项及2013年业绩预测情况等，并于5日复牌。被告人陈某红系A公司总经理，系该内幕信息法定知情人，在敏感期内多次将内幕信息泄露给被告人刘某。刘某非法获取上述内幕信息后，利用其实际控制的证券账户，于2013年9月11日至11月1日间，共买入A公司股票319万余股，并于内幕信息公告前后抛售该股票从中获利，交易金额人民币2336万余元，非法获利人民币139万余元。本案中证监会出具的行政认定函将内幕信息敏感期为2013年9月5日至11月4日，即将起始日期认定为A公司与B公司达成租赁生产线抵债权合意

① 上海市第一中级人民法院刑事判决书，（2015）沪一中刑初字第141号。

的日期。但司法机关经独立判断，将敏感期认定为2013年8月至11月4日。司法机关认为，内幕信息敏感期是指该内幕信息自形成至公开的期间，而形成之时包括了影响内幕信息形成的动议、策划、决策或者执行的初始时间。涉案信息于2013年8月提出，双方于同年9月5日达成合意，并于11月1日签订书面合同，故将敏感期的起始时间认定为2013年8月。

司法实践中也有行政机关认定函整体上未被司法机关采纳的案例，如S市一起宣告无罪的非法经营案为例。[①] 被告人卞某是A公司、B公司的法定代表人。A公司的经营范围包括电子设备、电子产品的销售、电子保健仪器（除医疗器械）的组装、销售。B公司的经营范围包括医疗器材、医疗保健、生物制品等。2015年7月起，A公司开始生产型号为SE-F1、F2、F3系列生物能量仪，由B公司进行销售。2016年3月，S市某区市场监督管理局（以下简称市场监管局）就该产品是否作为医疗器械产品管理，如作为医疗器械管理，应按几类医疗器械进行注册，上述产品是否取得医疗器械产品注册证等情况向S市食品药品监督管理局（以下简称上海食药局）请示，并递交了SE-生物能量仪包装及产品照片、生物能量仪使用参考书和合格证原件。S市食药局就此向国家食品药品监督管理总局（以下简称食药总局）请示前述产品是否应按二类医疗器械管理，食药总局针对S市食药局的请示回函称：该产品的预期目的符合《医疗器械监督管理条例》（国务院令650号）第76条要求，依据《医疗器械分类规则》（国家食品药品监督管理总局令第15号），应作为第二类医疗器械管理。2016年12月，市场监管局于现场执法中，在S市某区某路28弄6号A公司的仓库内及B公司的相关销售点查扣涉案SE-生物能量仪共计127台，总价值人民币581740元。经鉴定，至案发，A公司、B公司累计生产、销售SE-生物能量仪182台，合计金额人民币924270元。公诉机关认为，卞某未取得对应的生产、销售许可，违反国家规定，属于未经许可经营法律、行政法规规定的限制买卖的物品，以非法经营罪提起公诉。本案控辩双方的争议焦点在于涉案的生物能量仪是否属于二类医疗器械。公诉机关认为，食药总局办公厅回复S市食药局的《食品药品监管总局办公厅关于SE-生物能量仪产品界定分类问题的复函》（以下简称复函）来源合法、内容客观，可以证实涉案能量仪系第二类医疗器械。但两

① 上海市闵行区人民法院刑事判决书，（2018）沪0112刑初1763号；上海市第一中级人民法院刑事判决书，（2020）刑终6号。

级法院均认为，该复函系食药总局根据 SE- 生物能量仪使用参考书、合格证等载明的作用机理、适用范围进行书面审查后的认定，并未对扣押在案的系列产品进行实物检验或者鉴定，也未明确认定涉案产品所属第二类医疗器械的具体种类，本质上系食药总局与 S 市食药局就相关问题的内部沟通和解释，不能替代有资质的医疗器械检验机构的检验结论，不能作为本案认定 SE- 生物能量仪产品类别的依据。被告人虽然实施了相应的经营行为，但其经营的产品不属于二类医疗器械，不属于违反国家规定的非法经营扰乱市场秩序的行为，不构成犯罪。

笔者认为，上述两个案件中，司法机关根据刑事诉讼的证据要求对行政机关出具的认定意见进行全面审查，最终作出与行政机关不同的判断，符合依法独立公正行使审判权和检察权的法律规定和司法权运作规律。

二、判断标准：形式标准抑或实质标准

行政犯定罪过程中的行政违法性判断，是指对某一行为在民商法、经济法、行政法等前置法规的法领域内是否具有违法性的判断，是将抽象的法律规范与具体的案件事实相结合的法律适用过程。而根据概念法学的解释，法律适用乃是通过大前提—小前提—结论这样一个三段论的逻辑推理获得司法判断的过程。但作为大前提的法律规范与作为小前提的案件事实之间的结合并非像对号入座一样简单，而是一个非常复杂的过程，尤其在行政犯罪领域，一方面是充斥着经济、金融、税务、知识产权等专业术语的前置法规，另一方面是层出不穷花样翻新的犯罪手法，使得法律适用更是充满了各种真相与伪相、蒙骗与质疑、冲突与平衡、规范与价值等综合因素的博弈。因此，在行政违法性的判断标准上是采取形式标准还是实质标准，会直接影响案件的认定结果。

所谓形式标准，是指根据前置法规的字面含义所显示的形式特征理解法规范并将之与案件事实的形式特征相对比，得出行为是否具有行政违法性的结论；而实质标准，则是指分析前置法规的目的，把握法规范中各要素的本质，并将之与案件事实的本质特征相对比，得出行为是否具有行政违法性的结论。以一起有争议的骗取出口退税案为例。犯罪嫌疑人 Z 与 X 商定，由 Z 在内地组织生产一批镶嵌有黄金的耳机出口到 X 在香港设立的公司，该批耳机系单价不到 5 元人民币的“三无产品”，Z 通过他人加工，在耳机上镶嵌 3 克黄金片，简易包装后以 88 美元的单价出口到 X 的公司，后由 X 在香港将

黄金片取下并出售，所得款项交给Z，耳机则作为废品处理。Z在内地向税务机关申请出口退税200余万元，部分款项作为好处费给X。Z和X的行为能否构成骗取出口退税罪，关键在于其获取出口退税的行为是否具有行政违法性。司法机关内部就这一问题产生了巨大争议，因为采用不同标准判断，会得出不同的结论。依形式标准判断，Z的行为并未违反行政法规。我国关于黄金制品能否申请出口退税的行政法规经历了由目录管理（即在行政法规所列的品名目录之内的产品不得申请退税）到成分管理（即黄金成本占80%以上的商品不得申请退税）的变化，本案行为时有效的行政法规采取的是目录管理法，耳机并不在禁止申请退税的目录之内，因此Z出口镶嵌黄金片的耳机并申请出口退税的行为符合行政法规的规定，不具有违法性。依实质标准判断，国家之所以要对出口货物退税，目的在于使本国产品以不含税成本进入国际市场，与国外产品在同等条件下进行竞争，从而增强竞争能力，扩大出口创汇。但从本案出口的耳机本身以及耳机最终的去向看，本案并非真正的出口贸易，Z和X的真实目的也不在于贸易而在于退税，所谓的出口只不过是掩盖其真实目的的幌子，尽管形式上具备齐全的手续，国家也不应当为此支付退税款。笔者赞成以实质标准进行判断，只有通过对前置法规的实质解释和对案件事实的实质提炼这样一个双向对应的过程，才能准确判断行为的性质及其在前置法规中是否具有违法性，简言之，行政犯的行政违法性判断应当坚持实质标准。

首先，对前置法规的实质解释，是指根据前置法规所调整领域的专业知识和社会发展的具体环境确定某一概念的本质特征，对法律进行解释，而非拘泥于法条的字面意思或立法者当时的意思。法律解释并非刑法领域所独有的问题，对于所有的法律适用而言，法律解释都可谓是核心环节。例如民法学者王利明教授就认为，成文法的生命力在相当程度上取决于法律解释活动。法律解释活动越发达，科学性越强，成文法的生命力就越长久，其在社会生活中的规范效果就越明显。[①] 但法律解释的目标应当是什么，是立法者的意志还是规范性的法律意义？对此问题，自19世纪后半叶以来，就一直存在两种对立的学说。一种是以探究历史上立法者的心理意愿为解释目标的主观论（又称意志论），另一种是以解析法律内存的意义为目标的客观论。前

① 王利明：《建构符合中国国情的法律解释学》，载《法制日报》2012年6月13日，第11版。

者因过分拘泥于立法者的意图、目的及评价，不足以应对社会发展变化所发生的新问题；后者关于合目的的解释观点，为解决实际出现的新问题提供了可能性，但其无视立法者的意图，导致法律的不确定性。拉伦茨教授在分析了二者的利弊后，认为两者均有部分的真理，都不能毫无保留地接受。在此基础上，拉伦茨提出折中说观点，即“法律解释的最终目标只能是探求法律在今日法秩序的标准意义（其今日的规范性意义），而只有同时考虑历史上的立法者的规定意向及其具体的规范想法，而不是完全忽视它，如此才能确定法律在法秩序上的标准意义”。① 行政犯罪的前置法规，作为调整社会经济发展的“行政法”，与作为社会最后一道防线的“司法法”即刑法相比，具有更强的易变性，但即使是最高超的立法技术的产品，从某种意义上说，法律从其修订或制定之日起，就已经落后于时代，在适用过程中必然会发生许多立法者当时未曾预料的情形。如果一概以立法目的或立法原意为解释目标，势必不能适应社会对法律的需求。而且法律文本一旦开始适用，就会发展出固有的实效性，而逾越立法者的预期，对于一些立法者根本没有考虑到的问题，法律必须提供答案。因而解释法律时应探求其在具体社会环境中的含义，同时辅以立法原意为参考，把握法律规范中概念和各要素的本质，才能作出合理的判断。

其次，对案件事实的实质提炼，是指从纷繁复杂的案件表象中，提炼出行为的本质特征。法律适用的重心不在最终的涵摄，毋宁在于：就案件事实的个别部分，判断其是否构成要件中的各种要素。② 行政犯罪大多为经济犯罪，而经济犯罪又常为高智商犯罪、白领犯罪，行为人具有一定甚至是相当的法律规避意识，从而使犯罪行为呈现出众多迷惑性表象。比如实践中不少非法经营证券业务犯罪或非法集资犯罪的案件，均存在“委托理财协议”，行为人也以委托理财是一种合法的民事经营活动为辩护理由。事实上，无论是委托型理财还是信托型理财，只要符合《合同法》和《信托法》的规定，的确都是合法行为。合法与违法之间往往取决于几个关键的“案件事实的个别部分”。只有将未经加工的案件事实转化为终局的案件事实，找寻到这些

① 参见［德］卡尔·拉伦茨：《法律方法论》，陈爱娥译，商务印书馆2005年版，第197-200页。

② ［德］卡尔·拉伦茨：《法律方法论》，陈爱娥译，商务印书馆2005年版，第165页。

关键的“个别部分”，才能掀开其神秘的表象外衣，揭示行为的本质特征。对于合法的委托理财与以委托理财为名施犯罪之实的行为之区分，就在于从众多的案件事实中梳理出是否承诺保底、是否针对不特定对象、资金是否用于约定的投资经营活动等几个关键部分。

在完成对法律的实质解释和对案件事实的实质归纳后，需要对二者进行双向的对应，即后者的行为特征符合前者的本质要求时，即可以认定具体案件中的行为属于法律规定的违法行为，具有行政违法性。以上海市首例非法经营伦敦金案为例。[①]2007 年 12 月至 2008 年 4 月，被告人刘某等人租用经营场所，在未经国家主管部门批准的情况下，以上海 A 投资管理有限公司海外投资部名义，与香港 B 金银业有限公司签订委托协议，介绍客户进行黄金投资。B 公司提供黄金投资管理协议，客户通过传真方式签订协议后，即可获得 B 公司提供的交易平台户名和密码，在向 B 公司指定的境内私人账户交纳一定保证金后，即可在交易平台上进行伦敦金的交易操作，可以放大 100 倍进行交易，可以买涨亦可买跌，保证金不足时，需要追加，否则强制平仓。被告人刘某等人则按照客户交易量获取佣金，客户每交易一手，即可获得日升公司返还的佣金 55 美元。至案发，刘某等人介绍的客户共汇入交易保证金 405 万余元，均严重亏损，刘某等人获得佣金 95 万余元。2009 年 2 月，一审法院以非法经营罪对被告人定罪量刑。被告人上诉后，上海市第一中级人民法院裁定撤销原一审刑事判决，发回重审。2010 年 3 月，案件经重审后同样以非法经营罪定罪量刑，被告人上诉后，上海市第一中级人民法院裁定维持原判。案件的主要争议焦点在于：伦敦金交易究竟是延期交割的现货交易还是属于我国的变相期货交易？因为伦敦金交易在国际上被称为黄金现货保证金交易，因而给案件定性带来了困扰。事实上，如果对行政法规进行实质解释，就可以发现本案行为时有效的行政法规即《期货交易管理条例》规定的期货交易和变相期货交易区别于现货交易的本质特征就在于标准化合约、当日无负债结算制度和保证金制度，且保证金收取比例低于合约标的额 20%。而刘某案件中几个关键的事实在于：所谓的伦敦金交易，其成色、等级等已预先被贸易场设定，客户只是按手交易；客户可以将保证金放大 100 倍进行操作；当日结算后，如果保证金余额低于其规定水平又不能及时追加保证金时，就会被强行平仓。这三个事实分别符合了期货交易的三个本质特

① 上海市浦东新区人民法院刑事判决书，（2008）浦刑初字第 2346 号。

征，其行为的实质就是期货交易，行为人未经批准从事期货交易，符合行政犯罪所要求的行政违法性这一前提。而名称里同样有“保证金”字样的外汇保证金业务[①]在法律上则不能被统一的评价为期货业务，而应当按照交易品种及合约类型不同加以区分系期货业务还是现货业务。对于保证金业务当中的按金交易，虽然其采取保证金形式而具有杠杆特征，但没有期限、合约的限制，不满足期货业务的三个要件特征，只能认定为外汇现货业务。[②]可见，在金融创新产品层出不穷的背景下，司法机关只有穿透金融产品的名称、形式等分析其本质特征，才能做出正确的性质认定。

又如上海市首例涉科创板内幕交易案。[③]A 股份有限公司（以下简称 A 公司）系上海证券交易所科创板上市公司。2020 年 1 月，A 公司为应对新冠病毒疫情，开展抗病毒药物瑞德西韦的仿制工作。同年 2 月 1 日、2 月 11 日，A 公司先后完成仿制瑞德西韦小试批生产、中试批生产。2 月 11 日晚，A 公司发布《关于抗病毒药物研制取得进展的公告》，宣布近日成功仿制开发了瑞德西韦原料药合成工艺技术和制剂技术，已经批量生产出瑞德西韦原料药。此后 A 公司股价连续 2 个交易日涨停，连续 3 个交易日累计涨幅最高达 66%。2019 年，B 股份有限公司（以下简称 B 公司）在 A 公司筹备上市过程中，为其提供了材料审核、路演等服务。A 公司成功上市后，于 2020 年 1 月 3 日与 B 公司签订《信披合规及资本品牌管理服务协议书》，约定由 B 公司为 A 公司提供信披合规等服务。同年 2 月 4 日，A 公司董事长袁某某为寻求联系相关方面支持以及咨询涉案信息公告事宜，将 A 公司仿制瑞德西韦小试批生产成功以及即将实现扩大生产等研发进展告知 B 公司实际控制人被告人邢某。2020 年 2 月 6 日，被告人邢某实际控制 5 个证券账户，买入 A 公司股票 31 万余股，交易金额人民币 1392 万余元（以下币种均为人民币）。后于 2 月 10 日至 3 月 6 日陆续卖出，获利 86 万余元。与大部分证券犯罪案件系

---

① 根据 2008 年银监会《关于银行业金融机构开办外汇保证金交易有关问题的通知》规定，外汇保证金业务是指银行业金融机构向投资者提供的具有杠杆交易性质的外汇交易业务。

② 在非法经营罪中，非法经营外汇业务和非法经营期货企业的起刑点不一样，而实践中不少互联网金融平台是同时经营多种金融业务，只有准确区分产品性质才能准确地对行为人定罪量刑。相关案例参见（2019）沪 0115 刑初 4179 号。

③ 上海市第三中级人民法院刑事判决书，（2022）沪 03 刑初 20 号。

由证券监管部门行政查处后移送侦查机关不同，本案是侦查机关在工作中发现线索后立案侦查，因此证据中并没有证监会关于内幕信息及敏感期的认定函。且在司法机关与证监会沟通过程中，证监会对本案信息能否认定为内幕信息持犹疑态度，理由是《证券法》第80条规定的重大事件中并不包括仿制药品研制成功这一事项，辩护人也据此认为内幕信息应局限于该条明示的事项，因此本案不构成内幕信息犯罪。

司法机关未采纳辩护人的意见，并在证监会未出具行政认定函的情况下通过独立判断和实质分析将"A公司成功仿制研发了瑞德西韦"这一事项认定为内幕信息。司法机关认为，《证券法》第52条对内幕信息的含义做了明确的规定，即"证券交易活动中，涉及发行人的经营、财务或者对该发行人证券的市场价格有重大影响的尚未公开的信息，为内幕信息"。第80条仅仅对其中的比较典型的重大事件做了列明，法条用词也是"包括"，因此该条款列明的重大事件仅仅是具有内幕信息特征的具体举例，并非限定了内幕信息的范围。判断能否认定内幕信息，核心是该信息是否具有《证券法》第52条关于内幕信息"重大性"和"非公开性"的特征。首先，A公司发布上述公告时正处新冠病毒暴发期，防疫概念属于市场热点风口，瑞德西韦在当时被视作抗击新冠病毒的治疗药物并已经进入临床试验期，相关概念股也受到了市场追捧（如同时期博腾股份因发布与吉利德、瑞德西韦业务合作公告后股票疯狂拉升），因此在该特定背景下，对于一般投资者角度而言，成功仿制研发瑞德西韦原料药显然属于重磅利好消息，对股价有重大影响。其次，从公告公布后的反应来看，该信息公告后连续两日涨停，最高涨幅达66%，从客观结果来看也反映出该信息对股价的重大影响以及投资者的认可。综合判断A公司成功仿制研发瑞德西韦的事项具有《证券法》第52条规定的"重大性"和"非公开性"的特征，属于证券法规定的内幕信息。

三、判断方法：一元化抑或多层次

虽然违法性在整体法秩序的意义上具有统一性，但法本身同时也预定了多元的、相对的概念，以解决各种利益、价值复杂交错的现代社会中所出现的问题，[①] 这是从界分民事违法、行政违法与刑事违法的角度对违法多元论

① 于改之：《刑民分界论》，中国人民公安大学出版社2007年版，第190页。

所作的阐述。但单就行政违法性而言，其内部依然表现出多元性。有主体资质违法、行为方式违法、程序违法、实体违法等，主体资质违法内部又可细分出行业准入资质违法、产品准入资质违法和人员资质违法等，由此产生的问题在于：是否任何一种行政违法性都可以成为行政犯罪的行政违法性？行政犯的罪状中有不少“非法”之类的表述（如非法搜查罪、非法运输爆炸物罪、非法吸收公众存款罪、非法经营罪等），其中的“非法”含义如何界定，是否只要违反了相关的行政法规就称之为“非法”？这涉及行政违法性判断是一元化还是多层次的问题。

所谓一元化的判断方法，是指在行政犯定罪过程中将所有的行政法规作为一个整体，违反了任何一项行政法规范，都符合行政犯罪所要求的行政违法前提。而多层次的判断方法，则认为行政违法性具有多元性，并非违反了任何一项行政法规范的行为都符合行政犯罪所要求的行政违法前提。显然，赞同严格的违法一元论者必然选择一元化的行政违法性判断方法，而持违法多元论和缓和的一元论者必然选择多层次的行政违法性判断方法，且缓和的一元论认为只有具备刑事可罚性的行政违法行为才能被视为符合行政犯罪违法要素的行为。以非法经营行为为例，按照一元化的判断方法，任何违反了行政法规且经营数额达到起刑点的经营行为，例如不涉及专营专卖的一般无证经营行为，都可以成为刑法第 225 条第 4 项所规定的“其他严重扰乱市场秩序的非法经营行为”。而按照多层次的判断方法，一般的无证经营行为的确属于行政法规范上的非法经营行为，但却不是刑法中非法经营罪所要求的非法经营行为。笔者基于对缓和一元论的提倡，认为行政犯定罪过程中对行政违法性的认定应采取多层次的判断方法，并非任何违反了行政法规的行为都可以成为刑法上的“非法”行为，而应将具有多元化表现的行政违法行为从违法性的“质”和“量”两个维度，区分行政法规上的行政违法性和行政犯罪所要求的行政违法性。

（一）违法性的“质”

所谓违法性的“质”，是从行为的性质角度考察行为是否具有刑法所要求的法益侵害性。如果违反了行政法规的行为不具有侵害行政犯罪所要保护的法益的性能，则该行政违法性不能上升为行政犯罪的行政违法性。由于目的是全部法律的创造者，每条法律规则的产生都源于一种目的（耶林的观点），[①] 因此每个刑法条文的产生亦源于一种目的。正如台湾学者林山田所言："一切犯罪之构成要件系针对一个或数个法益，构架而成。因此，在所有之构成要件中，总可以找出其与某种法益的关系。换言之，即刑法分则所规定之条款，均有特定法益为其保护客体。因之，法益可谓所有客观之构成要件要素与主观之构成要件要素所描述之中心概念。准此，法益也就成为刑法解释之重要工具。" [②] 法益概念对于整个刑法体系具有相当重要的功能，刑法的首要任务在于保护法益免受犯罪行为的侵害，因此，行政法上的行政违法性是否上升为行政犯罪的行政违法性，与该行为是否具有刑法所要求的法益侵害性紧密相关。

法益于刑法，首先具有整体性和一般性的意义，即法益具有限制刑法适用的机能，只有严重侵害法益的行为才可能进入刑法的评价体系。但仅从整体和一般的角度讨论法益还不够，它并不能说明和对应千姿百态的行为差异，还必须将法益个别化、精密化，这涉及法益在刑法分则中的解释论机能。对各罪保护法益的理解不同，将直接产生对具体罪名构成要件的理解不同，因此，刑法解释的最大问题，就在于具体探讨各个犯罪类型的保护法益。[③] 只有确定了具体罪名的具体的、含有实际内容的法益，才能充分发挥法益的机能，如果只是抽象地确定具体罪名的法益，则不具有现实意义。[④]

关于如何确定刑法各罪所保护的法益内容，我国有学者进行了详细论述，即先根据具体犯罪所属的类罪确定法益内容，再依据刑法分则对具体犯罪的规定确定法益内容，第二个层次中又分为通过刑法条文对法益的明确规定以及通过刑法条文规定的行为特征、结果特征、行为对象、违反的法规内容等进行确定。[⑤] 作为一般性的方法论，上述方法对刑事犯和行政犯都适用，但基于行政犯的一些特性，笔者认为，在确定行政犯所保护的法益时，除遵循前述一般方法外，还应注意几个特殊问题：

---

① ［美］E. 博登海默：《法理学：法律哲学与法律方法》，邓正来译，中国政法大学出版社 2001 年版，第 109 页。

② 林山田：《刑法特论》（上册），台湾三民书局 1978 年版，第 6 页。转引自张明楷：《刑法的基本立场》，中国法制出版社 2002 年版，第 129 页。

③ 黎宏：《日本刑法精义》（第二版），清华大学出版社 2008 年版，第 33 页。

④ 张明楷：《刑法学》（第五版），法律出版社 2016 年版，第 66 页。

⑤ 参见张明楷：《刑法分则的解释原理》，中国人民大学出版社 2011 年版，第 138-141 页。

1.行政犯罪具有法益侵害性，而非单纯的不服从

有观点认为刑事犯以因不服从法规而导致对法益造成实害或者危险为其实质内容，而行政犯则无此实质内容，是对法规的纯粹不服从。[①]笔者不能赞同，该观点混淆了行政法目的和刑法目的，进而混淆了行政违法与行政犯罪的界限。行政法在维持社会秩序的时候，以便捷和效率为导向，注重法的合目的性，因此形式违反或单纯的不服从可以成为行政法处罚的对象。而刑法在维持社会秩序的时候，则要兼顾保护社会与保障人权，注重法的安定性，如果仅仅是单纯的对行政法规或行政命令的不服从，而未对法益产生实在侵害或现实危险，则不需要进行刑法上的评价。正如福田平教授所指出的，行政法规并非单纯地强调国民服从规范，而是为了维持或实现价值。法定犯包含着法益的侵害、威胁，并不缺乏实质的违法性。[②]换言之，行政法规或行政机关的威权并不理所当然是刑法应当保护的利益，违反行政法规或不服从行政命令的行为要构成犯罪，并不能从行政权的强制性本身得以证成，而是需要还原到行为对社会利益或个人利益造成的损害上。

以《刑法修正案（八）》新增的危险驾驶罪为例。司法实务中对于醉驾型危险驾驶罪中的“醉驾”，均以行政法规的规定为标准，根据《车辆驾驶人员血液、呼吸酒精含量阈值与检验》规定，车辆驾驶人员血液中的酒精含量大于或者等于80mg/100ml时即属于醉驾，构成危险驾驶罪。虽然醉驾入刑对于醉驾者产生了强大的震慑作用，醉驾现象也得到显著的遏制，但对于完全遵循行政法规规定判断是否醉驾的做法，笔者仍持有保留意见。危险驾驶罪所保护的法益是道路上的公共安全，而酒后驾驶机动车的行为是否具有危害公共安全的危险，是因人而异的。因为每个人的身体特质对酒精的忍受度不同，有些人血液中的酒精含量已经大于或等于80mg/100ml，但仍然不影响其在驾驶时对自己行为的辨别和控制能力，而有些人可能在酒精含量还远低于80mg/100ml时，就已经步履蹒跚，难以辨别和控制自己的驾驶行为了。如果一律以行政法规规定为标准，则既会将第一类尚不足以危害公共安全的行为入罪处理，又会使实质上已危害公共安全的行为逃脱刑法的制裁。或许有

---

① 龚健：《论刑法法益的功能》，载《辽宁行政学院学报》2009年第11期。

② ［日］福田平：《行政刑法》，有斐阁1978年版，第36页。转引自赵珊珊：《非法吸收公众存款罪法益新论及对司法适用的影响——结合货币银行学对〈刑法修正案（十一）〉的审读》，载《中国刑事法杂志》2021年第2期。

人会说危险驾驶罪系抽象危险犯，司法人员只需要进行类型化的判断即可，而不需要具体判断醉驾行为是否具有公共危险。但即使是抽象危险犯，对构成要件的解释也应当采取实质解释。对抽象危险的判断，应该以行为的一般情况或一般的社会生活经验为根据，认定行为具有发生侵害结果的抽象可能性或不是特别紧迫的危险性。[①] 对司法人员而言，需要在案件中反面判断行为是否没有造成抽象危险，从而将不存在抽象危险的行为排除在犯罪之外。[②] 就醉驾型危险驾驶罪而言，重要的不是行为人是否醉酒，而是在于醉酒后的表现，如果将行政法规上统一适用的标准用于刑法当中，那本罪所保护的法益就不再是道路上的公共安全，而变成禁止醉酒驾驶的行政命令了，这无疑与法益对刑法的限制适用机能相违背。因此，笔者认为，对于那种虽然达到了行政法规上的醉驾标准但实质上并未对公共安全造成危险的行为，根据“无危险则无犯罪原则”[③]，宜作行政违法而非行政犯罪处理。

又如非法吸收公众存款罪中，对于具有吸收存款资格的商业银行来说，如果采取高息揽储、擅自开办新的存款业务种类等手段吸收公众存款，数额达到一定程度，是否可以认定为犯罪，学界存在肯定说和否定说两种观点。肯定说认为，法律并没有对该罪的犯罪主体作出任何限制，[④] 商业银行擅自提高利率吸收存款，严重扰乱金融秩序，应以本罪论处。[⑤] 否定说则认为此种行为不属于刑法调整的范围，主要理由在于国务院《金融违法处罚办法》第 27 条和第 28 条规定了财务公司和信托投资公司如果违反规定非法吸存的，可以构成非法吸收公众存款罪，但在第 15 条对金融机构违规办理存款业务的行为只规定了行政处罚，而没有依法追究刑事责任的规定。[⑥] 笔者赞成否定论的结论，但不赞同其以行政法规未规定刑事责任条款为理由（具体将在本章第四节予以详细论述），笔者认为可以从违法性的“质”的角度进行分析。

---

① 周光权：《论刑事一体化视角的危险驾驶罪》，载《政治与法律》2022 年第 1 期。

② 张明楷：《抽象危险犯：识别、分类与判断》，载《政法论坛》2023 年第 1 期。

③ 参见李涛：《论我国刑法中抽象危险犯的司法限缩》，载《河南财经政法大学学报》2022 年第 6 期。

④ 参见李希慧：《论非法吸收公众存款罪的几个问题》，载《中国刑事法杂志》2001 年第 4 期。

⑤ 张明楷：《刑法学》（第五版），法律出版社 2016 年版，第 780 页。

⑥ 参见肖晚祥：《非法吸收公众存款罪的司法认定研究》，载《东方法学》2010 年第 5 期。

具有吸存资格的商业银行高息揽存、擅自开办新的存款业务等行为显然违反了《商业银行法》第 74 条第 3 项之规定，具有行政违法性。但其危害性主要体现为对行政管理的不服从，而非法吸收公众存款罪的法益则主要是国家的金融安全和公众的财产利益，显然该行政不服从行为未侵害本罪所保护的法益，故不能认定为非法吸收公众存款罪中的“非法”行为。

再如非法经营香烟类案件中的一个争议问题，通过租赁、转借、买卖等方式获得烟草专卖许可证进行经营的行为是否构罪？“两高”曾在《关于办理非法经营刑事案件适用法律若干问题的意见（征求意见稿）》中规定：“借用、租用他人经营许可证或者使用购买的他人经营许可证，视为未经许可。”言下之意，通过租赁、转借、买卖等方式获得许可证进行经营的行为，达到起刑点即可认为构成了非法经营罪。实践中的判例亦支持这样的观点，如蔡某非法经营一案。蔡某从黄某处一并转让得店面和许可证，后通过非正规渠道进货，在该店面经营香烟，后被公安机关查获。待销售卷烟价值 119 万余元（其中假冒注册商标且伪劣的卷烟价值 3 万余元，未达到销售假冒注册商标的商品罪、销售伪劣产品罪的追诉标准），司法机关对蔡某以非法经营罪定罪处罚。笔者认为，国家对获得行政许可设置了特定的条件，只有达到特定条件的主体才可以获得许可，因而证明主体身份的许可证具有人身依附性，不能像其他商品或知识产权一样转让或让渡给他人。《烟草专卖许可证管理办法》第 41 条就规定：“任何企业或者个人……不得买卖、出租、出借或者以其他形式非法转让烟草专卖许可证。”因此，借用、租用或购买他人烟草专卖许可证进行经营的行为，违反了行政法规，将其视为未经许可，有行政法律上的依据。但不宜就此将这些行为一概认定为刑法上未经许可的非法经营行为。因为行政犯必须具有刑法上的法益侵害性，而非单纯的不服从。具体到烟草专卖问题上，非法经营罪所保护的法益并非单纯是行政机关对经营许可证的管理秩序，而是烟草的经营秩序。以烟草专卖零售许可证为例，根据《烟草专卖许可证管理办法》第 13 条规定，获得该证的条件在于有相适应的资金、与住所相对独立的固定经营场所、符合当地烟草制品零售点合理布局的要求。如果行为人通过转让一并取得了他人的经营场所和零售许可证，固然违反了《烟草专卖许可证管理办法》第 41 条的规定，但其并不必然会妨碍行政机关对烟草经营的管理。如叶某非法经营案中，叶某从他人处一并转让得商店及烟草专卖零售许可证，后从当地烟草专卖局进货并在其经营的商店中进行销售。公安机关以叶某涉嫌非法经营罪报捕，上海市 Q 区检察机关认为该行为违反了行政法规但不构成犯罪，遂作出不批准逮捕决定，笔者对此深以为然。因此对于通过借用、租用、买卖等方式获得他人许可证经营的行为，是否入罪还是应当区分不同情况而论，那些一并取得经营场所和许可证后，从正规渠道购买烟草制品，并在该专卖零售许可证核定的地点进行销售的行为，并未扰乱烟草专卖行政主管部门对烟草制品零售点合理布局的要求，不宜入罪处理。

2. 应当注意行政法规及其变迁对行政犯罪法益的影响

在明确行政犯罪亦具有法益侵害性而非单纯的不服从之后，需要解决的是具体行政犯罪的法益确定问题。行政犯罪与普通的刑事犯罪相比，一个显著特征在于其具有行政违法与刑事违法的双重违法性，且行政违法系刑事违法的前提和基础。行政犯罪来源于行政违法，在行政犯领域，如果一个行为不具有行政违法性则根本不可能具有刑事违法性。这一特征反映到法益领域则表现为，行政法上的法益往往也是刑法所要保护的法益。法益，作为法律所保护的利益，其并非刑法特有的概念，其他部门法都有各自所保护的法益。刑法法益与其他法益既有重合性又有差异性，行政法所保护的利益不必然成为刑法法益，但如果一个利益不为行政法所保护，就根本不可能成为行政刑法所保护的法益。因此，当行政法变更使得原本受行政法保护的利益不再受保护时，该利益也相应地不再成为行政刑法所保护的法益。这一点是行政犯与普通刑事犯的区别之一。某一行为是否构成普通刑事犯罪，主要由刑法本身的变更决定。如《刑法修正案（八）》将一些原本不构成盗窃罪的行为（如携带凶器盗窃、入户盗窃而未窃得任何财物的行为）变更为犯罪行为。而某一行为是否构成行政犯罪，则可以在刑法条文未发生改变的情况下仅仅通过行政法规的变更得以实现。

以例示之，如于某某非法经营案。[①] 被告人于某某于2002年8月至9月收售黄金，被查获。一审法院认为，于某某在无黄金许可证的情况下大肆收购、贩卖黄金的行为，严重扰乱黄金市场秩序，情节严重，已构成非法经营罪。虽然审理期间国务院下发了国发〔2003〕5号文件取消黄金收购许可证审批制度，但《金银管理条例》在废止前，其他内容仍然有效。于某某的行为在目前情况下也属违法行为。二审法院则认为，于某某收受黄金的行为，按照当时有效的法律，构成非法经营罪。但在一审法院审理期间，国务院发

① 吉林省吉林市中级人民法院刑事判决书，（2004）吉刑终字第104号。

布的新文件，取消了中国人民银行关于黄金管理的收售许可审批，导致刑法第225条第1项所依据的行政法规即《金银管理条例》发生了变化，其行为按照现在的法律，不存在违反国家规定的性质，因而判决其无罪。本案中，无证收售黄金的行为在国发〔2003〕5号文件下发前构成刑法中的非法经营行为，但文件下发后，黄金许可经营不再是行政法规所保护的利益，因此该行为不再具有法益侵害性，不能构成刑法中的非法经营。

又如2013年12月28日，全国人大常务委员会通过了关于修改《公司法》的决定，自2014年3月1日起实施。此次修正涉及了以下几方面：一是改注册资本实缴制为认缴制，除对公司注册资本实缴另行规定的以外，取消了公司法定出资期限的规定，采取公司股东（发起人）自主约定认缴出资额、出资方式、出资期限等并记载于公司章程的方式；二是放宽注册资本登记条件，除另有规定的外，取消了公司最低注册资本限制、公司设立时股东（发起人）的首次出资比例以及货币出资比例限制；三是简化了登记事项和登记文件，有限责任公司股东认缴出资额、公司实收资本不再作为登记事项，公司登记时不需要提交验资报告。公司法的修改使得实缴公司注册资本制度不再成为行政法规所保护的利益，相应的，以该利益作为法益的虚报注册资本罪、虚假出资、抽逃出资罪的适用必然受到限缩甚至基本丧失了适用的可能。除证券、银行、期货、信托、保险、基金、典当、融资租赁等金融领域的行业，因有法律、行政法规以及国务院决定对公司注册资本实缴、注册资本最低限额有另行规定外，对其他领域申请公司登记的单位和个人一般不能再以虚报注册资本罪追究刑事责任。基于上述理由，全国人大常委会2014年4月24日作出立法解释，规定“刑法第一百五十八条、第一百五十九条的规定，只适用于依法进行注册资本实缴登记制的公司”。

（二）违法性的“量”

违法性的“量”，是指从行为的违法程度考察其是否具有严重的法益侵害性。如果违反了行政法规的行为侵害了刑法所保护的法益，但侵害程度极其轻微，尚未达到刑法所要求的严重程度，则不能认为其具有行政犯罪的行政违法性。

刑事违法与一般违法两个概念上的差别不能导致量的流动性的丧失，从而不影响我们对两个概念进行量的考察。[①] 日本大审院对所谓“一厘事件”

① 参见于改之：《刑民界分论》，中国人民公安大学出版社2007年版，第201页。

的判例即体现了其对违法性“量”的要求。被告人受政府委托栽培烟草，没有将生产出的一枚烟草（按当时价值，值一厘钱）交给政府，一审法院以其违反烟草专卖法而判决其有罪。大审院撤销了原判决，宣告其无罪，理由是“零细的违法行为，只要不是在应该认为犯人具有危险性这种特殊情况下坚决实行的，就不能认为在共同生活的观念中存在应该要求通过刑罚制裁进行法律保护的法益侵害，就没有必要以刑罚处之，不得不说立法的趣旨也在于此”。① 也就是说，特别轻微的违法行为不构成犯罪。该判决奠定了日本刑法学中“可罚的违法性”理论的根基。可罚的违法性基于刑法谦抑注意的立场，冲破违法一元论的藩篱，主张从实质上评价行为的违法性，限制国家刑罚权，具有明显的进步意义。②

毫无疑问，可罚的违法性与我国刑法中表征犯罪成立程度要求的第13条但书规定和个罪中规定的“数额较大”“情节严重”等因素，具有相当的契合性。③ 轻微的违法行为在我国同样不构成犯罪，只能认定为一般的民事违法或行政违法。有学者据此提出“罪量”的概念，认为罪量是在具备犯罪构成本体要件的前提下，表明对法益侵害程度的数量要件，内容包括数额与情节两个方面。④ 以非法搜查罪为例，我国刑法第245条对本罪并没有要求“情节严重”或“情节恶劣”，因而有观点认为，无论是无搜查权的机关、团体或个人违法搜查；还是有搜查权的人员未经合法批准或授权，非法进行搜查；抑或有搜查权的机关和人员不按照法定程序、手续进行搜查，均构成本罪的“非法”搜查。⑤ 对于前两种行为属于对公民的人身权利和住宅权利构成严重侵害的行为，自当属于刑法中的“非法”搜查，但对于第三种行为，笔者认为则要区分违法的不同情况区别对待，只有情节严重的行为才可以定罪。对于轻微违反程序的行为，比如获得了合法批准但在搜查时未予出示，或者搜查笔录未有见证人签名等，属于程序上的瑕疵，不构成根本性的违法，对公民的权利侵害也未达到严重程度，不应认定为非法搜查罪中的“非法”搜查

---

① ［日］大塚仁：《刑法概说》（总论），中国人民大学出版社2009年版，第364页。

② 参见孙建保：《可罚的违法性理论利弊之启示》，载《华东政法大学学报》2014年第2期。

③ 王彦强：《可罚的违法性论纲》，载《比较法研究》2015年第5期。

④ 参见陈兴良：《规范刑法学》（上），中国人民大学出版社2008年版，第191页。

⑤ 王作富主编：《刑法分则实务研究》（上），中国方正出版社2003年版，第1115页。

行为。同理，我国刑法第277条规定的妨害公务罪，从规定上看，似乎只要对执行职务中的国家机关工作人员施加了暴力或者威胁就可以成立，但从法益侵害的量上看，其中的暴力或威胁行为应当达到足以妨害国家机关工作人员执行公务的程度。这一问题上，东京地方法院的一纸判决无疑值得借鉴。其在1969年6月25日就《所得税法》第242条第8款中的所谓不答辩罪、拒绝检查罪的构成要件的解释中写道："单纯拒绝或不配合税务人员在检查所得税之际所进行的询问和调查的行为，要成立《所得税法》第242条第8款所规定的犯罪，还必须具有更为严重的情节。因为，有关所得税的检查几乎是以所有国民为对象的、涉及面广的一般事项，而且也并不直接和公共安全等有关，如果只要是拒绝税务人员认为有必要而进行的询问、检查，在任何场合下都要处1年以下的有期徒刑或20万日元以下的罚金的话，仅此就可以说，这种刑罚法规不太合理，而且在宪法第31条规定之下，也不能有效的存在。换言之，本罪只有在该询问等不仅是合理必要的，而且在将该拒绝回答等作为处罚对象也并没有什么不合理之处的时候，才能成立。"① 由此可见，对于广泛的违法行为，如果不对构成要件进行合理的限制解释而仅仅遵从字面含义原封不动的适用，就有可能使不值得动用刑罚的违法行为升格为犯罪行为，从而混淆行政违法与行政犯罪的界限。

第三节　刑事违法性的依附判断：基于法秩序统一性

与一般的部门法相比，刑法没有特定的调整对象，因为其调整对象涉及几乎所有其他法律调整的范围。因此，自启蒙时期起，自然法学家霍布斯、卢梭等人便主张刑法不是一个独立的法律部门。在现代，刑法从属性说也得到了很多刑法学者的支持，他们认为，从内容上看，每一个被刑法规范禁止的行为，实际上都是先已为其他部门法所禁止；从功能上看，刑法实际上只具有用刑事制裁来增强其他法律禁止性命令威慑力的作用。所以，刑法只有依附于行政法、民法等其他部门法，并作为其他部门法的补充才可能存在。②

---

①　参见黎宏：《日本刑法精义》（第二版），法律出版社2008年版，第37页。

②　［意］杜里奥·帕瓦多尼：《意大利刑法学原理》，陈忠林译评，中国人民大学出版社2004年版，第1-5页。

虽然现在占统治地位的观点是刑法独立性说，但该说也不否认刑法的补充性特点，刑法与其他部门法之间具有“普遍实施与最后保障的关系”[①]。在行政犯的情况下，存在着违法犯罪的多元治理机制，违法性同质性和构成要件的重叠性决定了刑法发挥的是行政法的保障法属性，大多数情况下，法益侵害的“质”不作为罪与非罪的界分依据，刑事违法性判断依附于前置性的行政不法。[②]即行政犯罪的成立以行为违反前置法规为前提，某一行为在前置法规中不具有违法性，却被认为违反刑法应当受到刑罚制裁，这将是令人难以忍受的价值矛盾。因此，刑事违法性的判断对前置法规具有依附性，具体而言，体现在以下四方面。

一、法律概念的援引

行政法、刑法、经济法等不同的法律部门之间都存在相互援用的现象，[③]只不过刑法作为所有法律的保障法，对其他法律所使用的概念援用相对更多，在行政犯罪领域表现得尤为明显。行政犯罪所涉及的领域具有广泛性、复杂性和专业性的特征，且行政犯罪广泛地采用空白罪状，其概念往往来源于其他法律规范，甚至可以说，没有前置法规的基本法律概念，就不可能有行政犯罪的立法参照和解释基础。虽然刑法具有独立性，可以作出不同于前置法规的规定或解释，但其补充性决定了在刑法领域中对这些专业概念和术语的理解仍然应当以前置法规和相关领域的专业立场和判断为基础，刑法不能脱离前置法规单独完成对行为违法性的判断，否则就是无源之水、无本之木。

事实上，无论从日常用语还是从法律术语的角度来看，同一术语具有相同的含义，乃是一般的态度。[④]保持法律之间概念、术语的一致性，是一国法秩序统一的基本要求。如果一个法律术语在不同部门法之间内涵和外延不一致，必然导致不同部门法之间的不一致，破坏整个法律体系的和谐统一，同时也意味着法律术语的含义缺乏固定性，人们在适用时可能心中无数，无

---

① 参见张明楷：《刑法在法律体系中的地位》，载《法学研究》1994年第6期。

② 孙国祥：《行政犯违法性判断的从属性和独立性研究》，载《法学家》2017年第1期。

③ 张淑芳：《行政法援用研究》，中国政法大学出版社2008年版，第79页。

④ 吴允锋：《经济犯罪规范解释的基本原理》，华东政法大学2008年博士学位论文。

所适从。[1]因此，同一法律概念、术语无论在同一部法律中，还是在不同的法律中使用，应尽可能保持解释上的统一性，但法律另有规定或依据特定法领域的解释原理必须做出不同解释的除外。

在行政犯罪的罪状表述中，法律文本总是以明示或暗示的方式向司法者传递这样的信息，即认定与此相关的行为的违法性时，仅根据刑法文本尚不能得出结论，必须根据文本显示的线索，将刑法文本与其他法律文本结合起来，将刑法文本中省略的构成要件通过言语语境补足，找全所应适用之"法"，达到对立法者命令的全面领会和准确理解。[2]而这样的线索通常表现为三种形式：（1）直接明确规定相关法律概念的含义与范围必须依照其他法律规范进行解释。如第 180 条第 3 款规定，"内幕信息、知情人员的范围，依照法律、行政法规的规定确定"；第 186 条第 4 款规定，"关系人的范围，依照《中华人民共和国商业银行法》和有关金融法规确定"等。（2）有的法条虽未作出参照适用的指示，但刑法条文对相关概念的界定就直接来源于其他法律规范，例如《刑法修正案（十一）》之前的刑法第 219 条第 3 款对商业秘密的解释就和 2017 年修订前的《反不正当竞争法》第 10 条第 3 款的规定一致。（3）更多的罪状表述中，既没有明确规定需要依照其他法律规范进行解释，也没有将其他法律规范的规定援用在刑法条文中，但毫无疑问对其中的专业概念的解释必须参照其他法律规范。比如对"会计凭证""会计账簿""财务会计报告""金融票证""债券""投保人""受益人"等，不参照《会计法》《公司法》《保险法》等前置法律规范就无法完成对这些法律概念的解释。

值得探讨的是，刑法修正的过程中将部分原刑法条文中明确要依照其他法律规范进行解释的规定予以了删除的情形下，是否意味着对相关概念的理解可以不再受制于其他法律规范。如《刑法修正案（十一）》对刑法第 141 条和第 142 条修改时，删除了原条文第 2 款"本条所称假药，是指依照《中华人民共和国药品管理法》的规定属于假药和按假药处理的药品、非药品"和"本条所称劣药，是指依照《中华人民共和国药品管理法》的规定属于劣药的药品"。修法背景在于 2019 年《药品管理法》进行了大幅修订，对假劣药

---

① 孔祥俊：《法律方法论——法律解释的理念与方法》（第二卷），人民法院出版社 2006 年版，第 823 页。

② 刘伟：《经济刑法规范适用原论》，法律出版社 2012 年版，第 95 页。

的认定作出重大改变，为了突出假药、劣药这一分类对公众用药安全的实质影响，取消了“按假药论处”和“按劣药论处”的情形，从而确立以药品实质功效区分假药、劣药的判断标准。① 为与药品管理法做好衔接，同时考虑到行政法律修改频繁的具体情况，故2020年修改刑法时删除了第141条和第142条中的第2款规定。② 对此，笔者认为虽然《刑法修正案（十一）》删除了第2款，但刑事司法中依然不能超越药品管理法的范围来认定假药。鉴于刑法规定的假药、劣药类犯罪属于典型的行政犯，对于假药、劣药概念的界定仍依赖于药品管理法的规定，这样才符合法秩序统一性原理，有助于认定标准的统一性和专业性，也便于实现证据的可转换性。但是，刑法与行政法的规范保护目的不同，在强调法秩序统一性的同时，也要强调刑法对某些问题的判断上还具有相对独立性，刑法不能完全依赖于前置法的判断。刑事案件中判断涉案药品是否属于假劣药应以修订后的药品管理法为依据，进行实质判断，遵循这样的思路：当根据药品管理法标准无法认定是假药、劣药时，刑法不得认定为假药、劣药犯罪。但是，当前置法药品管理法认定为假药、劣药时，并不意味着刑法也一定要认定为假药、劣药。前置法作出否定性评价是法定犯犯罪构成的必要不充分条件，在满足前置法否定性评价的前提下，刑法仍然可以作出相对独立的判断。

二、构成要件要素的理解

构成要件，是指由刑法规定的，行为成立犯罪所必须符合的违法类型。构成要件由具体要素组成，例如主体、行为、结果、特定的行为状况与条件、时间与地点、对象与手段等都属于构成要件要素。行政犯罪的构成要件要素中，除结果要素一般作为行政违法与行政犯罪的主要区分标志而由刑法规定外，其他要素都在一定程度上表现出对前置法规的依附性。

（一）主体要素的依附性

从主体上看，行政犯罪区别于一般刑事犯罪有两大特征：一是特殊主体在行政犯罪中大量存在，刑事犯罪的主体则大多为一般主体；二是单位主体

---

① 参见袁杰等主编：《中华人民共和国药品管理法释义》，中国民主法制出版社2019年版，第41页。

② 参见王爱立主编：《中华人民共和国刑法条文说明、立法理由及相关规定》，北京大学出版社2021年版，第476页。

在行政犯罪中大量存在，刑事犯罪的主体则大多为自然人主体。而特殊主体和单位主体的界定都表现出对前置法规的依附性。

1. 特殊主体的依附性

一般主体与特殊主体是根据犯罪主体是否必须具备一定的身份要求所作的区分，现代各国刑法都在不同程度上、以不同形式设立有犯罪主体特殊身份及其影响罪与非罪、此罪与彼罪、罪轻与罪重的规定。从我国刑法分则来看，行政犯罪的特殊主体主要有以下几大类：（1）以特定职业的人员为主体。如银行或其他金融机构的工作人员（刑法第171条、第186–189条等）；证券交易所、期货交易所、证券公司、期货经纪公司、基金管理公司、商业银行、保险公司等金融机构的从业人员以及有关监管部门或者行业协会的工作人员（第180条）；保险公司的工作人员（第183条）；承担资产评估、验资、验证、会计、审计、法律服务等职责的中介组织的人员（第229条）；医务人员（第335条）；等等。（2）以特定职务的人员为主体。主要有国有公司、企业的董事、经理（第165条）；国有公司、企业、事业单位直接负责的主管人员（第167条）；国家工作人员（第382条等）；国家机关工作人员（第397条等）；行政执法人员（第402条）；税务机关工作人员（第404条）；负有食品安全监督管理职责的国家机关工作人员（第408条之一）；海关工作人员（第411条）；等等。（3）以负有特定法律义务的人员为主体。如纳税人、扣缴义务人（第201条）。（4）以特定法律关系主体为犯罪主体。如持卡人（第196条）；投保人、被保险人、受益人（第198条）；等等。（5）以持有特定物品的人员为主体。如依法配备公务用枪的人员（第128条、第129条）、依法配置枪支的人员（第128条）等。显然，对这些特殊主体身份必须结合其他法律规范加以解释，虽然解释结论不必然与其他法律规范完全同一（将在本章第四节予以展开），但其他法律规范仍是刑法解释的基础。如食品监管渎职罪的主体是负有食品安全监督管理职责的国家机关工作人员，究竟哪些机关负有食品安全监管职责，答案必须从《食品安全法》中寻找。根据该法第119条规定，这些机关包括卫生行政、农业行政、质量监督、食品药品监督管理等部门。

2. 单位主体的依附性

单位主体认定对前置法规的依附性主要表现在一人公司的刑法地位上。在2005年修订的《公司法》实施以前，我国法律上没有一人公司，在刑事司法中，实质上的一人公司都是以自然人犯罪论处。“有些有限责任公司、股份有限公司在形式上虽然经过工商部门审批、登记注册，如果确有证据证实其实际为特定一人出资、一人从事经营管理活动，主要利益归属于该特定个人的，应当根据查证属实的情况，以刑法上个人论。”① 这一精神在2005年《公司法》修订后是否还能适用？笔者认为，如果仅以一人出资、一人经营管理和主要利益归属于个人尚不能否认公司的单位犯罪资格。因为，新公司法实施后合法成立的一人有限责任公司，可以说大多公司由于规模小，可能都具有这些特点，如果因此否认了其单位主体资格，等于变相否认了新公司法中规定的一人公司的犯罪主体资格。当然由于一人公司通常规模较小，且控制权高度集中，股东的权力在公司内部失去了外在因素的制约，很容易为股东所利用，作为其规避法律义务的外壳。因此，现代各国公司法一方面允许设立一人公司，另一方面又通过相应的制度和原则来弥补一人公司可能导致的不良后果。美国的“揭开公司法人面纱原则”、德国的“责任贯彻理论”和日本的“透视理论”都在一定条件下适用，借以克服一人公司的缺陷，理论上统称为“公司人格否认论”。② 从民商法的角度看，公司制度与公司人格否认制度从正反两方面确保了公司的人格独立性和股东的有限责任。即当公司具备独立性人格特征时，运用公司制度，股东享受有限责任的庇护；当因某些股东滥用公司人格造成公司缺乏独立性人格特征时，则适用公司人格否认制度，否认滥用者的有限责任，直接追究其对公司债务的无限责任。刑法中也是如此，当单位不具备独立人格时，就不再获得刑法上独立主体资格。修订的公司法第63条规定“一人有限责任公司的股东不能证明公司财产独立于股东自己的财产的，应当对公司债务承担连带责任”，这就是对公司与股东完全混同情况下民事法律后果的规定。在刑事领域，如果认定公司与股东完全混同，则应否认公司人格，直接追究自然人的刑事责任。

（二）行为要素的依附性

1. 行为方式的依附性

简单罪状在行政犯与刑事犯的罪状表述中均有存在，但刑事犯的简单罪状的理解一般在刑法领域中即可完成，而行政犯如果采取了简单罪状，对其中的行为方式就必须借助于其他法律规范加以解释。如刑法第176条规定的

① 上海市高级人民法院审判委员会2004年第28次会议审议通过的《关于刑法总则适用问题的解答》第7条。

② 梁慧星主编：《民商法论丛》（第二卷），法律出版社1994年版，第326页。

非法吸收公众存款罪，其罪状表述为“非法吸收公众存款或者变相吸收公众存款，扰乱金融秩序”，究竟何种行为系“非法吸收公众存款”和“变相吸收公众存款”，刑法条文未作任何描述，必须参照《商业银行法》和国务院《非法金融机构和非法金融业务活动取缔办法》中的相关规定予以解释。又如刑法第 216 条规定的假冒专利罪，其罪状表述为“假冒他人专利，情节严重”，但究竟何为“假冒他人专利”行为也必须结合《专利法》及其实施细则加以解释。

2. 行为对象的依附性

一些行政犯对行为对象作了特殊的要求，比如刑法第 151 条第 2 款规定的走私珍贵动物、珍贵动物制品罪，其行为对象必须是“珍贵动物及其制品”，该对象的外延包括哪些，必须依据相关行政法规予以确定。事实上，最高人民法院 2000 年《关于审理走私刑事案件具体应用法律若干问题的解释》中也是这样规定的。[①]

3. 特定行为时间、地点等的依附性

少数行政犯罪对行为的时间、地点、方法和手段等有特别的规定，典型代表就是刑法第 340 条规定的非法捕捞水产品罪。只有在禁渔区、禁渔期或者使用禁用的工具、方法捕捞水产品的，才构成犯罪。而上述要素只有根据《水产资源繁殖保护条例》《环境保护法》《渔业法》及其实施细则才能作出解释。又如根据“两高”2003 年 5 月 15 日《关于办理妨害预防、控制突发传染病疫情等灾害的刑事案件具体应用法律若干问题的解释》第 6 条，违反国家在预防、控制突发传染病疫情等灾害期间有关市场经营、价格管理等规定，哄抬物价、牟取暴利，严重扰乱市场秩序，违法所得数额较大或者有其他严重情节的，依照刑法第 225 条第 4 项的规定，以非法经营罪定罪，依法从重处罚。2020 年 2 月 6 日“两高两部”《关于依法惩治妨害新型冠状病毒感染肺炎疫情防控违法犯罪的意见》第 4 条也作出了类似规定。即“疫情防控期间”是认定哄抬物价等行为成立非法经营罪并予以从重处罚的时间条件，准确认定疫情的开始和结束时间关系到罪与非罪、是否从重处罚等关键问题。而根据《突发事件应对法》《突发公共卫生事件应急条例》《国家突

---

① 该解释第 4 条规定：“刑法第 151 条第 2 款规定的珍贵动物，是指列入《国家重点保护野生动物名录》中的国家一、二级保护野生动物和列入《濒危野生动植物种国际贸易公约》附录一、附录二中的野生动物以及驯养繁殖的上述物种。”

发公共卫生事件应急预案》等相关规定，当发生疫情、自然灾害、事故灾难等重大突发事件时，各级政府根据事件的具体情况启动不同级别应急方案并向社会宣告，作为进入特殊时期的开始。此后，政府可以采取一系列特殊措施，包括对特定物资市场价格的管控。政府根据事件的变化可对应急方案作出相应调整，并在突发事件影响结束时宣告终结应急方案，从而终结特殊时期。因此，刑法中确定“疫情防控期间”的依据就是各级政府的宣告，各地启动应急响应的日期就是本地疫情防控的开始之日，本地政府宣告解除应急响应之日则为疫情防控结束之日。

三、前置法规变更的影响

缓和的违法一元论认为，在其他法律规范中被许可的行为，绝对不能成为刑法中的犯罪行为，否则严重背离法秩序的统一性，也与刑法作为最后保障法的地位不符。这决定了刑法中的“违法”对前置法规具有依附性，即由于前置法规的修改，某一原先具有行政违法性的行为在前置法规中变为合法行为时，即使其符合犯罪构成要件，也不能成立行政犯罪。

（一）前置法规变更的性质之争

前置法规变更，其性质究竟是刑法变更还是事实变更，理论和司法判例上均有诸多争议。法律变更说认为：“所谓法律有变更，尚包括填补规范之变更，也即当作禁止内容之法律、行政规章或行政命令之变更，也属法律有变更。”① 我国台湾学者林山田、日本学者大谷实② 均持此观点。而事实变更说则认为：“称法律有变更，系指刑法之变更而言。其所变更者，为普通刑法，抑特别刑法，则非所问。至刑法以外法令之变更，虽有影响刑法之解释……应

---

① 林山田：《刑法通论》（上），台湾大学法学院图书部2000年版，第89页。转引自黄明儒：《限时刑法探究》，载《法商研究》2008年第1期。

② 大谷实教授认为，只要对犯罪成立要件的变更或者刑罚的废止具有影响，无论是刑罚法规自身的变更还是非刑罚法规的变更，也无论是否为空白刑法中补充规范的变更，都应当视作为刑罚变更。［日］大谷实：《刑法总论》，黎宏译，法律出版社2003年版，第54页。

认为事实之变更。”[①] 持此观点的有我国台湾学者陈朴生、高仰止、[②] 日本学者定塚道雄 [③] 等。此外，还有折中说，认为所谓事实变更与法律变更的区别，取决于立法者修改补充规范的动机，如系认为原来之补充规范有不尽适当而变更者，为法律变更；如系因时势发展而变动者，为事实之变更。[④]

日本司法判例在这一问题上采取过事实变更说与法律变更说两种对立的立场。如在“违反关于临时限制马的移动的法律”案中，大审院认为被告人实施行为后，属于委任命令的陆军、农林省令被修改，其行为地被从禁止地域中除外，系刑罚的废除，宣告免诉。但在其后的“违反关于有关输出入品等临时措施的法律”案中，大审院又认为被告人行为时指定了旧铁或者铁屑的价格的商工省告示即使变更，依然应该承认其行为时的效力。日本最高裁判所在这个问题上同样出现过反复，以至于大塚仁教授认为至今尚难以断定其态度。[⑤]

而我国台湾地区司法界则基本倾向于事实变更说，如 1962 年“台上字 159 号判决”和 1962 年“台非字 76 号判决”。台湾“最高法院”1987 年第 11 次刑事庭会议决议认为：“刑法上所谓法律有变更，乃指刑罚法律而言，行政法令纵可认为具有法律同等之效力，但因其并无刑罚之规定，究难解为刑罚法律，故如事实变更及刑罚法律外之法令变更，均不属于法律变更范围之内。”1991 年度第 3 次刑事庭庭长会议仍然肯定了“台上字 159 号判决”和 1962 年“台非字 76 号判决”，认为取缔地下钱庄等办法的废止，应视为事实

---

① 陈朴生：《刑法总论》，台湾正中书局 1969 年版，第 23 页。

② 高仰止教授认为，法律变更，系专指刑罚法律有变更，其他的法律、法规的变更，系事实之变更而已。高仰止：《刑法总则理论与实用》，台湾五南图书出版公司 1986 年版，第 83 页。

③ 定塚道雄认为，如就日本物价统制令而言，个别统制命令的变更、废止，对统制价额的概念并无影响。虽然法律规定“超过统制额而受领货款”与“超过若干元受领货款”的构成要件相似，但两者的表现形式不同，而价格统制令的规定形式属前者。因此，纵使个别行政命令变更、废止，对价格统制令而言，不但并未变更，且仍属有效存在。[日]定塚道雄：《限时法》，载日本法学会编：《刑事法讲座》第 1 卷，有斐阁 1952 年版，第 53 页。转引自黄明儒：《限时刑法探究》，载《法商研究》2008 年第 1 期。

④ 杨建华：《刑法总则之比较与检讨》，台北三民书局 1988 年版，第 34 页。

⑤ 参见[日]大塚仁：《刑法概说》（总论），冯军译，中国人民大学出版社 2009 年版，第 86–88 页。

变更。[①]

笔者认为，当前置法规对行为性质的评价发生变更并影响犯罪构成符合性的判断时，属于刑法上的法律变更。理由如下：

首先，前置法规系“法律”而非“事实”。刑法理论上的“事实”是指构成要件的事实，即与构成要件相符合的、具体的、现实的事实，[②]它是人的行为，而“法律”则是立法者对构成要件事实的评价，二者是“评价客体”与“客体评价”的关系。[③]在前置法规发生变更的情况下，具体的案件事实并没有变化，只不过该事实在法律上的评价发生了变化。

其次，行政犯罪采取开放式犯罪构成，仅凭刑法条文无法完成犯罪构成要件符合性的判断，只有将作为补充规范的前置法规与刑法条文结合起来，才构成完整的刑法规范。意即前置法规对构成要件起着描述、补充、指示、说明等作用，如果前置法规的变更属于事实变更，那法律适用将变成以事实为大前提，又以事实为小前提的过程，违背演绎的逻辑性。

最后，行政犯罪以行政违法性为前提，只有在前置法规中违法的行为才有可能构成刑法上的犯罪。如果前置法规变更系事实变更，就意味着原本在其他法领域具有违法性的行为因为法律修改而丧失了违法性时，在刑法领域仍然构成犯罪，这对法秩序的统一性将是根本性冲击。

综上，刑法上的法律变更不局限于刑法条文的变更，即使刑法条文没有变化，但前置法规的变更影响行为违法性判断时，同样属于刑法变更，这种情况下对前置法规的适用亦应遵循刑法上“从旧兼从轻”原则。

（二）前置法规变更对刑法的影响

1. 立法影响

当行政犯罪采取叙明罪状时，如果罪状中规定的某一情形已因行政法规的修改而变成合法行为时，刑法条文也应作出相应的出罪反应。

以刑法第 182 条规定的操纵证券、期货市场罪为例。1997 年刑法和 1999 年刑法修正案均将“相互买卖并不持有的证券”规定为犯罪行为，这与当时

① 参见陈子平：《刑法总论》（2008 年增修版），中国人民大学出版社 2009 年版，第 66–69 页。

② 赵秉志：《外国刑法原理》，中国人民大学出版社 2000 年版，第 93 页。

③ 柯耀程：《刑法的思与辩》，元照出版有限公司 2003 年版，第 22 页。

有效的行政法规即1993年国务院《禁止证券欺诈行为暂行办法》[①] 以及1998年《证券法》[②] 的规定都不矛盾，因为后两者也将这种行为规定为证券违法行为。但2005年10月修订的《证券法》将该行为合法化，如果刑法不作出相应调整，将直接导致行政法规中的合法行为在刑法中构成犯罪的矛盾。因此，2006年6月《刑法修正案（三）》将“相互买卖并不持有的证券”从条文中删除，其修正理由正是证券法已作了全面修改，刑法中有关表述也应当与证券法的规定相衔接。[③] 此外如前文所述，假劣药犯罪在2020年《刑法修正案（十一）》中予以大幅修正，也是由于前置的《药品管理法》进行了较大的调整。

2. 司法影响

行政法规会因为行政管理目的需要而频繁变动，而刑法必须保持必要的安定性，不能修改过于频繁。因此，不是每次行政法规的修改都必然引发刑法条文的变更。刑法条文本身的规范弹性为刑法适应社会发展和其他法律规范修改预留了空间，在行政犯罪领域表现为，即使刑法条文保持不变，但前置法规对行为的合法性评价发生变化时，也将影响犯罪构成要件符合性的判断。

以本书第二章所举的谢某某、梁某某走私制毒物品案[④] 为例。一审法院和二审法院均作出无罪判决的理由之一在于：我国法律法规对“其他用于制造毒品原料或配剂”的范围的规定发生过变化。1999年国家对外贸易经济合作部颁布的第4号令《易制毒化学品进出口管理规定》，其所列附录22种易制毒化学品名称中包括了盐酸。但2000年11月21日国家经济贸易委员会、

① 该办法第8条规定：“前条所称操纵市场行为包括：……（四）出售或者要约出售其并不持有的证券，扰乱证券市场秩序；……”

② 该法第71条规定：“任何人以下列手段获取不正当利益或者转嫁风险：……（二）与他人串通，以事先约定的时间、价格和方式相互进行证券交易或者相互买卖并不持有的证券，影响证券交易价格或者证券交易量；……”；第184条规定：“任何人违反本法第七十一条规定，操纵证券交易价格，或者制造证券交易的虚假价格或者证券交易量，获取不正当利益或者转嫁风险的，没收违法所得，并处以违法所得一倍以上五倍以下的罚款。构成犯罪的，依法追究刑事责任。”

③ 黄太云：《刑法修正案解读全编》，人民法院出版社2011年版，第196页。

④ 海南省洋浦经济开发区人民法院刑事判决书，（2003）浦刑初字第17号；海南省洋浦经济开发区中级人民法院刑事判决书，（2004）浦中刑终字第2号。

公安部、国家工商行政管理局联合下发的《关于加强易制毒化学品生产经营管理的通知》附录中20种易制毒化学品名称中未列举盐酸。随后，对外贸易经济合作部和公安部在2002年6月1日起施行的《易制毒化学品进出口国际核查管理规定》附录中20种易制毒化学品名称中也没有列举盐酸属易制毒化学品。而被告人运输盐酸出境的时间在2002年2月至5月，即行为时盐酸已不属于国家规定的可用于制造毒品的原料或配剂。因此被告人的行为对象不是走私制毒物品罪的犯罪对象，不构成本罪。

上述案件中，前置法规的变更导致行为在行为时已不具有违法性，因而不构成犯罪，当无争议。有争议的问题在于：当前置法规的变更并未从性质上改变对行为违法性的判断时，是否会影响犯罪认定？有论者就提出，如果行政法规的变更仅仅是出于技术性手段的变更，与国家对行为的评价并无关系时，就不影响刑法上的判断，对其仍应适用行为时的法律，并以税务犯罪为例，行为人偷税或骗取出口退税后，恰逢税制改革（如税率下调、税种兼并等），依照新的计税标准已不构成偷税或骗取出口退税罪，则不能适用新法作无罪判决。① 此类案件在实践中时有发生，因为某些商品的出口关税处于频繁变动中。以2008年化肥、钢材出口为例，钢材在1年内税率变动3次，从零关税到加征15%的关税，又回到零关税，再到享受9%的出口退税；化肥在9个月内税率变动2次，从零关税到加征100%的特别关税，再到75%的特别关税。税率的变动对出口商而言，意味着成本和利润的变化，对法律评价而言则意味着罪与非罪的争议。

如王某走私普通货物一案。2008年海关总署发布2008年第26号公告，规定自2008年4月20日至9月30日，对化肥出口加征税率为100%的特别关税。2008年5月至6月间，某单位在经营化肥出口业务过程中，其国际业务部负责人王某在明知出口化肥需加征100%特别关税的情况下，为逃避关税制作虚假单证，先后三次将化肥伪报为树脂（一种塑料，不征关税）走私出口，共计偷逃税款人民币85万余元。该案由海关缉私局侦查终结，于2008年10月13日以犯罪嫌疑单位某公司和犯罪嫌疑人王某涉嫌走私普通货物罪移送检察机关审查起诉。法院生效判决采纳检察机关的意见，对其作出有罪判决。

---

① 参见张冬霞：《论行政法与刑法的衔接与互动》，中国政法大学2008年博士学位论文。

在该案办理过程中，一种观点认为补充规范为限时法或者补充规范只是作为技术性的变动时，不属于刑法意义上的法律变更，不具有溯及力，只有补充规范为评价性的变动时才具有溯及力，因此本案应按行为时公告确定的税率核计偷逃税额，认定为走私普通货物罪；另一种观点认为应按照“从旧兼从轻”原则，以新税率计算未达到走私普通货物罪的起刑点，对行为失去刑事可罚性的依据。

限时法理论来源于德日刑法。所谓限时法，是指那种只适用于特定时间范围内的法律。[①] 最初的理论认为，对触犯限时法的行为，由于该法是为特殊的情况而禁止一定的行为，即使审判时法律已废止，仍应适用行为时法。由于这一理论过于绝对，学界又提出修正的理论，即前述第一种观点所主张的，当限时法的废除是评价性变动时适用从旧兼从轻原则，当限时法的废除只是技术性变动时只能适用行为时法。

对于将上述观点适用于我国司法的主张，笔者实难赞成，该观点来源于国外刑法理论，并不能当然适用于我国。在有的国家财税法有关税率的变更被认为属于技术性变更，即使这种变更对行为人有利，也不具有溯及力。但该观点是有立法上的支撑的，如意大利 1929 年第 4 号法律第 20 条就规定:“财税法律中的刑法规范，适用于其生效期间实施的行为，即使适用时已被废除或修改也不例外。”[②] 相比之下，我国的税务法规和刑事法律都没有类似的规定，而且即使在有相关立法规定的国家，学界对此规定的合理性也是有争议的，意大利学者杜里奥·帕瓦多尼就认为，除了税制改革引起的变化外，还可能会出现对财税刑法某些条款的一般性修改，如果这些修改有利于被告人，很难有理由认为它们不具有溯及力，因此，对财税刑法不适用刑法典第 2 条第 3 款（该款规定：如果犯罪时的法律与以后的法律不同，适用对犯罪人最有利的法律，但已经发生法律效力的判决除外）令人费解。[③] 而在德国，税法与外汇法是应当看成限时法还是正常的法律，本身也是不甚清

---

① 王世洲：《德国经济犯罪与经济刑法研究》，北京大学出版社 1999 年版，第 123 页。

② ［意］杜里奥·帕瓦多尼：《意大利刑法学原理》，陈忠林译评，中国人民大学出版社 2004 年版，第 42 页。

③ 参见［意］杜里奥·帕瓦多尼：《意大利刑法学原理》，陈忠林译评，中国人民大学出版社 2004 年版，第 42 页。

楚的问题。[①] 对于这一有争议的观点，不宜直接移植到我国。国家对行为性质本身的评价未发生根本性变化，而仅仅是在“数量”或“价格”等技术细节上作调整时，在国外可能被认为是技术性变更，但在我国，技术性变更与评价性变更是难以区分且界限不明的。因为我国采取的是“定性 + 定量”的定罪模式，对同一性质的行为，行政法和刑法上都可以作出否定性评价，行政法的否定评价与刑法的否定评价在很多情况下就表现为违法性“量”的区别上。因此，前置法规对“数量”或“价格”的调整，并不能单纯地定性为技术性变更，因为它很有可能对行为究竟是行政法上的违法还是刑法上的违法产生影响。如税率调整并未使得过去的偷逃税款行为在行政法规上成为合法行为，从这个意义上可以说是为了实现更好的财税政策而进行的技术性变更；但其的确使一定的偷逃税款的行为不再满足刑法上的构成要件，不能构成税务犯罪，从这个意义上又可以说是税务犯罪的刑事政策在发生变化。综上，笔者认为，对行政犯罪中前置法规的适用也应遵循从旧兼从轻原则。以一起因遵循行政法规适用从旧兼从轻原则宣告被告人无罪的案件为例。[②]2016年5月末至2016年7月末，被告人李某1、李某2为了使其共同经营的马戏团更加盈利，在明知其没有办理运输野生动物的相关手续的情况下，使用车牌号为冀JE××××号货车将老虎、狮子、熊、猴子等动物从安徽省宿州市途经河北省沧州市、辽宁省大连市、辽宁省葫芦岛市等地，运输至辽宁省沈阳市浑南区祝家镇祝家屯。2016年7月28日被告人李某2被公安机关传唤到案，2016年7月28日被告人李某1被公安机关抓捕归案。公安机关同时扣押冀JE××××号货车一辆、老虎1只、狮子3只、熊1只、猴子1只。经国家林业局野生动植物检测中心鉴定，二被告人运输的老虎为虎、狮子为狮、熊为黑熊、猴子为猕猴，虎被列为我国《国家重点保护野生动物名录》一级保护野生动物；狮被列为《濒危野生动植物种国际贸易公约》附录Ⅰ或Ⅱ（2016）；猕猴和熊被列为我国《国家重点保护野生动物名录》二级保护野生动物。一审法院认为，被告人李某1、李某2非法运输国家重点保护的珍贵、濒危野生动物，情节特别严重，以非法运输珍贵、濒危野生动物罪判

① 王世洲：《德国经济犯罪与经济刑法研究》，北京大学出版社1999年版，第123页。

② 辽宁省沈阳市浑南区人民法院刑事判决书，（2016）辽0112刑初407号；辽宁省沈阳市中级人民法院刑事判决书，（2017）辽01刑终126号。

处两名被告人有期徒刑10年、8年，并处罚金。二审法院依照二审期间生效实施的修订后的《野生动物保护法》相关规定[①]，运输、携带国家重点保护的野生动物及其制品出县境的，已无须经政府行政主管部门的批准，认为二人运输具有合法驯养繁殖许可的野生动物的行为不再具有刑事违法性，不符合《中华人民共和国刑法》第341条规定的非法运输珍贵、濒危野生动物罪的构成要件，不应认定为犯罪，故撤销一审判决，改判二人无罪。

四、违法阻却事由的整体性

刑法中具有重大意义的正当化根据都是来源于法律制度的全体领域，[②]因此，刑法上的违法阻却事由应当从法秩序的整体性上判断，在其他法领域具有违法阻却功能的事由在刑法上应当得到承认。例如在《著作权法》第52条列举了11种著作权侵权行为，并规定了相应的法律责任，但对其中多种都有“本法另有规定的除外”，即构成该法第24条规定的合理使用和第25条规定的法定许可的情形不成立第52条规定的侵权行为。尽管刑法第217条规定的侵犯著作权罪中并没有相似的表述，但笔者认为，著作权法规定的阻却行政违法行为成立的事由同样具有阻却行政犯罪成立的功能，因为阻却行政违法成立意味着该行为在行政法规上是合法行为，也就当然不能成为刑法上的犯罪行为。

第四节　刑事违法性的独立判断：基于违法的相对性

法秩序的统一是针对法整体而言，强调法律之间的协调与衔接，但法的内部是由多层次、多方面的法律规范组成，在一个完整的法律体系中，违法性具有各种各样的类型、轻重不同的阶段，只有达到了值得动用刑罚处罚的违法程度才是刑法意义上的违法，此为违法的相对性。缓和的违法一元论认

---

① 修订后的《野生动物保护法》第33条取消了原法第23条有关“运输、携带国家重点保护野生动物或者其产品出县境的，必须经省、自治区、直辖市政府野生动物行政主管部门或者其授权的单位批准”的规定。

② ［德］克劳斯·罗克辛：《德国刑法学总论》（第1卷），王世洲译，法律出版社2005年版，第397页。

为，刑法规范在法律规范体系中既有补充性，同时又具有独立性，刑法规范的概念、构成、功能都独立于其他法律规范，自成思想体系。[①] 在刑法独立性的主张下，刑法在加强某一禁止性命令威慑力的同时，还具有将原有的禁令"改造"为新的法律规范，甚至改变法律适用对象的可能。[②] 笔者认为，行政犯罪定罪过程中刑事违法性的独立判断表现在八个方面，即同一用语不必然作相同解释、行政法规变更不必然产生刑法效应、行政解释不具有刑法约束力、行政违法性的累加不必然导致产生刑事违法性、行政法规的特别规定不当然适用于刑法、刑事责任的追究不以行政法规规定"依法追究刑事责任"为前提、行政上无管辖权不意味着刑事上无管辖权、未受行政处罚不影响刑事责任认定，下文将分而述之。

一、同一用语不必然作相同解释

（一）行政犯的双重违法性决定用语的统一性

行政犯罪以行政违法为前提，只有严重违反行政法规，对社会的危害达到一定严重程度的行为才可能被刑法规定为罪，可谓"出行入刑"，哪些行政违法行为需要规定为犯罪，还需要由刑事立法根据一定的标准进行选择，这就决定了我国的行政犯具有双重违法性的特征。如果说行政犯与刑事犯的区别主要在于法定恶和自然恶这一质的不同，那么行政犯与同类型行政违法行为的区别，则主要表现在行为社会危害量的差别，是危害性的量变引起了质变，导致同一行为因此由行政领域进入刑事领域，在违反行政规范这一本质上，它们则没有根本差别。

正是基于行政犯的双重违法性特征，刑法在规定行政犯构成要件的时候，对同一种事实当然得采用和行政法规相同的用语，这样才能够真正表现行政犯"出行入刑"的特点，保持行政违法行为和同类型刑事犯罪行为之间质的一致性。为了使两者这种联系在司法中继续得到贯彻，对刑法中行政犯

① ［日］木村龟二主编：《刑法学词典》，顾肖荣等译，上海翻译出版公司 1991 年版，第 5 页。

② ［意］杜里奥·帕瓦多尼：《意大利刑法学原理》，陈忠林译评，中国人民大学出版社 2004 年版，第 4 页。

用语的解释，当然也应当尽量保持与行政法规的含义相同。[①]同时，保持用语和解释的同一性也是法秩序统一协调的要求，这一点在前文已有论述。

（二）行政犯的刑法属性决定解释的相对性

行政犯的行政违法性必须以行政法律规范为基础予以判断，这是行政犯对行政法规具有依附性的表现，但同时行政犯又相对独立于行政法规范，而非从属于行政法规范，这是由行政犯的刑法属性所决定的。

本书在第一章已经论述，行政犯概念应当在刑法领域而非行政法领域予以阐述，即行政犯的基础是行政法，但根本属性还是在刑法范畴之内，因而行政犯的定罪应当遵循刑法而非行政法的基本原理，应当符合刑事司法而非行政执法的基本原则。如果对刑法与行政法中相同的用语完全按照行政法的规定予以解释，则会丧失刑法的独立性。在刑法用语可能具有的含义内，合理解释行政犯中的相关概念，并非对法秩序统一性的背离，而是在坚持违法一元论的前提下的合理缓和。坚持法秩序的统一性，应该着眼于法益保护这一根本目的而不是概念或解释技术之间的统一性，这是缓和的违法一元论所包含的另一方面意义。[②]

（三）对同一用语作不同解释的前提

对行政法已经作出界定的概念，刑法可以有不同的解释。但是不同应成为例外而非普遍，从法秩序的统一角度而言，不同法律之间对同一事物的规定与解释应在原则上保持一致，否则会造成公民的无所适从。既然是例外，就应当有严格的限制，笔者认为，刑法作出不同于行政法的解释需要同时满足两个前提条件：合乎刑法目的性与符合国民可预测性。

1. 合乎刑法目的性

由于“目的是全部法律的创造者”，[③]因此每个刑法条文的产生亦源于一种目的。如果说刑法解释与其他解释有什么不同，也仅仅在于刑法目的与其他法律目的不同。因此，在解释刑法时，必须考虑刑法最终要实现何种目

① 张绍谦：《试论行政犯中行政法规与刑事法规的关系——从著作权犯罪的“复制发行”说起》，载《政治与法律》2011 年第 8 期。

② 童伟华：《日本刑法中违法性判断的一元论与相对论述评》，载《河北法学》2009 年第 11 期。

③ ［美］E. 博登海默：《法理学：法律哲学与法律方法》，邓正来译，中国政法大学出版社 1999 年版，第 109 页。

的，进而作出合乎该目的的合理解释。在采用文理解释、历史解释、体系解释等方法不能得出唯一解释结论时，必须由目的解释来最终决定[①]。

以我国刑法第 217 条规定的侵犯著作权中的“发行”为例。究竟什么行为构成刑法上的“发行”行为，刑法条文本身未予回答。而根据《著作权法》规定，“发行”是指“以出售或者赠与方式向公众提供作品的原件或者复制件”，其与“出租”“信息网络传播”等是互不包容的独立行为。但“两高”2004 年出台的《关于办理侵犯知识产权刑事案件具体应用法律若干问题的解释》（以下简称《解释》）却规定，通过信息网络向公众传播他人文字作品、音乐、电影、电视、录像作品、计算机软件及其他作品的行为，应当视为刑法第 217 条规定的“复制发行”。2011 年“两高一部”《关于办理侵犯知识产权刑事案件适用法律若干问题的意见》重申了这一规定。

显然，刑事司法解释与民事立法采取了不同的立场，由此也引发了民法学界对《解释》的质疑。民法学者认为，《解释》貌似填补法律漏洞，实则缺乏法律依据，因为著作权意义上的“发行”仅指通过转移作品有形载体所有权的方式向公众提供作品，而“通过网络传播作品”不涉及作品有形载体所有权的转移，不能构成著作权意义上的“发行”。在我国刑法已经废除了类推制度的情况下，该《解释》有越权之嫌。[②]

当然，2020 年《刑法修正案（十一）》对侵犯著作权罪进行了重大修订，变化之一就是将第 1 项中的实行行为由“复制发行”一种行为修改为“复制发行、通过信息网络传播”两种行为，从根本上解决了刑法条文与前置法规之间的矛盾。但笔者认为，即使刑法未作上述修订，将“通过网络传播”解释为刑法中的“发行”，也只是扩大解释而非类推解释。对刑法的概念没有必要完全按照其他法律的规定作出解释。刑法具有独立性，有其特定的目的与特定的规制对象，对刑法概念的解释应当在刑法用语可能具有的含义内，选择符合刑法目的的解释。[③]从刑法设置侵犯著作权的目的来看，“发行”的本质应当是通过复制他人作品，并将这些作品传播给不特定的公众，从而侵

---

① 参见［日］町野朔：《刑法总论讲义案Ⅰ》（第 2 版），信山社 1995 年版，第 68 页。转引自张明楷：《刑法分则的解释原理》，中国人民大学出版社 2004 年版，第 34 页。

② 参见王迁：《论著作权意义上的“发行”——兼评两高对〈刑法〉“复制发行”的两次司法解释》，载《知识产权》2008 年第 1 期。

③ 张明楷：《罪刑法定与刑法解释》，北京大学出版社 2009 年版，第 124 页。

犯了著作权人的著作权，[①]至于其形式是传统有形制品传播还是网络上的无形传播，对权利人的侵害都没有质的区别，甚至通过网络传播因具有叠加和扩散效应，对权利人侵害的程度更胜一筹，因此将“通过信息网络传播”囊括在刑法的“发行”中，符合刑法的目的和解释原理。

在金融犯罪案件中，由于术语的专业性较强以及金融产品与金融创新的名目繁多，对同一金融用语的解释往往会成为此罪与彼罪甚至罪与非罪的决定因素。

案例 1：[②]严某某保险诈骗案

2012 年至 2019 年 3 月，刘某某（另案处理）等人在医院等场所搭识交通事故伤者，许诺为伤者代理交通事故人身伤害索赔能获得更多保险金或赔偿款，与伤者订立口头或书面代理索赔协议，并与司法鉴定人、律师共谋，由司法鉴定人出具与伤者伤残等级不符的伤残等级鉴定意见，由律师钱某、陈某某（均另案处理）等人依据上述鉴定意见，通过提起民事诉讼的手段，骗取多家保险公司支付高于其应当支付的事故理赔款。2017 年 1 月至 2019 年 3 月，被告人严某某按刘某某授意，在交警队搭识交通事故伤者方某，在代理方某交通事故人身伤害索赔过程中，采用上述手段骗取保险理赔款金额共计人民币 9 万余元，被告人严某某与刘某某等人实际分得人民币 75000 元。

在案件处理过程中，对于严某某的行为如何定性，司法机关形成了两种意见。一种意见认为构成保险诈骗罪，保险事故受益人方某某对严某某、刘某某代理其进行人身伤害索赔的过程中，通过与鉴定人共谋，提供虚假伤残鉴定意见，夸大损伤程度，以诉讼方式骗取保险金的犯罪行为主观具有放任的故意，其也实际获得超出其伤残等级的赔偿金额，其行为构成保险诈骗罪。被告人严某某在方某某实施保险诈骗行为中提供传递资料、协调索赔各环节事宜等帮助，构成保险诈骗的共犯。另一种意见则认为严某某的行为构成诈骗罪，因为保险诈骗罪系特定主体的犯罪，仅投保人、保险人、受益人及共犯构成该罪，而方某某仅是事故伤者，不具备保险诈骗罪要求的三种特定身份，不构成保险诈骗罪，作为共犯的严某某也只能以诈骗罪定罪处理。

---

① 张绍谦：《试论行政犯中行政法规与刑事法规的关系——从著作权犯罪的“复制发行”说起》，载《政治与法律》2011 年第 8 期。

② 上海市浦东新区人民法院刑事判决书，（2019）沪 0115 刑初 5569 号。

两种分歧意见的焦点集中于方某能否认定为交强险合同的“受益人”。笔者认同判决罪名，认为交强险是兼具人身性与财产性的特殊政策性保险，事故伤者可以认定为机动车辆保险的直接受益人。首先，从“受益人”概念来看，刑法与《保险法》中“受益人”概念并非完全一致。《保险法》第18条第3款规定：“受益人是指人身保险合同中由被保险人或者投保人指定的享有保险金请求权的人。投保人、被保险人可以为受益人。”即《保险法》意义上的受益人仅存在于人身保险合同。而刑法第198条第1款第2项规定，投保人、被保险人或者受益人对发生的保险事故编造虚假原因或者夸大损失的程度、骗取保险金的，以保险诈骗罪进行认定。罪状描述中并未区分人身保险与财产保险，因此，对于保险诈骗罪中“受益人”不应进行限缩，将其等同于《保险法》等其他法律及行政法规中的概念。其次，从立法原则来看，认定事故伤者为“受益人”有利于保护受害人利益。传统的责任保险在很大程度上围绕“分离原则”而构建，即被保险人对受害人造成侵权损害后，基于保险合同的相对性，受害人并不享有责任保险的保险金直接请求权，应由被保险人先将侵权损害赔偿赔付给受害人，再由保险人根据保险合同之约定向被保险人给付保险金。然而，若贯彻绝对的分离原则，当被保险人无力赔偿时，相应的受害人也无法得到保险赔付，此时不但保险人有不当得利之可能，且不利于受害第三人利益的保护；同时，辗转赔偿也会造成程序的相对繁复。因此，现代责任保险立法往往会在一定程度上突破分离原则，赋予受害人某种直接请求权。如依照《机动车交通事故责任强制保险条例》第1条、第27条、第31条的相关规定，交强险设立的目的是为保障交通事故受害人依法得到赔偿，道路交通事故受害人可以在发生事故后通知保险公司，保险公司可以直接向受害人赔偿。这体现了交强险作为一种兼具人身性与财产性的特殊政策性保险，极其注重“受害人保护”。最后，从危害结果来看，事故伤者确实从保险赔付过程中获取了相应保险利益，系直接受益人。在机动车交通事故责任纠纷案中，事故伤者的人身财产权益受到直接侵害，其基于受侵害事实对保险人提出给付保险金的直接请求，并基于该请求获取保险赔偿金。因此，在本案中，保险人基于保险合同对事故伤者进行了赔付，事故伤者实质上基于保险合同获得了保险利益，理应认定为保险诈骗罪中的“受益人”。

案例 2：[1] **顾某某骗取委托贷款案**

犯罪嫌疑人顾某某作为某实业发展有限公司（以下简称“实业公司”）的董事长，以公司名下的某汽摩配市场需要装潢为由，通过提交虚假的财务会计资料，向上海A经济发展有限公司（以下简称A公司）申请借款。后来，A公司（委托人）、B银行某支行（贷款人）及“实业公司”（借款人）签订《委托贷款借款协议》。协议约定，由委托人提供资金，贷款人受委托人委托向借款人发放并协助收回贷款（用于装修），贷款人只收取手续费，不承担任何形式的风险，期限六个月，月利率1.5%，年利率18%，金额共计人民币4000万元。借款人将名下的不动产（面积共计3万多平方米）抵押给B银行某支行，并将公司的900万股权出质给A公司。嗣后，犯罪嫌疑人顾某某将收到的贷款用于“实业公司”归还公司债务。至案发前，上述借款仍未归还。公安机关以顾某某涉嫌骗取贷款罪移送检察机关。检察机关经审查后认为，虽然根据《贷款通则》第7条规定，贷款种类包括自营贷款、委托贷款和特定贷款，但本案中的委托贷款不宜认定为刑法中的“贷款”，因此顾某某的行为不构成骗取贷款罪。

与自营贷款、特定贷款相比，委托贷款具有两方面的特殊性。一是资金来源特殊。2018年银监会制定的《商业银行委托贷款管理办法》第3条、第10条和第15条明确规定，“委托贷款，是指委托人提供资金，由商业银行（受托人）根据委托人确定的借款人、用途、金额、币种、期限、利率等代为发放、协助监督使用、协助收回的贷款”，“商业银行不得接受下述资金发放委托贷款：（一）受托管理的他人资金；（二）银行授信资金；（三）具有特定用途的各类专项基金国务院有关部门另有规定的除外；（四）其他债务性资金（国务院有关部门另有规定的除外）；（五）无法证明来源的资金”，“商业银行应要求委托人开立专用于委托贷款的账户。委托人应在委托贷款发放前将委托资金划入该账户，商业银行按合同约定方式发放委托贷款。商业银行不得串用不同委托人的资金”。二是贷款风险特殊。上述《管理办法》第4条明确“委托贷款业务是商业银行的委托代理业务。商业银行依据本办法规定，与委托贷款业务相关主体通过合同约定各方权利义务，履行相应职责，收取代理手续费，不承担信用风险”。简言之，委托贷款资金来源于委托人，风险亦由委托人承担。上述案件中，顾某某从银行骗取的贷款实际上属于放

[1] 案例来源：沪浦起诉受［2016］3101152279号。

款公司的财产，其客观上欺骗的对象是放款公司，侵害的是放款公司的财产所有权。如果将该行为认定为骗取贷款罪，则与骗取贷款罪保护的法益银行金融机构信贷资金的安全不相符合，故骗取委托贷款的行为不能纳入骗取贷款罪的评价范围。

2. 符合国民可预测性

预测可能性是人民自由的基础。刑法要尊重和保障人权，如果处罚范围完全超出国民可以接受的范围，便侵犯了国民的人权，也不符合国民的预测可能性。不具有预测可能性的法律制度，会给国家机关以无限的权力，从而更加侵犯国民的自由，是背离法治与罪刑法定原则核心价值与实质要求的。[①]因此，在追求刑法保护法益的目的的同时，不能以牺牲国民预测可能性为代价。换言之，不能以牺牲形式合理性换取实质合理性。一种行为的社会危害性再严重，但刑法条文用语的“射程”无法涵盖这一行为时，也只能依罪刑法定原则放弃对该行为的追诉。[②]

当然，通过一般人的接受程度来判断是否会侵犯国民的预测可能性，本身也具有一定的模糊性。因为“一般人”是一个抽象的概念，基于个体差异性，对同一事物的判断会因人而异，任何一个个体都无法成为一般人的代表。因此，运用一般人标准判断国民预测可能性时，应当同时结合刑法目的性、处罚必要性等因素予以综合考虑，以决定对某一用语所作解释的幅度。

曾引起社会广泛关注和争议的陆勇销售假药案[③]，可谓是对刑法条文用语解释应符合国民可预测性这一原则的最好注解。假药案的当事人陆勇虽然

① 参见张明楷：《罪刑法定与刑法解释》，北京大学出版社2009年版，第20-24页。

② 张绍谦：《试论行政犯中行政法规与刑事法规的关系——从著作权犯罪的“复制发行”说起》，载《政治与法律》2011年第8期。

③ 陆勇销售假药案，湖南省沅江市人民检察院（2015）1号不起诉决定书。该案基本案情是：患有慢粒性白血病的陆勇曾服用价格高达每盒23500元的瑞士进口抗癌药“格列卫”，2004年9月开始直接从印度赛诺公司购买每盒4000元的仿制药，觉得印度同类药物疗效好、价格便宜，遂通过网络QQ群等方式向病友推荐。随着病友间的传播，从印度公司购买该抗癌药品的国内白血病患者逐渐增多，药品价格逐渐降低，直至每盒为人民币200余元。为方便给印度公司汇款，陆勇在中国国内设立银行账户，接收患者的购药款，并定期将购药款转账到印度公司指定的户名为张某某的中国国内银行账户，在陆勇统计好各病友具体购药数量、告知印度公司后，由印度公司直接将药品邮寄给患者。2015年2月26日，检察机关对陆勇作出法定不起诉决定。

最终被作出法定不起诉，符合公众期待，但纵观不起诉决定书和释法说理书，检察机关主要是从销售行为与购买行为的区分以及社会危害性角度进行论证，并没有从根本上否定涉案仿制药的假药属性。笔者认为，刑法用语的独立解释亦不失为陆勇出罪的路径之一。本案发生在《药品管理法》修订和《刑法修正案（十一）》出台之前，根据当时《药品管理法》第 48 条第 3 款第 2 项规定，依照该法必须批准而未经批准生产、进口，或者依照该法必须检验而未经检验即销售的药品，以假药论处，即所谓拟制的假药。而当时刑法第 141 条第 2 款规定的假药，包括依照《药品管理法》的规定属于假药和按假药处理的药品、非药品。涉案印度药品未经批准而在我国销售，是《药品管理法》规定的拟制假药，进而根据文义解释将其解释为刑法中的假药，似乎顺理成章。但是，一方面从刑法目的性考量，销售假药罪不仅侵害了正常的药品生产、销售监管秩序，而且危及不特定多数人的生命健康，[①] 涉案药品虽未经批准而进口，但其确实具有治疗效果，不具有"危及不特定多数人生命健康"的危险。另一方面，从预测可能性角度分析，普通社会民众所认为的假药一般是指非药品冒充药品或者药品所含成份与国家药品标准规定的成份不符等不具有治疗效果等情形，即实质上的假药。将那些行政法上拟制为假药但实际具有治疗效果的"违规药品"排除在刑法上的假药范围之外，并不背离刑法的解释原理，也符合公众认知，体现了刑法解释的独立性。

二、行政法规变更不必然产生刑法效应

前文已经论述，前置法规对行为的评价发生变更并进而影响犯罪构成符合性的判断时，属于刑法上的法律变更。这意味着第一，并非所有的行政法规上的变更均会产生刑法上的效应；第二，行政法规变更是否产生刑法效应，必须要将行政法规与刑法相结合判断行政法规的变更是否影响了对行为构成要件符合性的判断，只有影响构成要件符合性判断的行政法规变更才产生刑法上的效应。

以我国刑法第 216 条规定的假冒专利罪为例，刑法只规定了"假冒他人专利，情节严重"的行为构成本罪，但并未规定何为"假冒他人专利"，属于典型的简单罪状。对其客观行为的理解必然要结合专利行政法规才能确

---

① 全国人大常委会法制工作委员会刑法室编：《中华人民共和国刑法修正案（八）条文说明、立法理由及相关规定》，北京大学出版社 2011 年版，第 75 页。

定。1997 年新增此罪名时，有效的行政法规是 1984 年制定 1992 年第一次修正的《专利法》，该法第 60 条，第 63 条第 1 款、第 2 款将专利领域的违法行为区分为非法实施他人专利、假冒他人专利和冒充专利三种行为，但该法及其实施细则对这三种行为的外延均没有明确规定。2000 年第二次修正《专利法》，仍然保持了三种专利违法行为的区分，并在 2001 年生效的实施细则对三种行为的外延作了详细的规定，其中对假冒他人专利行为规定了四种情形，对冒充专利行为规定了五种情形。由此可见，在行政法规上，假冒他人专利行为有明确的内涵与外延，与冒充专利行为有清晰的区分。2004 年“两高”颁布的《关于办理侵犯知识产权刑事案件具体应用法律若干问题的解释》第 10 条对假冒他人专利的行为作出了与专利法实施细则第 84 条所规定的假冒他人专利行为完全一样的规定，这反映了行政犯罪对行政法规的依附性。但在 2008 年《专利法》第三次修正时，专利违法行为只规定了非法实施他人专利和假冒专利两种，新的专利法实施细则第 84 条对假冒专利行为进行列举式规定时，将原《专利法》及其实施细则规定的“冒充专利”行为的表现形式一并规定在“假冒专利”行为中。简言之，随着《专利法》的修正，在行政法规上冒充专利不再与假冒专利并列为违法行为，而是作为假冒专利的一种表现形式。那刑法上的假冒专利罪，其客观行为的表现形式是否也应当相应的将冒充专利行为囊括在内呢？这必须根据刑法条文的规定予以回答。本罪的罪状为“假冒他人专利”，保护的法益是“他人”的专利权，而冒充专利行为的本质在于以非专利产品（或方法）冒充专利产品（或方法），虽然侵犯了国家的专利管理制度，但并未侵犯“他人”的专利权。因此，此时刑法上的“假冒专利”与行政法规的“假冒专利”发生了分野，尽管行政法规发生了变更，但其并不产生刑法上的效应，这也是“两高”于 2007 年和 2011 年发布有关知识产权犯罪的司法解释并未对 2004 年《解释》第 10 条的内容作出修改的原因。

三、行政解释不具有刑法约束力

根据 1981 年全国人大常委会通过的《关于加强法律解释工作的决议》规定，不属于审判和检察工作中的其他法律、法令如何具体应用的问题，由国务院及主管部门进行解释；凡属于地方性法规如何具体应用问题，由省、自治区、直辖市人民政府主管部门进行解释。2001 年国务院颁布《行政法规制定程序条例》和《规章制定程序条例》，又分别授权国务院及其法制机构对于行政法规的行政解释权和授权规章制定机关对规章的行政解释权。由此可见，行政解释是国家行政机关依法对法律、法规、规章所做的解释，属于有权解释，其形式包括“复函”“答复”“批复”“通知”“补充通知”“意见”“应用解释”等。需要讨论的是，行政解释（此处的行政解释是指行政机关单独发布或者行政机关之间联合发布的行政解释，而不包括行政机关与最高司法机关联合发布的司法解释，对于后种形式，本书将在最后一章予以阐述）是否对刑事司法具有约束力？笔者认为答案是否定的，行政解释不是正式的法律渊源，对司法机关没有规范意义上的约束力，在司法过程中，应当贯彻司法独立审查原则和适当尊重原则。

首先，行政解释虽为有权解释，但“有权”不意味着对所有机构都具有强制约束效力。每一种权力都存在界限，而有权解释最根本的特征就在于它的系统内有效性，解释结论的效力范围不可能超越解释主体的权力界限。①因此，行政解释的效力只能及于行政机关内部，对司法机关不具有规范性的约束力。

其次，行政解释在司法中的效力如何并非刑事司法所独有的问题，在民事诉讼和行政诉讼中同样面临。根据最高人民法院2004年印发的《关于审理行政案件适用法律规范问题的座谈会纪要》，全国人大常委会的法律解释，国务院或者国务院授权的部门公布的行政法规解释，人民法院作为审理行政案件的法律依据；规章制定机关作出的与规章具有同等效力的规章解释，人民法院审理行政案件时参照适用。可见，哪怕在行政诉讼中，行政解释也不具有当然的效力，其中规章解释只供法院“参照”适用，而作为对证据要求最高的刑事诉讼，当然也不能直接适用行政解释。

再次，从行政解释的运行方式看，行政权本身就是自由裁量权较大的权力，而行政解释的制定程序又无统一的规范要求，因此行政机关在出台行政解释时可能存在程序上随意、立场上有利于行政机关自身利益、内容上超越甚至违背立法意图等现象，同时，由于解释对象的复杂性和解释主体的主观易变性，对于同一行政事务往往可能由不同的行政机关进行主管，各行政机关之间的解释也有可能存有差异甚至完全相反。如对小额贷款公司的性质认定，财政部和银监会的解释就各自从部门管理利益出发，分别将小额贷款公司认定为金融企业、非金融机构，而对其性质的认定直接关系到如以小额贷

① 林维：《刑法解释中的行政解释因素研究》，载《中国法学》2006年第5期。

款公司为犯罪对象时，贷款诈骗罪、高利转贷罪能否认定的问题。如果刑事司法不坚持对行政解释的独立审查原则，将会在行政解释面前无所适从。

最后，在肯定行政解释不具有刑法约束力的同时，司法机关也应当给予行政解释以适当的尊重。这是因为现代社会治理，依赖立法机关对行政机关的广泛授权，这种授权中即包含了行政机关对所适用法律的一定的解释权。并且，现代行政管理涉及诸多专业性、技术性的领域，行政机关是这方面的专家，具有专业的知识和丰富的经验，由行政执法人员根据行政执法情况对专业性、技术性问题进行行政解释具有必要性和合理性。① 换言之，司法机关对行政机关的解释应当保持既审查又尊重的立场。对此，美国的做法值得我们借鉴。美国的司法判例确定了法院对行政机关解释法律的态度：(1) 行政机关对支配其活动的法律长期一致的解释、对其参加起草的法律的解释、在法律制定时的解释，受到法院尊重。(2) 对法律负主要执行责任部门的解释，受到尊重。非主要执行部门的解释不受重视。(3) 受到国会肯定或信赖的解释，受到强尊重。(4) 行政机关的解释不符合通常的解释规则时，不受尊重。(5) 专业技术领域的解释受强尊重，对宪法和广泛适用的法律、判例的解释，不受重视。不论法院对行政机关法律解释的具体态度如何，法院不会把行政机关的解释作为最后的结论，只会把它作为一个引导法院通往正确解释的指导。②

四、行政违法性的累加不必然导致刑事违法

关于行政违法与行政犯罪的区分，各国立法上采取了不同的模式，德国和我国台湾地区是以行为类型区分为原则、以行为程度区分为例外，日本采取行为类型模式，我国则是行为类型和行为程度相结合的模式。③ 因此针对该问题在理论上存在的“质的区分”“量的区分”和“质量区分说”等不同学说，我国应根据立法实际采取“质量区分说”，即行政违法与行政犯罪之间既存在“质”的区别，也存在“量”的区别。当行为之间仅存在“量”的区别时，行政违法性的累加必然产生刑事违法，但行为存在“质”的区别

① 彭霞：《走向司法审查：行政解释的困境与出路》，载《政治与法律》2018年第10期。

② 王名扬：《美国行政法》，中国法制出版社1995年版，第360页。

③ 参见关振海：《中外行政犯罪与行政违法行为界分模式述评》，载《刑法论丛》2012年第4卷。

时，行政违法性“量”的累加则不会产生行政犯罪这一“质”的变化，后者有两种表现形式。

（一）立法上的显性提示

立法上的显性提示，是指同一领域的违法行为既有行政违法又有刑事违法，在一些情况下，通过对比该领域的行政法规和相应的刑事法律，即可区分出哪些行为由于行政违法性的累加就产生刑事违法，而哪些行为只能停留在行政违法层面，不会因为行政违法性的累加而变成行政犯罪。

以著作权领域为例。我国《著作权法》第53条规定了八种著作权侵权行为并规定了包括追究刑事责任在内的法律责任，“（一）未经著作权人许可，复制、发行、表演、放映、广播、汇编、通过信息网络向公众传播其作品的，本法另有规定的除外；（二）出版他人享有专有出版权的图书的；（三）未经表演者许可，复制、发行录有其表演的录音录像制品，或者通过信息网络向公众传播其表演的，本法另有规定的除外；（四）未经录音录像制作者许可，复制、发行、通过信息网络向公众传播其制作的录音录像制品的，本法另有规定的除外；（五）未经许可，播放、复制或者通过信息网络向公众传播广播、电视的，本法另有规定的除外；（六）未经著作权人或者与著作权有关的权利人许可，故意避开或者破坏技术措施的，故意制造、进口或者向他人提供主要用于避开、破坏技术措施的装置或者部件的，或者故意为他人避开或者破坏技术措施提供技术服务的，法律、行政法规另有规定的除外；（七）未经著作权人或者与著作权有关的权利人许可，故意删除或者改变作品、版式设计、表演、录音录像制品或者广播、电视上的权利管理信息的，知道或者应当知道作品、版式设计、表演、录音录像制品或者广播、电视上的权利管理信息未经许可被删除或者改变，仍然向公众提供的，法律、行政法规另有规定的除外；（八）制作、出售假冒他人署名的作品的”。而1997年《刑法》第217条规定的侵犯著作权罪只规定了四种行为方式，“（一）未经著作权人许可，复制发行其文字作品、音乐、电影、电视、录像作品、计算机软件及其他作品的；（二）出版他人享有专有出版权的图书的；（三）未经录音录像制作者许可，复制发行其制作的录音录像的；（四）制作、出售假冒他人署名的美术作品的”。通过二者的对比可以发现，在《著作权法》中规定的1、2、4、8种侵权行为与著作权犯罪之间仅存在量的区别，当其行政违法性累积到刑事犯罪的起刑点即可构成侵犯著作权罪，而该法规定的第3、5、6、7种著作权侵权行为与著作权犯罪则存在质的区别，这四种行为无论违法的量如何累积，也不可能转化为侵犯著作权罪。虽然《刑法修正案（十一）》对侵犯著作权罪作了重大调整，扩大了刑法对著作权的保护范围，但二者之间仍未一一对应，如《著作权法》规定的第7项侵权行为就未落入刑法打击的范围。

（二）司法上的排除技术

立法上的显性提示是从行为类型上对行政违法与行政犯罪所作的区分，在实践中基本不存在适用难题。但是更多的立法并未从行为类型上对二者进行区分，而是在行政法规与刑事法律中采取几乎相同的表述，此时要提炼出那些具有质的区分的行为，避免刑事打击的不当扩大，就需要从司法技术上加以区分，将不具有刑事可罚性的行为排除在犯罪圈外。

1. 通过实质解释将不具有刑事可罚性的行政违法行为排除

刑法的目的在于法益保护，分则条文将值得科处刑罚的法益侵害行为类型化为（违法）构成要件。但由于语言表达和立法技术等局限，刑法的文字表述可能包含了不值得科处刑罚的行为，此时对构成要件的解释就不能停留在法条的字面含义上，必须以保护法益为指导，对构成要件进行实质解释，使行为的违法性与有责性达到值得科处刑罚的程度。① 对比我国的行政法规和刑事法律，诸多条文规定的要件要素采用的是同一概念（当然这有其必然性，已在前文论述），甚至很多条文的整体表述都呈现一致性，如果不对犯罪构成要件采取实质解释的方法，直接的后果就是大量不具有刑事可罚性的行政违法行为被科以刑罚。

以《刑法修正案（八）》新增的虚开发票罪为例。虚开普通发票的行为在行政法规中亦属违法行为，《发票管理办法》第21条规定："开具发票应当按照规定的时限、顺序、栏目，全部联次一次性如实开具，开具纸质发票应当加盖发票专用章。任何单位和个人不得有下列虚开发票行为:（一）为他人、为自己开具与实际经营业务情况不符的发票;（二）让他人为自己开具与实际经营业务情况不符的发票;（三）介绍他人开具与实际经营业务情况不符的发票。"行政法规和刑法采取了相同的"虚开发票"的表述方式，从行政法规的规定，并结合刑法第205条的规定，虚开发票罪的虚开形式包括为他人虚开、为自己虚开、让他人为自己虚开、介绍他人虚开四种，应该没有疑义。但是行政法规中规定的"开具与实际经营业务情况不符的发票"就一

① 参见张明楷：《实质解释论的再提倡》，载《中国法学》2010年第4期。

定是刑法上的“虚开”吗？有论者对此持肯定答案。[①] 笔者认为，对此问题不能一概而论。生活中“与实际经营业务情况不符的发票”主要有根本不存在实际经营而虚开的“无中生有”型、存在实际经营但金额不符的“有而虚增”型、存在实际经营但品名不符的“名实不符”型等几种类型。前两种类型既违反了发票管理制度，又会造成税款上的损失，第三种类型则只违反发票管理制度，不会造成税款上的损失。虚开发票罪的“虚开”究竟包括哪几种行为类型，取决于本罪保护的法益。根据本罪在刑法分则中处于“危害税收征管罪”一节，对于第205条规定的虚开增值税专用发票罪，学界和实务界已基本达成共识，认为本罪以有造成国家税款损失的危险为构罪条件，笔者倾向认为虚开发票罪的法益不是发票管理制度，而是国家的税款征收制度。只有所虚开的发票存在着被进一步用于抵扣国家税款、实施衍生犯罪等现实性危险时，行为人的虚开行为才对国家的财税安全造成了值得处以刑罚的具体危险，[②] 才能认定为本罪的虚开行为。因此，上述第三种类型即“名实不符”型与前两种类型具有质的区别，应当排除在虚开发票罪的行为方式之外，但作为行政违法行为应处以相应的行政处罚。

2. 通过体系解释将不具有同等侵害性的行政违法行为排除

在刑法解释中，法条文义是解释的起点。但是，针对争议问题的理解，文义解释方法只能提供初步的判断，其功能是有限的。基于法秩序统一性的体系解释有助于消除争议。[③] 体系解释，是指根据刑法条文在整个刑法中的地位，联系相关法条的含义，阐明其规范意旨的解释方法。[④] 其目的在于避免断章取义、避免相关矛盾冲突，以保持各犯罪构成要件之间的协调、保持罪刑关系的协调、保持刑法与其他同位阶的部门法乃至最高位阶的宪法之间的协调。[⑤] 体系解释在对例示性条款和罪群式立法条款进行解释时具有尤为重要的地位。因为无论是例示性条款还是罪群式立法条款，均是将具有同类

---

① 参见黄晓文：《虚开发票罪司法适用若干问题探析》，载《中国检察官》2013年第1期。

② 参见马春晓：《经济刑法的法益研究》，中国社会科学出版社2020年版，第178页。

③ 周光权：《法秩序统一性的含义与刑法体系解释》，载《华东政法大学学报》2022年第2期。

④ 张明楷：《注重体系解释实现刑法正义》，载《法律适用》2005年第2期。

⑤ 贾银生：《刑法体系解释之解释规则的反思、重构与展开》，载《西南政法大学学报》2021年第6期。

法益侵害性的行为规定在同一条款或者同一章节的相关条款中，只有体系解释才能保持这些条款之间的协调，使相同案件得到相同处理，从而实现刑法的正义性。

例示性条款，是指将明确列举与概括规定相结合的条款，一般在列举的事项之后会有"等""其他"等兜底性的表述，既避免了明确列举即排除其余的解释禁锢，又避免了概括规定模糊宽泛带来的漫无限制，明确列举所不能涵摄的事项由概括规定补充，而概括规定补充的边界又由明确列举进行限制，二者相互作用共同稳固刑法的安定性又增强刑法对社会生活的适应性。例示性条款在明确列举的事项之后往往有"等""其他"等兜底性的表述，根据体系解释的原理，"等""其他"与明确列举的事项必须具有同类性。在行政犯定罪过程中，如果将非同类的事物囊括在例示性条款的概括事项内，则会不当地扩大刑法处罚范围，将只具有行政违法性的行为解释为犯罪行为。以非法经营罪为例，学界对此已多有诟病，认为本罪已沦为新的"口袋罪"。笔者认为，非法经营罪"口袋罪"的命运并非由立法上采取例示性规定所造成，而是由于司法实践中（包括司法解释和法官释法）对例示性规定的不当解释造成。有论者统计，刑法第 225 条第 4 项"其他严重扰乱市场秩序的非法经营行为"被司法机关适用的比例超过 60%。① 本应作为补充适用的兜底条款在司法实践中却反客为主，成为主要的适用条款，难怪非法经营罪所囊括的范围日益扩大。其实根据体系解释的规则，"其他"非法经营行为并非泛指所有违反行政法规的违法经营行为，而是应当与前 3 项规定的非法经营行为具有同类性，即违反国家专营专卖制度和经营许可制度的非法经营行为。以此结论检视我国的司法解释和不少司法判例，就不难发现有一些违反体系解释之处，导致一些违反行政法规的违法经营行为都有入罪的危险。

罪群式立法，是指将直接客体相同或相近的多个个罪组成一组，规定在同一章或同一节中。有学者将罪群称为"亚类"或"学理性集合罪名"。② 这种立法方式在我国刑法中大量存在，立法者将一组个罪集合成一个罪名集

---

① 陈超然：《非法经营罪适用范围的扩张及其限制研究》，上海交通大学 2013 年博士学位论文。

② 参见陈兴良主编：《刑法各罪的一般理论》，中国人民大学出版社 2007 年版，第 90 页。

合，该组个罪之间必然具有某种共性，或表现为侵害法益的相同、或行为对象的相同、行为方式的相同抑或行为主体的相同等，这些共性又成为整个罪名集合的个性，并使集合内的各罪区别于集合外的其他罪名。罪群式立法模式有利于我们将有一定联系的罪名综合研究，科学认识各种犯罪之间的关系，为我们准确对各具体规定进行刑法解释与适用奠定基础。[①] 因此，在对同一罪群内的罪名进行解释时，尤其需要遵循体系解释的原理，联系同一罪群内的其他犯罪准确解释各刑法规定，以便同一罪群内各罪名之间保持协调。以著作权犯罪为例，刑法第 217 条和第 218 条分别规定了侵犯著作权罪和销售侵权复制品罪。根据《著作权法》的规定，发行系指“以出售或者赠与方式向公众提供作品原件或复印件”，由于我国采取狭义的“发行”的解释，发行行为必然带来有形物质载体所有权的转移，故与出租等有明确区别。而刑法第 218 条销售侵权复制品罪中用了“销售”一词，而销售的实际含义就是《著作权法》上的发行行为。由于“两高”在司法解释中把刑法第 217 条中“复制发行”解释为“包括复制、发行或者既复制又发行”，这实际上就包括了刑法第 218 条的销售行为。应该说，“两高”的解释实际上破坏了两个罪名之间的联系，从而导致第 218 条形同虚设。适当的做法是将刑法第 217 条的复制发行解释为既复制又发行或者单独的复制行为。换言之，只有复制加发行或者单独实施了复制行为，方可能构成刑法第 217 条规定的侵犯著作权罪，如果仅仅只是实施了发行行为，则可能构成刑法第 218 条销售侵权复制品罪。又如刑法第 125 条规定的非法制造、买卖、运输、邮寄、储存枪支、弹药、爆炸物罪，虽然只有一个法律条文，但因其系选择性罪名，故其实包含了数个罪名，只因为行为对象的相同而被规定在一个法条中。对该法律条文进行解释时，既要注意其与该节其他法条（如第 127 条规定的盗窃、抢夺枪支、弹药、爆炸物罪，第 128 条规定的非法持有、私藏枪支、弹药罪等）的协调，又要注意该条文内部的协调。对这些罪名的行为对象即枪支、弹药、爆炸物罪，均应作出相同的解释。各罪名之间的差异主要体现在行为方式上，尤其储存、持有、私藏，仅采取文义解释的方式可能难以区分，故 2009 年最高人民法院颁布的《关于审理非法制造、买卖、运输枪支、弹药、爆炸物等刑事案件具体应用法律若干问题的解释》专门对“非法储存”“非法持有”“私藏”的含义作出了解释，从规范上区分了三种行为方

① 吴允锋：《罪群式经济犯罪规范与体系解释》，载《江西社会科学》2009 年第 3 期。

式。但随之而来的问题是，该解释规定“非法储存”，是指明知是他人非法制造、买卖、运输、邮寄的枪支、弹药而为其存放的行为，或者非法存放爆炸物的行为。即“非法储存”以他人的非法行为为前提，且行为人必须明知他人的非法行为。那同样在第125条规定的“非法运输”是否也应作同样的解释呢？仅仅根据《枪支管理办法》《民用爆炸物安全管理条例》等行政法规是无法得出肯定答案的，但如果依据体系解释的原则，对“非法运输”就应当和“非法储存”一样作出限制性的解释，只有与他人的非法行为联系在一起才能成立“非法运输”。对实践中出现的运输他人合法制造、买卖的枪支、弹药的案件，不能仅因行为人未依法取得运输许可证就一律认定为非法运输枪支、弹药罪。

五、行政法规的特别规定不当然适用于刑法

行政法规对行政违法行为进行规制时，通常会出于立法便宜主义和行政目的的考虑，设置一些特别规定，以扩大行政法规的适用范围。如《枪支管理法》第48条规定，“制造、配售、运输枪支的主要零部件和用于枪支的弹药，适用本法的有关规定”；《商标法》第4条规定，“本法有关商品商标的规定，适用于服务商标”等，那这些特别规定是否适用于对行政犯罪的解读呢，换言之，刑法的保护范围是否随着行政法规的特别设置而相应扩大？笔者认为，行政法规的特别规定不当然适用于刑法，能否适用取决于是否符合罪刑法定原则。

以一起假冒注册商标案件为例。[①]2005年5月，被告人李某为自己经营的加油站制作服务标志。制作过程中，李某要求加工加油站顶棚的制作商在计算机中将中国石化集团公司注册的1948354号、1948357号服务商标予以采用，另将中国石化集团公司注册的服务商标第1948353号“SINOPEC”改作为“SUPER”，与汉字“中国油化”，共同组成自己加油站的服务标志。制作完成后，李某使用此标志进行加油服务经营至2005年10月，经营数额达20余万元。2005年6月9日，山东省蒙阴县工商局根据举报对此予以立案，并于2005年9月23日做出行政处罚决定，认为被告人李某的行为构成对中国石化集团公司注册商标的侵权，要求立即停止侵权，罚款9000元。2005

① 山东省蒙阴县人民法院刑事裁定书，（2007）蒙刑初字第21号。

年11月1日蒙阴县工商局将此案移送蒙阴县公安局立案侦查。在诉讼过程中，公诉机关决定撤回起诉。蒙阴县人民法院认为，公诉机关的撤回起诉符合法律规定，于2007年5月11日作出裁定，准许蒙阴县人民检察院撤回起诉。

显然公诉机关撤回起诉和人民法院裁定准许撤回起诉的理由在于认为未经注册商标所有人许可，在同一种服务项目上使用与他人注册商标相同的服务商标不构成假冒注册商标罪。但我国《商标法》明确规定："本法有关商品商标的规定，适用于服务商标。"因而有论者据此认为《商标法》的规定适用于刑法，因为作为行政违反加重犯的侵犯知识产权的犯罪行为，其实行行为的概念类型化，主要由行政法而非刑法完成，既然《商标法》作出了特别规定，刑法第213条规定的假冒注册商标罪中的犯罪对象就毫无疑问的包括服务商标在内。①

笔者认为这种论证方式不无疑问，行政法规与刑法在立法目的、宗旨上的不同，决定了刑法在适用上具有独立性，其并不从属于行政法规，犯罪行为的类型化概念以行政法规为基础但不由行政法规决定而由刑法自身决定，行政法规的特殊规定并不当然适用于刑法。前文已经论述在符合刑法目的性和国民可预测性的情况下，对于同一概念刑法可以作出与行政法规不同的解释。当然，从应然性上说，服务商标有纳入刑法保护的必要性，因为随着服务商标与人们日常生活的日益紧密，其价值也日益得到彰显与重视，很多服务商标的经济价值甚至远远大于一般的普通商标，假冒服务商标的社会危害与假冒商品商标的社会危害具有相当性，因此，将假冒服务商标的行为规定为犯罪符合刑法保护注册商标的目的。但这仅仅是从应然的角度分析，因为从实然角度，我国刑法第213条假冒注册商标只规定了一种实行行为，那就是在同一种"商品"上使用与他人注册商标相同的商标。有论者认为，服务商标属于注册商标所包含的一个子概念，因此在假冒注册商标行为中纳入假

---

① 参见张心向：《我国知识产权刑事保护现象反思——基于实体法规范的视野》，载《南开学报（哲学社会科学版）》2010年第4期。持相同观点的还有张明楷：《刑法学》（第五版），法律出版社2016年版，第730页；张明楷：《行政违反加重犯初探》，载《中国法学》2007年第6期。

冒服务商标的行为并无语义上的障碍，[①]但该观点混淆了一个概念，即此处需要解决的是“服务”能否解释为“商品”，而非“服务商标”能否解释为“注册商标”。显然，将“服务”解释为“商品”已经超出了“商品”的语义最远射程，突破了国民的预测可能性。

法律解释不能弥补法律漏洞，这是罪刑法定原则的底线，立法上的这一漏洞只能通过刑法修正来予以弥补。如《刑法修正案（四）》之前的刑法第155条第3项规定逃避海关监管将境外固体废物运输进境的，以走私罪论处。但实践中出现了走私液态废物和气体废物的案件，虽然《固体废物污染环境防治法》第75条规定了“液态废物和置于容器中的气态废物的污染防治，适用本法”，但刑事司法中却不能根据该条规定对走私液态废物和气体废物的案件定罪处罚。因此2002年12月《刑法修正案（四）》删除了第155条第3项规定，在第152条中增加一款，内容为“逃避海关监管将境外固体废物、液态废物和气态废物运输进境，情节严重的，处……”可见，立法上的漏洞应当通过立法修正来弥补，只有2020年《刑法修正案（十一）》将服务商标纳入了刑法第213条的保护范围，才从根本上解决了假冒服务商标能否入刑的问题。

六、不以行政法规规定“依法追究刑事责任”为必需

“构成犯罪的，依法追究刑事责任”的表述在我国行政法律规范中大量存在，那么行政犯罪的成立，是否以前置法规中具有这样的刑事责任条款为必要条件？

对此问题，学界一直有肯定说和否定说的争论。肯定说认为，“构成犯罪的，依法追究刑事责任”具有限定刑罚适用的功能，非刑事规范性文件在某种行为模式后面缀上刑事责任条款，表明此种行为具有社会危害性并需要借助刑罚来加以干预，若没有缀上刑事责任条款，则表明此种行为的社会危害性达不到需要借助刑罚来惩罚的程度。[②]因此，要对经济行为进行犯罪认定，就必须看这种经济违法行为是否在相关经济法规的刑事罚则中有明确规定。否定说则认为“构成犯罪的，依法追究刑事责任”中的“依法”是指依

① 袁博：《假冒服务商标同样可以构成假冒注册商标罪》，载《中华商标》2013年第4期。

② 参见刘树德：《政治视域的刑法思考》，北京大学出版社2007年版，第69页。

据刑法,[1] 非刑事规范中的附属刑事责任条款对于判定某一行为是否构成犯罪没有意义。[2]

笔者赞成否定说。与国外对行政犯罪大量采用附属刑法模式不同，我国不存在真正意义上的附属刑法。所谓附属刑法，是指立法机关在专门性刑法规范之外的民事法规、经济法规和行政法规中针对行政犯罪所设立的罪刑规范。[3] 这在英美法系国家和大陆法系国家都存在，如英国的《公司法》《金融服务法》等金融法律中规定了经济犯罪及处罚，日本的《证券交易法》规定了证券犯罪及处罚、《道路交通法》规定了道交法救护义务违反罪及处罚等。而我国行政犯罪的所有基本罪状和法定刑基本上均在刑法中加以规定，相关的行政法规中并没有独立的罪状和法定刑，只是在其处罚罚则中对刑事责任会做些宣告式的原则表述，如“构成犯罪的，依照有关法律规定追究刑事责任”。[4] 司法机关并不能根据行政法规中是否有这句原则性的表述而决定行为是否构成犯罪。如果在行政法中找不到某一行为行政违法性的具体内容，自然不能对该行为以行政犯罪论处；但是，当某违法行为被行政法所规制且也为刑法规范所包容，只是行政法中没有设立“依法追究刑事责任”的表述时，司法机关就不能借口“法无明文规定”对行为人不以相应的行政犯罪定罪处罚，刑事法律评价自身具有独立性。[5]

因此，行政犯罪的成立不以行政法规规定“依法追究刑事责任”为必需。如第一次修订前的《反不正当竞争法》第 25 条规定:“违反本法第十条规定侵犯商业秘密的，监督检查部门应当责令停止违法行为，可以根据情节处以一万元以上二十万元以下的罚款。”第 27 条规定:“投标者串通投标，抬高标价或者压低标价；投标者和招标者相互勾结，以排挤竞争对手的公平竞争的，其中标无效。监督检查部门可以根据情节处以一万元以上二十万元以下的罚款。”这两个条款分别对侵犯商业秘密和串通投标行为规定了行政法

---

① 陈甦：《析“构成犯罪的，依法追究刑事责任”》，载《人民法院报》2005 年 8 月 10 日。

② 涂龙科：《论经济刑法解释的独立性》，载《政治与法律》2011 年第 5 期。

③ 刘伟：《经济刑法规范适用原论》，法律出版社 2013 年版，第 26 页。

④ 刘宪权、张娅娅：《行政刑法立法原则重构》，载《刑事法学》2010 年第 3 期。

⑤ 张绍谦：《试论行政犯中行政法规与刑事法规的关系——从著作权犯罪的“复制发行”说起》，载《政治与法律》2011 年第 8 期。

律责任，且都没有缀上“构成犯罪的，依法追究刑事责任”的表述。但并不影响司法机关依据刑法第219条（侵犯商业秘密罪）和第223条（串通投标罪）的规定对达到起刑点的行为定罪。

相反，即使行政法规规定了刑事责任条款，但某一行政违法行为在刑法分则中找不到对应的处罚条文或者不符合刑法的独立评价时，也不能直接依据行政法定罪量刑。如《反垄断法》（2007年8月30日通过，2008年8月1日实施）第52条规定：“对反垄断执法机构依法实施的审查和调查，拒绝提供有关材料、信息，或者提供虚假材料、信息，或者隐匿、销毁、转移证据，或者有其他拒绝、阻碍调查行为的，由反垄断执法机构责令改正，对个人可以处二万元以下的罚款，对单位可以处二十万元以下的罚款；情节严重的，对个人处二万元以上十万元以下的罚款，对单位处二十万元以上一百万元以下的罚款；构成犯罪的，依法追究刑事责任。”但该条规定的行为模式在刑法中找不到相应的罪行规定，司法机关并不能依据本条规定对行为人定罪量刑。

虽然行政法规的刑事责任条款不影响刑法上对行为的定罪量刑，但其也不像有学者所称的那样是“稻草人条款”，仅具有形式上的威吓和宣示意义，[①] 甚至是一句废话，只能反映立法活动存在严重的刑罚崇拜和立法态度的轻率与焦躁，使法律用语显得戾气浓厚。[②] 笔者认为，行政法规中的刑事责任条款并非毫无意义：

第一，对社会公众而言其具有宣示功能。行政法规涉及社会生活各个领域，相关专业领域的从业人员对本领域的法律知识具有基本的了解，因此，即使这些从业人员不熟悉刑法，但也至少可以从规范本行业的行政法规中了解有些违反行政法规的行为是可能构成犯罪，受到刑事追究的。

第二，对行政机关而言具有提示功能。行政犯罪的最初表现形式是行政违法，最早接触和处理行政违法的是行政机关而非刑事侦查机关。行政法规中的刑事责任条款能提醒行政机关将涉嫌构成犯罪的案件移送司法机关处理，只有行政执法与刑事司法衔接顺畅才能保证行政犯罪得到及时充分的

---

① 涂龙科：《经济刑法规范特性研究》，上海社会科学院出版社2012年版，第100页。

② 参见陈甦：《析“构成犯罪的，依法追究刑事责任”》，载《人民法院报》2005年8月10日。

追究。

第三，对立法机关而言具有督促功能。行政法规与刑事法律之间不乏因脱位而衔接不畅、因矛盾而适用冲突之处，行政法规的刑事责任条款能够督促立法机关在立法或修订法律时，多加考虑法律之间的协调，从而完善立法。有些行为在行政法规中规定了刑事责任条款，但因刑法中缺乏规定，导致无法对其追究刑事责任。立法机关在修订刑法时就必须考虑这些行为是否有追究刑事责任的必要，如果有，则应吸纳行政法规中的相关内容，将其入罪处理。如果没有入罪的必要，则要考虑对行政法规的修订，因为如果行政法规中大量刑事责任条款都无法对应刑法的话，会导致条文落空，不利于法律的威信与执行力。而这样一个双向修订的过程在我国立法中确实存在。前者如 1999 年 10 月 31 日修订的《会计法》第 44 条规定，“隐匿或者故意销毁依法应当保存的会计凭证、会计账簿、财务会计报告，构成犯罪的，依法追究刑事责任”，但刑法条文中并没有对应的条款与罪名，导致该条款实际被虚置。1999 年 12 月 25 日刑法修正案新增了隐匿、故意销毁会计凭证、会计账簿、财务会计报告罪，就是根据《会计法》前述规定和惩治犯罪的实际需要增加的新罪名。① 后者如 2005 年修订的《公司法》和《证券法》都一改以往在多个法律条文后面缀上“构成犯罪的，依法追究刑事责任”的立法方式，而是在“法律责任”中用一个统一的条款规定“违反本法规定，构成犯罪的，依法追究刑事责任”，避免了过去在行政法规中规定刑事责任条款的行为却因为缺乏刑法照应而被空置的尴尬。

七、行政上无管辖权不意味着刑事上无管辖权

涉公司、企业类经济金融违法犯罪行为，有可能面临行政管辖权和刑事管辖权上的不一致，前者以公司、企业注册地为管辖原则，而后者则以主要经营地和犯罪行为地、结果地为管辖原则，在刑事司法中应当遵循刑事诉讼法规定的原则确定案件管辖地。这在处理发生在我国境内的案件时基本不会产生争议，但是对于一些跨境犯罪则可能面临较大争议。以笔者办理的全国

---

① 参见黄太云:《刑法修正案解读全编》，人民法院出版社 2011 年版，第 265-266 页。

首例利用沪港通账户内幕交易港股案[①]为例，引发了学界对跨境证券犯罪管辖问题的关注。

跨境证券犯罪是在国际证券市场逐步实现全球化与一体化的背景下产生的。2014年4月10日，中国证券监督管理委员会、香港证券及期货事务监察委员会联合发布公告开展沪港股票市场交易互联互通机制试点（以下简称沪港通）。同年9月4日，沪港通《四方协议》在上海证券交易所签署。同年11月17日，沪港通下的股票正式开通交易。[②]该制度是我国资本市场对外开放的重要内容，有利于加强两地资本市场联系，推动资本市场双向开放，具有增强我国资本市场综合实力、巩固沪港金融中心地位等多方面积极意义。但是由于沪港两地金融投资环境以及有关证券市场法律制度的差异，在跨境证券市场的监管上仍存在着一些空白点，如内地对于证券投资者通过港股通在联交所交易港股的犯罪行为是否具有刑事司法管辖权法律上并没有明确规定，在《沪港通项目下中国证监会与香港证监会加强监管执法合作备忘录》中也没有明确规定，也导致了争议的产生。有学者认为，《中国证券监督管理委员会、香港证券及期货事务监察委员会联合公告》（以下简称《联合公告》）第3条[③]和《内地与香港股票市场交易互联互通机制若干规

① 上海市高级人民法院刑事判决书，（2019）沪刑终89号。该案简要案情为：桑某某系A证券投资银行总部副董事，其通过参与会议等方式获悉了B公司准备收购C公司（香港上市公司）的内幕信息，并将信息泄露给上诉人陈某。陈某在内幕信息敏感期内，利用其任职的D资管公司名下的14个私募基金账户及其个人控制的22个自然人账户，通过港股通买入C公司股票共计752.75万股，获利1.25亿余元。

② 根据《中国证券监督管理委员会、香港证券及期货事务监察委员会联合公告——预期实行沪港股票市场交易互联互通机制试点时将需遵循的原则》，沪港通是指上海证券交易所和香港联合交易所（以下简称“联交所”）允许两地投资者通过当地证券公司（或经纪商）买卖规定范围内的对方交易所上市的股票。沪港通包括沪股通和港股通两部分。沪股通是指投资者委托香港经纪商，经由香港联合交易所设立的证券交易服务公司，向上海证券交易所进行申报（买卖盘传递），买卖规定范围内的上海证券交易所上市的股票。港股通是指投资者委托内地证券公司，经由上海证券交易所设立的证券交易服务公司，向香港联合交易所进行申报（买卖盘传递），买卖规定范围内的香港联合交易所上市的股票。

③ 《联合公告》第3条：两地交易所、证券交易服务公司及登记结算机构应当依法履行沪港通各项职责，组织市场各方有序开展沪港通业务。

定》（以下简称《若干规定》）第 3 条[①]都规定了主场原则。在无特殊规定的情况下，有关的沪港通证券交易、结算以及市场监管等方面都应当沿用两地原有法律规则。[②]在市场监管层面上，监管权由被投资市场的监管机构行使，即任何有关投资内地沪股监管由中国证监会负责，同理，有关港股通投资由香港证监会负责。进而有学者基于证券犯罪所具有的行政犯属性，得出内地对于自身投资者通过港股通在联交所交易港股的行为不具有刑事管辖权的结论，并认为如果港股通内幕交易犯罪的刑事管辖权归属于内地，那么无异于将以《四方协议》为代表的已经明确了“主场原则”的各项规定弃之不用，不符合现有的法律规定和基本的法理。[③]对上述观点，笔者不能认同，笔者认为内地对桑某某等人泄露内幕信息、内幕交易案具有刑事管辖权，具体可以从以下四方面论证。

1. 从刑事管辖权角度分析，内地具有刑事管辖权。

第一，本案属于跨境证券犯罪行为。该跨境行为中被告人住所地、获取内幕信息和泄露内幕信息地以及内幕交易的发起、结算和实际获取犯罪所得地均在内地，且由于沪港通对人民币跨境投资额度实行总量管理并设置有每日额度，因此通过沪港通内幕交易必然影响内地其他投资者的投资权利，内地属于犯罪结果发生地之一，根据我国刑法的管辖原则，内地对本案有刑事管辖权。

第二，本案属于刑事管辖权的竞合。我国由于历史原因，在一个主权国家内存在多个法域，由此产生区际刑事管辖权的竞合。只有那些无论是犯罪行为还是犯罪结果都完全发生在香港、与内地无关的案件，香港才拥有专属司法管辖权。而对于跨越两地的刑事案件，香港和内地都有刑事管辖权，处理区际刑事管辖权竞合的原则一般以地域原则为主，以利于合理有效地惩治

① 《若干规定》第 3 条：内地与香港股票市场交易互联互通机制遵循两地市场现行的交易结算法律法规。相关交易结算活动遵守交易结算发生地的监管规定及业务规则，上市公司遵守上市地的监管规定及业务规则，证券公司或经纪商遵守所在地的监管规定及业务规则，投资者遵守其委托的证券公司或经纪商所在地的投资者适当性监管规定及业务规则，本规定另有规定的除外。

② 参见曹凤岐：《沪港通的主场原则与变通处理》，载《中国财经报》2014 年 9 月 30 日。

③ 参见刘宪权：《跨境证券犯罪刑事管辖及法律适用探讨》，载《政治与法律》2021 年第 4 期。

防范犯罪原则为辅。从地域原则来看，如前所述，内地属于犯罪地之一，内地具有管辖权。从合理有效惩治犯罪原则来看，被告人首先由内地公安机关抓获，主要证据都在内地，且内地司法机关已搜集了足够的证据，本案由内地管辖完全符合这一原则。

2. 从《四方协议》的效力角度分析，交易所和证券登记机构无权就司法尤其是刑事司法管辖权作出约定。司法管辖权属于立法问题，只有法律才能作出规定。而《四方协议》（2014 年 9 月 4 日）的签订主体是香港联合交易所有限公司、上海证券交易所以及香港中央结算有限公司（以下简称“香港结算”）、中国证券登记结算有限责任公司（以下简称“中国结算”）。这四方均不属于立法机关，无权就司法尤其是刑事司法管辖权作出约定或者规定。

3. 从《四方协议》的规则解释角度分析，“主场原则”指的应当是与股票交易和结算相关的规则应遵循两地市场现行规则。《四方协议》第 6 条：“通过沪股交易通向上交所提交的或在上交所执行的所有订单应遵守上交所的业务规则和程序以及内地适用法律的规定；通过港股交易通向联交所提交的或在联交所执行的所有订单应遵守联交所的规则和程序以及香港适用法律的规定。”其本意指的应当是与股票交易及结算相关的事项要遵循两地市场现行规则，而非针对违法犯罪行为的法律适用和管辖而言。

第一，从主体权限分析，如上所述，《四方协议》的签订主体是交易所和结算机构，其只能对与交易和结算相关的事项作出规定。

第二，从体系解释分析，沪港通是加强两地资本市场联系、推进我国资本市场双向开放、巩固上海和香港两个金融中心地位的积极尝试，因此香港和内地的证监会及相关市场主体制定或签订了一系列文件或协议，对任何一个规定都应当体系性理解，而不能关注其一不及其他。中国证监会与相关证券及期货事务监察委员会 2014 年 4 月 10 日发布的《联合公告》可谓是沪港通机制建立的框架性和纲领性文件，该公告第 3 条规定，“沪港通遵循两地市场现行的交易结算法律法规和运行模式”，其涉及的主要制度要点包括适用的交易、结算及上市规定，结算方式，投资标的，投资额度，投资者五个方面，其中适用的交易、结算及上市规定的表述是“交易结算活动遵守交易结算发生地市场的规定及业务规则。上市公司将继续受上市地上市规则及其他规定的监管”。因此，重点是关于交易结算的业务规则。2014 年 4 月 25 日证监会 101 号令《沪港股票市场互联互通机制试点若干规定》和 2016 年 9 月 30 日证监会 128 号令《内地与香港股票市场交易互联互通机制若干规定》是对《联合公告》精神的具体化，两个文件第 3 条规定“内地与相关股票市场交易互联互通机制遵循两地市场现行的交易结算法律法规。相关交易结算活动遵守交易结算发生地的监管规定及业务规则……”从这些表述来看，这一系列的规定主要是鉴于两地交易结算规则的差异（包括交易时间、涨跌幅限制、日内回转交易、股票交收时间、股票报价显示、每手交易单位、报价价位限制、停牌制度、退市制度等都有差异），以属地为主兼顾差异为原则，从交易和结算的业务规则角度明确了遵循两地现行制度，《四方协议》第 6 条也应当从这个角度理解。

第三，从 128 号令分析。该《规定》第 1 条即明确了其法理依据为《证券法》和其他相关法律、行政法规；第 16 条规定“对违反法律法规、本规定及中国证监会其他有关规定的，中国证监会依法采取监督管理措施；依法应予行政处罚的，依照《证券法》《行政处罚法》等法律法规进行处罚；涉嫌犯罪的，依法移送司法机关，依法追究刑事责任。中国证监会与香港证券及期货事务监察委员会和其他有关国家或地区的证券监督管理机构，通过跨境监管合作机制，依法查处内地与香港股票市场交易互联互通机制相关跨境违法违规活动”。由此亦可见，对于跨境违法违规活动，内地和香港均具有行政处罚权和刑事处罚权，亦不排除适用《证券法》。

4. 从沪港通交易的实际过程分析，内地属于交易结算地。港股通证券交易涉及各个环节，其中只有交易指令达成时是按照香港市场的规则，结算是由香港结算按照成交结果将所有的内地投资者的交易与中国结算进行清算交收，除这两个环节外，其他的环节包括账户开立与使用、交易指令申报以及投资者与券商之间的结算都是适用内地的规范，因此内地属于交易结算地。

第四章　具体行政行为对行政犯定罪的影响

除行政法规范外，具体行政行为[①]对行政犯定罪亦有重大影响，这一点在以往的学术研究中被忽视。绝大多数研究成果都是站在行政相对人的角度，考查相对人的行为是否违反了行政法规范，进而研究行政违法与行政犯罪之间的区分与衔接。而如果转换视角，从行政主体的角度考查，就会发现无论是在刑事立法抑或刑事司法中，行政主体实施的具体行政行为都对行政犯定罪有着重大影响。尤其是违法行政行为[②]，将面临着行政法领域的公定力原则与刑法领域的刑事司法审查原则之间的冲突与拷问，更需我们以交叉学科的研究方法审慎厘清二者的纠葛，建立刑事司法中审查具体行政行为效力的基本原则。

第一节　具体行政行为影响行政犯定罪的法律表现

具体行政行为，是指具有行政权能的组织针对特定行政相对人适用行政法规范所作的、只对该特定行政相对人具有约束力的行政行为。[③]从刑法条

---

① 根据我国《行政诉讼法》第 2 条规定，行政相对人只能对具体行政行为提起行政诉讼。最高人民法院于 1991 年颁布了《关于贯彻执行〈中华人民共和国行政诉讼法〉若干问题的意见（试行）》，第 1 条即对具体行政行为的定义作出了规定。但 2000 年最高人民法院又颁布了《关于执行〈中华人民共和国行政诉讼法〉若干问题的解释》，同时宣布 1991 年《意见》废止，该《解释》第 1 条以行政行为取代了具体行政行为概念。此后的 2015 年和 2018 年司法解释中仍然未对具体行政行为作出定义性规定。但笔者认为，具体行政行为仍有理论和实践存在的必要，且为了行文和理解方便，本书仍将行政行为作为具体行政行为和抽象行政行为的上位概念使用。

② “行政违法”在刑法学界被公认的理解为行政相对人的行为违法，为区分“行政违法”，笔者将行政主体的违法行为称为“违法行政”。

③ 方世荣、石佑启主编：《行政法与行政诉讼法》，北京大学出版社 2022 年版，第 144 页。

文来看，具体行政行为对行政犯定罪的影响表现为作为入罪要素和作为出罪事由两方面。

一、具体行政行为作为入罪要素

（一）以违反行政命令作为入罪要素

刑法中规定的一些行政犯，除要求违反相应行政法规范外，还以相对人违反行政命令，即拒不履行行政机关科以的作为或不作为义务为入罪要素。

行政法上认为，行政命令一经作出，便为行政相对人设定了义务，无论该行政命令是否合法或者适当，相对人都必须依行政命令为一定的行为或者不为一定的行为，否则将引起行政处罚或行政强制执行的后果。[①] 而刑法作为最严厉的制裁法，为特定的行政命令得以执行设置了最后一道保障，此时，违反行政命令则成为入罪要素。如《刑法修正案（八）》新增第 276 条之一规定的拒不支付劳动报酬罪，“以转移财产、逃匿等方法逃避支付劳动者的劳动报酬……经政府有关部门责令支付仍不支付的，处三年以下有期徒刑或者拘役……”根据该条规定，如果缺少劳动监管部门的责令支付，即使行为人逃避支付劳动报酬且数额较大，也不能追究刑事责任。《刑法修正案（九）》新增第 286 条之一规定的拒不履行信息网络安全管理义务罪，“网络服务提供者不履行法律、行政法规规定的信息网络安全管理义务，经监管部门责令采取改正措施而拒不改正，有下列情形之一的，处三年以下有期徒刑、拘役……”同样以监管部门采取监管措施为入罪前提。类似的还有第 139 条规定的消防责任事故罪（经消防监督机构通知采取改正措施而拒绝执行），第 288 条规定的扰乱无线电通讯管理秩序罪，第 296 条规定的非法集会、游行、示威罪（拒不服从解散命令），第 330 条规定的妨害传染病防治罪（拒绝执行县级以上人民政府、疾病预防控制机构依照传染病防治法提出的预防、控制措施）等。

（二）以受过行政处罚作为特定情形下的入罪前提

行政处罚是行政主体为达到对违法者予以惩戒，促使其以后不再犯，有

---

① 姜明安主编：《行政法与行政诉讼法》（第七版），北京大学出版社、高等教育出版社 2019 年版，第 268 页。

效实施行政管理的手段。[①] 与其他具体行政行为不同之处在于，行政处罚具有明显的制裁性。我国一些行政犯以行为人曾受过行政处罚作为特定情形下的入罪前提。如刑法第 201 条第 4 款的但书规定，被税务机关给予二次以上行政处罚的纳税人不得因为经通知后补缴税款而免受刑事责任的追究。第 153 条第 1 款第一项、第 290 条第 3 款、第 351 条第 1 款第二项分别将“一年内曾因走私给予二次以上行政处罚后又走私的”“经行政处罚后仍不改正”“经公安机关处理后又种植的”作为入罪情节。除刑法规定外，大量司法解释也将受过行政处罚作为行政犯入罪要素。如最高人民法院 1998 年颁布的《关于审理非法出版物刑事案件具体应用法律若干问题的解释》第 14 条 [②]、2000 年颁布的《关于审理扰乱电信市场管理秩序案件具体应用法律若干问题的解释》第 3 条 [③]、2008 年颁布的《关于审理非法行医刑事案件具体应用法律若干问题的解释》第 2 条 [④]、2010 年颁布的《关于审理非法集资刑事案件具体应用法律若干问题的解释》第 8 条 [⑤]、2013 年颁布的

① 姜明安主编：《行政法与行政诉讼法》（第七版），北京大学出版社、高等教育出版社 2019 年版，第 271 页。

② 该条规定：“实施本解释第十一条规定的行为，经营数额、违法所得数额或者经营数量接近非法经营行为“情节严重”、“情节特别严重”的数额、数量起点标准，并具有下列情形之一的，可以认定为非法经营行为“情节严重”、“情节特别严重”：（一）两年内因出版、印刷、复制、发行非法出版物受过行政处罚两次以上的；……”

③ 该条规定：“实施本解释第一条规定的行为，经营数额或者造成电信资费损失数额接近非法经营行为“情节严重”、“情节特别严重”的数额起点标准，并具有下列情形之一的，可以分别认定为非法经营行为“情节严重”、“情节特别严重”：（一）两年内因非法经营国际电信业务或者涉港澳台电信业务行为受过行政处罚两次以上的；……”

④ 该条规定：“具有下列情形之一的，应认定为刑法第三百三十六条第一款规定的“情节严重”：……（四）非法行医被卫生行政部门行政处罚两次以后，再次非法行医的；……”

⑤ 该条规定：“广告经营者、广告发布者违反国家规定，利用广告为非法集资活动相关的商品或者服务作虚假宣传，具有下列情形之一的，依照刑法第二百二十条的规定，以虚假广告罪定罪处罚：……（三）二年内利用广告作虚假宣传，受过行政处罚二次以上的；……”

《关于办理环境污染刑事案件适用法法律若干问题的解释》第1条[①]、2016年颁布的《关于审理发生在我国管辖海域相关案件若干问题的规定（二）》第3条第（三）项规定[②]等；最高人民检察院2002年颁布的《关于办理非法经营食盐刑事案件的具体应用法律若干问题的解释》第2条[③]；最高人民检察院、公安部2022年颁布的《关于公安机关管辖的刑事案件立案追诉标准的规定（二）》第3条（虚报注册资本罪）、第4条（虚假出资、抽逃出资罪）、第23条（非法吸收公众存款罪）、第30条（内幕交易、泄露内幕信息罪）、第31条（利用未公开信息交易罪）、第34条（操纵证券、期货市场罪）、第57条（虚开发票罪）、第67条（虚假广告罪）、第68条（串通投标罪）、第71条（非法经营罪）、第72条（非法转让、倒卖土地使用权罪）、第73条（中介组织人员提供虚假证明文件罪）等。

（三）以相关行政确认作为入罪的重要依据

行政确认是行政主体依法对行政相对人的法律地位、法律关系或有关法律事实进行甄别，给予确定、认可、证明或者否定并予以宣告的具体行政行为[④]，主要有确定、认定（认证）、证明、登记和鉴证五种具体形式。[⑤]行政确认广泛地存在于现代生活的方方面面，并影响公民的权利和义务。如对年龄、婚姻等个人身份的确认，对公司设立消亡、公司性质等法人身份的确认，对土地所有权、商标权、专利权等事实的确认，对交通事故、医疗事故、安全事故等事故责任的确认等。

① 该条规定："实施刑法第三百三十八条规定的行为，具有下列情形之一的，应当认定为"严重污染环境"：……（五）两年内曾因违反国家规定，排放、倾倒、处置有放射性的废物、含传染病病原体的废物、有毒物质受过两次以上行政处罚，又实施前款行为的；……"

② 该项规定为，因非法进入我国领海被行政处罚后，一年内又非法进入我国领海，应当认定为《刑法》第322条规定的情节严重。

③ 该条规定："非法经营食盐，具有下列情形之一的，应当依法追究刑事责任：……（二）曾因非法经营食盐行为受过二次以上行政处罚又非法经营食盐，数量在十吨以上的。……"

④ 行政确认与直接设定相对人权利义务的行政行为也有所区别，因此行政法上有许多学者将其称为"准行政行为"。

⑤ 参见姜明安主编：《行政法与行政诉讼法》（第七版），北京大学出版社、高等教育出版社2019年版，第249-251页。

行政确认对行政犯定罪有着重大影响。虽然刑法条文并未明确将行政确认作为行政犯罪的前提，但一方面，行政确认可以被解读为某些法条的应有之义。如刑法第 213 条规定的假冒注册商标罪中“未经注册商标所有人许可”，在商标行政管理部门注册登记是主张商标所有权的法律依据，因此，商标注册登记是认定构成本罪的前提。另一方面，随着专业的不断细分与深化，审判活动中的事实审和法律审逐渐出现职能分离，司法活动对行政确认的需求也日益增多。如公安机关对交通事故责任的认定和产品质量部门对商品质量的鉴定就分别是刑事司法中认定交通肇事罪和生产、销售伪劣产品罪的重要依据。

二、具体行政行为作为出罪事由

（一）行政许可阻却犯罪

行政许可，是指在法律规范一般禁止的情况下，行政主体根据行政相对人的申请，经依法审查，通过颁发许可证或者执照等形式，依法准予特定的行政相对人从事特定活动的行政行为。[①] 与行政处罚、行政命令等不同，行政许可是一种授益性行政行为。它是对法律一般禁止的解禁，这对被许可人来说意味着获得了某种“特权”，即免除了其一定义务，使其可以行使某种权利或者获得行使某种权利的资格。而如果相对人未获得行政许可而从事某些特定活动，则不仅违反了行政法规范，也可能因此被认定为行政犯罪。换言之，行政许可是某些行政犯罪的阻却事由，在刑法条文中表现为“未经……许可”“未经……批准”“未取得……许可证”等。如第 154 条规定的构成走私普通货物、物品罪的后续性走私行为，第 174 条规定的擅自设立金融机构罪，第 179 条规定的擅自发行股票、公司、企业债券罪，第 225 条规定的非法经营罪，第 296 条规定的非法集会、游行、示威罪，第 343 条规定的非法采矿罪等。

---

① 姜明安主编：《行政法与行政诉讼法》（第七版），北京大学出版社、高等教育出版社 2019 年版，第 225 页。值得说明的是，本书在定义中还将“不准予”也作为行政许可的表现形式，书中的理由是行政机关所作的“准予”和“不准予”都是行政许可决定。但笔者在引用定义时将“不准予”删除了，因为笔者此处讨论的是行政许可对犯罪的阻却作用，如果行政机关“不准予”相对人从事特定活动而相对人依然从事了，自然不存在阻却一说。

值得注意的是，行政许可可以阻却特定行政犯罪的构成，并不意味着它可以阻却行为人因此而承担其他犯罪的刑事责任。如非法进行节育手术罪的犯罪主体是未取得医生执业资格的人，即取得医生执业资格可以阻却非法进行节育手术罪的构成，但取得医生执业资格的人进行节育手术，因严重不负责任而造成他人身体健康严重受损的，依法构成医疗事故罪，而非不构成任何犯罪。

（二）以接受过行政处罚作为阻却刑事责任的事由

接受过行政处罚既可以是入罪因素，也可以是责任阻却事由。后者在我国刑法中仅表现在第 201 条规定的逃税罪，即“纳税人采取欺骗、隐瞒手段进行虚假纳税申报或者不申报，逃避缴纳税款数额较大……，经税务机关依法下达追缴通知后，补缴应纳税款，缴纳滞纳金，已受行政处罚的，不予追究刑事责任。但是，……除外。”

第二节 具体行政行为影响行政犯定罪的法理依据

具体行政行为可以影响行政犯定罪，是否意味着刑事司法权被分解或让渡给行政机关呢？笔者认为答案是否定的。其合理性可以从以下几方面进行分析。

一、行政犯罪侵犯的法益与具体行政行为介入的领域具有高度契合性

自然犯罪所侵犯的法益基本集中在生命、身体、自由、财产等传统的个人法益，而行政犯侵犯的法益除了少数为个人法益（如个人信息）外，大多表现为公共安全、社会秩序、经济金融秩序、生态环境等超个人法益。有学者称，出现了“环境”“秩序”之类的，难以还原为人的生命、身体、自由、财产、名誉、感情等具体生活利益的抽象法益，是侵害法益原则所面临的危机之一。[①] 笔者则认为，与其说超个人法益的出现是法益理论的危机，不如说是刑法对社会形态和形势所做的回应与适应。因为，“刑法不应该忽

① 黎宏：《法益论的研究现状和展望》，载《人民检察》2013 年第 7 期。

视世界变迁，而必须应该整合这些变迁及其理念”[①]，“必须适应具体社会中对法益保护的现实要求”。[②]将环境等新兴制度性情状，通过法益概念的整合，纳入法益保护体系之中，不仅获得了处罚的正当性与必要性，同时也巩固了刑法以法益为中心的规范保护目的，从而维护了法益概念本身的理论重要性。[③]

随着社会高速发展和情况的日益复杂化，现代社会已进入乌尔里希·贝克所称的“风险社会”，与早期的危险不同，一旦现代意义上的风险转化为现实损害，将不仅危及当代人的生存，也决定着未来的命运。针对一些风险现实化的损害，现代社会里公众的不安感和恐惧感日益增强，即使动用最严厉的刑罚来消除或减弱公众这种畏惧感，社会也呈现出宽容的态度。[④]

与此同时，行政行为对社会生活的介入也经历了由消极到积极的变化。19世纪的自由法治国家将行政权限定在最低必要限度，任何超越这一限度的行政介入，都被视为无用的或者不必要的。到19世纪末20世纪初，随着社会财富的急剧增多、社会关系的日益复杂，包括就业、医疗、交通、教育、环境等在内的社会问题也日趋严重并威胁到每一个人的生存，自由法治国所崇尚的自律自主、个人自由、有限政府等形式法治观逐渐让位给实质法治观，实质法治更多地考虑法律的实质内容，诸如经济与非经济、福利与非福利、民主与非民主、公平与非公平等。[⑤]国家的治理形式逐渐向福利国家转变，政府的行政职能和行政目的大大增强，并被赋予了无限的期望，行政权的行使得以强化和维护。而具体行政行为作为行政主体行使行政权的重要手段，自然对社会生活的介入更主动也更广泛。从传统的国防、外交、治安、税收到现代的贸易、金融、环境、交通、社会保险，无不受到具体行政行为的干预和调整。

---

① ［德］罗克辛：《法益讨论的新发展》，许丝捷译，载《月旦法学杂志》2012年第211期。

② ［日］大塚仁：《犯罪论的基本问题》，冯军译，中国政法大学出版社1993年版，第14页。

③ 参见黄鹏：《刑法法益的学术谱系》，载《西部法学评论》2020年第3期。

④ 舒洪水、张晶：《法益在现代刑法中的困境与发展——以德、日刑法的立法动态为视角》，载《政治与法律》2009年第7期。

⑤ 参见［英］罗伯特·萨默斯：《形式法治理论》，钱弘道译，载夏勇主编：《公法》（第二卷），法律出版社2000年版，第113页。

通过对比不难发现，现代风险社会里，行政犯罪侵犯的法益与具体行政行为介入的领域具有高度契合性。尤其在生态、环境、卫生、医疗、食品、金融等领域，单靠市场这只“看不见的手”已无法有效控制各种风险，政府不得不通过各种抽象行政行为和具体行政行为来调节和管理，当行政管理亦失灵或不足之时，刑法就成为风险控制机制的一部分，反映在法益上，则表现为法益保护的时间提前和法益保护的内容扩展。从集中于对个人法益的保护扩展到对超个人法益的保护，这一“任务”的完成无疑离不开刑法中行政犯罪的设置。

二、行政犯罪的刑事审判对具体行政行为具有一定依赖性

在自然犯占绝对地位的刑法时代，刑事审判的事实审和法律审是基本合一的，即法院在对事实作出确认的同时，相应的法律结论也随之而出。比如只要确认了行为人秘密窃取他人财物的基础事实，即可得出盗窃罪的法律结论。但在行政犯比重日益增大的刑法时代，刑事审判的事实审和法律审逐渐出现分离趋势。对刑法条文和司法解释的理解与适用、对犯罪构成的符合与否等法律问题的判断，法院依然是理所当然的最后权威。但对基础事实的确认，由于专业的细分化与精密化，法院不可能掌握所有行业和领域的知识，相反，相关的行政机关却是这些行业和领域的专家。除了依靠司法领域的证据规则进行事实认定，法院不得不越来越多地借力于行政机关的确认，事实审和法律审因此逐渐分离。例如生产、销售不符合安全标准的食品罪中，行为人生产、销售的食品是否符合安全标准；非法吸收存款罪中，行为人的行为是否吸收存款或变相吸收存款；非法经营罪中，行为人从事的业务是否证券、期货业务；污染环境罪中，行为人排放有害物质的行为是否给环境造成严重污染等问题，司法实践中一般都需要由相关行政机关的确认作为法院事实认定的基础。虽然司法判断不能依赖于行政确认，行政确认也非司法判断的必经程序，但行政确认却为司法判断提供了重要和专业的依据。

三、特定具体行政行为影响行政犯定罪与宽严相济刑事政策具有吻合性

刑事政策，作为国家与社会同犯罪作斗争的指导思想与策略，必然影响刑事立法和刑事司法。随着刑法谦抑理念和刑法人道主义思想的深入人心，

我国将宽严相济确立为基本的刑事政策，它要求“该严则严，当宽则宽，宽严互补，宽严有度”。[①] 笔者认为，宽严相济的刑事政策可以解释行政处罚在行政犯定罪问题上兼具入罪和刑事责任阻却两种看似矛盾的功能。

行政处罚的入罪功能是宽严相济中“严”的体现。行为人已因同样的行为受过二次行政处罚又进行同一违法行为，表现出对相关法益（往往是经济秩序、医疗安全等超个人法益）和对行政管理的藐视，具有较大的主观恶性和人身危险性，单纯的行政处罚已无法评价和遏制，从而产生国家动用刑罚权予以制裁的必要性，因此大量司法解释将这种情形规定为“情节严重”而入罪。

行政处罚的刑事责任阻却功能则是宽严相济中“宽”的体现。《刑法修正案（七）》对逃税罪的修正，将接受税务机关的行政处罚作为不予追究刑事责任的事由，既是对逃税行为性质的重新认识，[②] 也是对刑事政策的更深理解，因为“刑事政策视野下，尽可能不动用刑罚而提高纳税人的税收遵从度，使纳税人依法纳税，是逃税罪立法的最高境界”[③]。从效果而言，显然由于该条款的存在，致使在范冰冰案件后出现明星大量补缴税款，[④] 实现了立法目的。同时，这种“首罚不刑”的立法例将形式上符合犯罪构成但实质上不具备处罚必要性的行为予以出罪，起到了限缩逃税罪之犯罪圈的作用，契合刑法谦抑的要求。[⑤] 从行政治理角度分析，这种“行政法 + 刑事法”的协同共治结构通过保留刑事惩罚的可能性，激励行为人主动参与到行政法治理

---

① 最高人民检察院《关于在检察工作中贯彻宽严相济刑事司法政策的若干意见》（高检发研字〔2007〕2 号）第 2 条。相应的内容在最高人民法院 2010 年发布的《关于贯彻宽严相济刑事政策的若干意见》中亦有体现。

② 构成犯罪的逃税行为在《刑法修正案（七）》之前被称为偷税罪，但实际上逃税与“偷”毫不相干，它只是公民逃避纳税义务的行为，不同于小偷到国库里偷东西，因此，国外都称为“逃税”。具体论述参见黄太云：《刑法修正案解读全篇》，人民法院出版社 2011 年版，第 131–132 页。

③ 刘荣：《刑事政策视野下的逃税罪》，载《中国刑事法杂志》2010 年第 12 期。

④ 参见《截至 2018 年年底影视行业纳税人自查申报税款 117.47 亿元》，载《中国青年报》2019 年 1 月 25 日，第 8 版。

⑤ 参见丁安然：《“首罚不刑”原则之提倡——以〈刑法〉第 201 条规定为切入点》，载《南昌大学学报（人文社会科学版）》2021 年第 2 期。

中，实现行政法治理的充分性，最终真正实现对税收征管秩序的维护。[①]

第三节　具体行政行为的合法性与行政犯定罪

一、行政犯定罪过程中是否审查行政行为的合法性

以具体行政行为作为入罪前提的行政犯罪中，无法回避的一个问题在于具体行政行为是否必须合法，即刑事诉讼中是否审查行政行为的合法性？笔者持肯定态度。

（一）行政法的解释路径：有限公定力

在行政法学理论上，公定力被认为是行政行为效力的一个基本方面，即行政行为一经成立，不论是否合法，都推定为合法并具有拘束力。[②]如果对抗行政行为则会给自己带来不利后果，甚至承担妨害公务罪等犯罪的刑事责任。公定力的理论基础有“自我确信说”“预先特权说”“既得权说”“法安说”“适法推定说”等诸多学说。[③]笔者认为，公定力作为法律的一种推定，其正当性只有从行政行为与公共利益的联系中获取，而不能仅从行政行为自身角度得以证成。行政行为是作为公共利益合法代表的行政主体所作的一种意思表示，其目的是维护公共利益，只有在行政行为成立时就被推定为合法有效，才能迅速稳定权利义务关系，有效维护社会秩序，最大限度地实现公共利益。[④]否则，如果允许相对人任意的否定行政行为的合法性，社会将陷入混乱和无序。因此，行政行为公定力的存在也基于“行政法治”或“法治国”的目标。[⑤]

---

① 参见王帅：《逃税罪中的行刑反转条款：原理与解释》，载《当代法学》2021年第1期。

② 罗豪才：《行政法学》（第四版），北京大学出版社2016年版，第98页。

③ 国内行政法学界对公定力的研究现状可以参见黄学贤、张震：《行政行为公定力研究之学术梳理》，载姜明安主编：《行政法论丛》（第22卷），法律出版社2018年版，第1–95页。

④ 方世荣、石佑启主编：《行政法与行政诉讼法》（第六版），北京大学出版社2022年版，第153页。

⑤ 王雅琴：《再论行政行为的公定力》，载《国家行政学院学报》2015年第5期。

行政行为具有公定力，在行政法学界处于通说的地位，但无效行政行为是否具有公定力，即行政相对人对无效行政行为是否可以直接进行抵抗，则存在有限公定力和完全公定力两种对立的学说。有限公定力说认为，行政行为一般具有公定力，但具有重大且明显瑕疵的无效行政行为除外，任何人都可以无视它的存在或不予理睬，相对人也不必对无效行政行为提起诉讼。这是德、日等国的通说，葡萄牙、我国澳门和台湾地区也是采用有限公定力模式。完全公定力说认为，只要是行政行为，无论存在怎样的瑕疵，在被依法消灭之前都具有公定力。法国实行的是完全公定力模式。我国也有学者主张完全公定力说，并认为，对行政行为的推翻，只能由法定国家机关按照法定程序进行，对法院也没有例外。法院只能在行政诉讼及执行程序中，对行政行为予以否定或推翻。在刑事诉讼中，法院不应自行否定或推翻一个行政行为。如果涉及行政行为违法问题，法院应当告知被告人就该行为提起行政诉讼并中止审理刑事诉讼程序。[①] 笔者赞成有限公定力说，理由如下：

1. 具体行政行为与公共利益的联系在理论上具有应然性，但实然中二者会出现分离甚至背反。行政权有时因为其自身具有的主动性、强制性、易致侵害性等特点而实施偏离立法本意和公共利益的行政行为。在中国，历史上行政权与司法权长期合二为一,二者分离后依然呈行政权膨胀而司法权萎缩的状态，当下又处于行政规范和行政程序不健全、依法行政的水平仍有待提高的阶段，如果一味坚持完全公定力，无疑是为违法行政打开方便之门。如果违法行政行为的法律后果反而由相对人承担行政犯罪的刑事责任，则更是对相对人合法权益的毁灭性打击。

2. 我国立法上已认可了无效行政行为和相对人的抵抗权。1996 年通过并实施的《行政处罚法》第 3 条第 2 款规定：“没有法定依据或者不遵守法定程序的，行政处罚无效。”第 49 条规定：“行政机关及其执法人员当场收缴罚款的，必须向当事人出具省、自治区、直辖市财政部门统一制发的罚款收据；不出具财政部门统一制发的罚款收据的，当事人有权拒绝缴纳罚款。”虽然这仅适用于行政处罚的无效，且存在原则性过强、可操作性不大等弱点，[②] 但

① 有关有限公定力和完全公定力学说的论述，详见叶必丰：《行政行为的效力研究》，中国人民大学出版社 2002 年版，第 76-96 页。叶必丰教授本人持完全公定力说。

② 谭宗泽：《反思与超越：中国语境下行政抵抗权研究》，载《行政法学研究》2010 年第 2 期。

这两个条款仍被学者认为是“法律对公民拒绝权的明确承认，也是最著名、被最广泛引用的规定”。[①]《行政处罚法》经过2009年、2017年、2021年三次修正（订），仍保留了上述相关内容，而对无效行政行为的拒绝和抵抗，正是有限公定力说主张的观点，因此我国立法上亦是采取有限公定力立场。

（二）刑法的解释路径

1. 职务行为合法性

妨害公务罪是典型的行政犯罪，其目的在于保护行政管理秩序。关于本罪成立是否以公务人员职务行为的合法性为前提，有三种主要学说：积极说（肯定说），认为妨害公务罪的成立应以公务人员职务行为合法性为必要；消极说（否定说），认为本罪成立不以适法性为要件，只要公务人员的行为依照“社会通念”可以视为职务行为即可；折中说认为，本罪成立原则上以公务人员职务行为适法为必要，但不能严格的解释适法性，除职务行为有明显重大瑕疵欠缺适法性以外，如果仅仅是执行方式上有微小瑕疵或并未违背法律的严格规定，应解释为适法。积极说是包括我国在内的多数国家的立法例所肯定的，[②]也是刑法理论的通说。[③]

笔者认为，上述三种学说是国家权威与个人权利在刑法领域博弈的反映，如今已形成共识的是，国家权威的维护不能以牺牲公民个人合法权利为代价。消极说根本不考虑合法性，是必须摈弃的，积极说和折中说都认为妨害公务罪成立必须以职务行为合法性为前提，二者的区别只在于如何判断合法性。

2. 正当防卫

从行政主体角度看，公务人员的违法行政行为，比如没有公务权力来源、超越法定职权、缺少执法依据、违反公务程序等，都将影响公务的合法性，[④]不但不会产生行政行为预期的法律效果，而且行政主体还会因此承担法律责任，甚至可能构成滥用职权罪、非法拘禁罪、非法搜查罪、非法侵入住

① 何海波：《公民对行政违法行为的藐视》，载《中国法学》2011年第6期。

② 转引自沈岿：《行政行为公定力与妨害公务——兼论公定力理论研究之发展进路》，载《中国法学》2006年第5期。

③ 张明楷：《刑法学》（第五版），法律出版社2016年版，第1031—1032页。

④ 李林：《妨害公务罪中的公务合法性及相对人配合义务》，载《政治与法律》2016年第11期。

宅罪等犯罪。从行政相对人角度看，我国刑法并未将行政行为排除在正当防卫的对象之外，意味着相对人可以将公务人员严重违法的行政行为作为不法侵害而予以正当防卫。在这一点上，刑法与行政法上的抵抗权不谋而合。

综上，无论是从行政法还是从刑法角度解释，行政行为的公定力都只是一种推定的效力，是可以被推翻的，推翻的途径之一就是刑事诉讼中的司法审查。在以行政行为为入罪前提的行政犯定罪过程中必须考查行政行为的合法性，不必另行通过行政诉讼否定行政行为。比如轰动全国的2002年陕西延安“夫妻黄碟案”，在检察机关以认定“妨害公务”的证据不足，不批准逮捕之后，公安机关撤销案件，[①] 实质就是司法机关在刑事案件审查过程中因公务行为不具合法性而否定其效力。相反，如果把刑事诉讼中遇到的行政行为合法性问题一味推给行政诉讼解决，必会将一个简单的问题拖入冗长的诉讼中，在诉讼效率上导致无法承受的诉累，直接影响着司法正义的实现。[②]

二、具体行政行为的刑事司法审查原则

除行政主体被诉相关的职务犯罪，其职务行为成为被诉对象外，在追究相对人行政犯罪的刑事诉讼中，“行政行为不是诉讼标的，即便本诉标的与行政行为具有密切联系，但按照不告不理之司法原则，此时法院对行政行为也不应直接审理”，倘若被告人抗辩行政行为违法，“法院也只是将该行政行为作为证据，按照诉讼证据规则予以适用”。[③] 实践中具体行政行为大多情况下是以公权力文书，例如行政处罚决定书、行政许可批准文书或证照、行政登记、事故认定书、行政机关答复等形式出现的。笔者认为，这些应当被视为刑事诉讼八种法定证据形式中的书证，司法机关经过审查后既可以采信也可以不采信。对这些证据进行审查的原则为：以形式审查为基本方式，以实质审查为例外。

（一）以形式审查为基本方式

以形式审查为基本方式，是指司法机关在一般情况下应给予行政机关足

① 《夫妻家中看黄碟，当事人被解除取保候审》，载搜狐网，http：//news.sohu.com/48/66/news204776648.shtml。

② 邵砚涛：《刑事证据视野下的具体行政行为探究》，载《政法论丛》2010年第6期。

③ 参见黄全：《行政行为效力制度研究——以行政程序法的制定为视角》，中国政法大学出版社2020年版，第65页。

够的尊重，这是由行政权和司法权的分立和分工所决定的。“如果司法权同行政权合二为一，法官便拥有了压迫者的力量”[①]，如果司法机关对刑事诉讼中涉及的具体行政行为一律进行事无巨细、从头来过的全方位审查，不仅是有将司法权与行政权合二为一之嫌，也会带来诉讼效率的低下，且无法保证结论一定符合实质正义的要求。因为现代行政管理涉及的领域非常广泛，每个领域都有各自的专业性和复杂性，行政机关每天都通过具体行政行为处理专业领域的行政问题，因而拥有更多的专业知识和经验，相比较于法官，行政机关往往能对专业领域的问题作出更专业的判断。因为日益细密和具体的现代分工使得法院和法官不可能具有每一行政领域的专门知识和经验[②]，从这个角度而言，对具体行政行为的尊重就是对专业和知识的尊重，当某一争议涉及政策以及资源分配等专业性、技术性问题时，法官应当保持谨慎，在尊重行政机关的专业性判定基础上，获取共识。[③]因此，英美法系国家的法院往往对行政机关的判断采取尊重态度，[④]对于技术性强及需要行政机关自由决定等事项，大陆法系的法国的法院也往往尊重行政机关的权力。[⑤]

（二）以实质审查为例外

以实质审查为例外，是指司法机关在特殊情况下应对案件中涉及的具体行政行为作实质性审查，从而作出符合刑法正义的司法决定。之所以要在形式审查的基本方式之外还保留实质审查，是由行政权和司法权的价值追求差异所决定的。

行政权的价值取向具有效率优先性，司法权的价值取向具有公平优先性。行政权是一种管理权，管理贵在神速和有效；而司法权是一种判断权，

---

① ［法］孟德斯鸠：《论法的精神》，张雁深译，商务印书馆1961年版，第156页。

② 章志远：《人民法院对行政机关专业认定的尊重及其审查》，载《法理研究》2021年第6期。

③ 张坤世：《司法权与行政权：中国法治语境下的关系定位》，载《社科纵横》2020年第7期。

④ 如美国法院在审判中存在斯基德莫尊重、谢弗林尊重和Auer尊重等不同尊重学说，参见［美］理查德·J.皮尔斯、牛佳蕊、宋华琳：《行政法上尊重学说的未来》，载《经贸法律评论》2022年第5期。

⑤ 参见杨伟东：《法院对行政机关事实认定审查的比较分析》，载《法学研究》1999年第6期。

判断贵在公正和准确。[①]尤其是刑事司法，涉及人身自由甚至生命等公民最基本也最重大的法益，更应以实质正义作为首要价值目标。如果对行政行为一律只做形式审查而放弃实质审查，就等于以行政机关的判断代替了司法机关的判断，无益于实质正义的实现。笔者认为，在下列情形下，司法机关应对具体行政行为作实质审查：

1. 当事人对具体行政行为提出异议时。这常见于妨害公务罪中，犯罪嫌疑人、被告人辩解称公务人员并非"依法"执行公务。这个时候行政主体相当于争议的一方当事人，如果职务行为的合法性由行政主体说了算，就违背了任何人不得担任自己案件的法官的正义原则。司法机关应当对职务行为是否由合法的主体实施、是否有充分的法律依据、是否遵循了法定程序等方面进行实质审查。

2. 具体行政行为违法时。即使相对人没有通过行政复议、行政诉讼等法定途径寻求救济，在刑事诉讼中，如果相关的行政行为违法且影响到相对人的实体权利时，司法机关应当进行实质审查。具体行政行为的违法又称瑕疵，按照瑕疵程度，可分为明显轻微的瑕疵（可予补正）、一般瑕疵（可予撤销）和重大而明显的瑕疵（无效）三类。[②]其中明显轻微的瑕疵因没有损害当事人的实体权益，只需行政机关予以补正即可完善其合法性，刑事诉讼中无须否定其效力。而后两类瑕疵，一般情况下都会有内容或程序上的瑕疵，且会影响到当事人的实体权益，刑事诉讼中，司法机关不是通过撤销或宣告无效的方式直接否定行政行为，而是通过不作为证据采信来间接否定行政行为。

3. 行政主体对其具体行政行为依据的基础事实的真实性不承担责任时。一些行政机关对当事人的申请只作形式审查，只要材料齐全即予以认可，而

---

① 参见孙笑侠：《司法权的本质是判断权——司法权与行政权的十大区别》，载《法学》1998 年第 8 期。

② 参见姜明安主编：《行政法与行政诉讼法》（第七版），北京大学出版社、高等教育出版社 2019 年版，第 202-205 页。

不调查核实材料的真实性，比如工商管理部门的公司登记。[①]有意见认为，对于行政机关采用形式审查方式作出的行政行为，司法机关也应遵循形式审查标准，只要当事人提交的材料齐全、符合法定形式、无形式瑕疵，即应认可该行政行为。[②]笔者不认同该观点，行政机关仅采用形式审查的作出的行政行为，因其不对审查资料的真实性承担责任，在刑事诉讼中均应接受司法机关的实质审查。实践中最常见的是对公司性质的否定或对公司人格的否定。

4. 具体行政行为是一种行政推定时。比如根据2004年《道路交通安全法实施条例》第92条，[③]公安机关交通管理部门可以对行为人的责任进行推定，这符合行政法的规定和目的。司法实践中也有行为人并无违反交通运输管理法规的行为，仅因被撞后逃跑就被推定为负主要责任而被指控犯交通肇事罪的案件。笔者认为，行政机关依推定作出的责任认定，不能直接作为追究行为人刑事责任的证据，刑事诉讼中司法机关应当依据查明的事实客观的认定责任大小，在无法作出事实判断的情况下应当遵循“疑点归于被告”的基本原则。正如学者所言，刑法上，虽然可以基于客观事实推定行为人主观上具有某种认识，但只能基于证据认定存在某种客观事实，而不应推定存在某种客观事实。即使因为行为人逃逸导致事实不清，在证据上也不能将推定行政责任的法律依据直接作为刑事责任的法律依据。[④]

5. 出现其他可能妨害实质正义实现的情形时。刑事诉讼中出现反向证据或产生合理怀疑等可能影响定罪量刑的情形时，司法人员应当对行政行为进行实质审查，以保障实质正义的实现。

---

① 国家工商总局《关于登记主管机关对申请人提交的材料真实性是否承担相应责任问题的答复》称：“登记主管机关的责任是对申请人提交的有关申请材料和证明文件是否齐全，以及申请材料和证明文件及其所记载的事项是否符合有关登记处管理法律法规的规定进行审查。因申请材料和证明文章不真实所引起的后果，登记主管机关不承担相应的责任。”

② 张玖霞：《形式审查也应审查材料的真实性和合法性》，载《人民法院报》2013年5月29日，第6版。

③ 该条规定：“发生交通事故后当事人逃逸的，逃逸的当事人承担全部责任。但是，有证据证明对方当事人也有过错的，可以减轻责任。当事人故意破坏、伪造现场、毁灭证据的，承担全部责任。”

④ 张明楷：《刑法学》（第五版），法律出版社2016年版，第720–721页。

第四节　具体行政行为影响行政犯定罪的实践问题

如前所述，不同的具体行政行为对行政犯定罪的影响也不相同，鉴于对行政确认的相关问题在前面的章节中已有涉及，本节只选取实践中常见的两种行政行为——行政处罚和行政许可进行论述。

一、行政处罚作为入罪因素存在的问题

（一）对相关司法解释的质疑与回应

我国有不少司法解释，将“受过两次行政处罚又实施同一违法行为”规定为犯罪。这些司法解释被学者评价为“扩大犯罪圈的马前卒”，① 其可能面临的质疑主要集中于：第一，已被行政违法责任评价过的行为再次被刑事责任评价，是否违背一事不再罚原则？第二，行政处罚不苛求行为人的主观心态，司法解释将累受行政处罚的行为解释为犯罪是否使得部分犯罪可能成为严格责任犯罪？第三，司法解释将前次行政处罚作为后次行政违法行为上升为犯罪的依据，是否具有合法性与合理性？

关于第一个问题，有观点认为司法解释违背了一事不再罚或者说禁止重复评价的原则，主张对于已经接受过行政处罚的行为不再进行重复评价，行为人再次实施同种行为时，如果构成犯罪则给予刑法上的评价，如果达不到犯罪起刑点，则只应给予行政处罚。②

对此笔者认为，司法解释并未违反一事不再罚或禁止重复评价的原则。所谓“一事不再罚”，是指对当事人的同一违法行为，行政机关不得根据同一事实和同一理由进行两次以上的处罚，这是一项行政处罚原则。③ 刑事法领域的处罚原则是“一事不再理”，意指对判决、裁定已经发生法律效力的

---

① 参见李翔：《刑法中“行政处罚”入罪要素的立法运用和限缩解释》，载《上海大学学报（社会科学版）》2018 年第 1 期。

② 李楠：《行政与刑事法律关联问题研究》，吉林大学 2012 年博士学位论文；姚诗：《非法行医罪“情节严重”的解释立场与实质标准》，载《政治与法律》2012 年第 4 期。

③ 我国《行政处罚法》第 29 条规定，“对当事人的同一个违法行为，不得给予两次以上罚款的行政处罚”。

案件，不得再行起诉和审理。[①] 该原则在实体法上的体现则为“禁止重复评价”，即任何人不得因同一犯罪行为受到两次刑事处罚。可见，上述原则是分别在行政法和刑事法领域内部适用的，对同一行为不得进行两次同质的评价。但行政责任评价和刑事责任评价是不同性质的评价，其评价的基础也不相同。[②] 对已经被行政责任评价的违法行为再纳入刑事责任评价，并未违反上述原则。就行为人已经受过的行政处罚来说，评价的对象是行为人已经实施的行政违法行为本身所反映的违法与责任内涵；而就“受行政处罚入罪”的规定来说，评价的对象是行为人无视原先的行政处罚而再次实施违法行为表现出来的更强的违法意识和行为人的可谴责性程度。前后两次评价的事实并不是同一犯罪事实，评价的性质也不相同。[③] 不过，基于比例原则的要求，行政机关或法院针对同一违法行政法义务的行为施加处罚应当合理，不得使行为人承担过度的处罚，[④] 对于行政处罚与刑事处罚中相近的处罚种类应当折抵，这在《行政处罚法》第 35 条 [⑤] 已有规定。

从主观方面质疑司法解释的观点认为，行为人每次都只有违法的故意而非犯罪故意，如果仅因其受到过两次以上行政处罚再次实施违法行为就构成犯罪，即意味着行为人即使不具备犯罪故意，也可以构成只有故意的罪过才能构成的犯罪，这在事实上使得我国刑法个别罪变成了严格责任犯罪，在经济领域行政处罚大肆存在的情况下，以行政处罚作为入罪之实质标准于人权保障而言是危险的。[⑥] 笔者认为该观点的前提是一个自设的伪命题，因为犯罪故意的认识内容的核心是“自己的行为会造成危害社会的结果”，而非要

---

① 这是大陆法系的原则，英美法系的诉讼原则是“禁止双重危险”，尽管称谓有所差别，但原则的基本内容和思想是相同的。参见谢佑平主编：《刑事诉讼国际准则研究》，法律出版社 2002 年版，第 534—539 页。

② 时延安：《权力作用范围交叉，还是规范评价的重叠》，载戴玉忠等主编：《犯罪与行政违法行为的界限及惩罚机制的协调》，北京大学出版社 2008 年版，第 382 页。

③ 段阳伟：《“受过行政处罚入罪”规定之证成》，载《河北法学》2021 年第 1 期。

④ 章剑生：《违反行政法义务的责任：在行政处罚与刑罚之间——基于〈行政处罚法〉第 7 条第 2 款之规定而展开的分析》，载《行政法学研究》2011 年第 2 期。

⑤ 该条规定，“违法行为构成犯罪，人民法院判处拘役或者有期徒刑时，行政机关已经给予当事人行政拘留的，应当依法折抵相应刑期。违法行为构成犯罪，人民法院判处罚金时，行政机关已经给予当事人罚款的，应当折抵相应罚金”。

⑥ 高永明：《行政行为的刑法机能研究》，载《法学杂志》2011 年第 11 期。

求行为人认识“自己的行为系犯罪行为”。可见司法解释并未改变相关罪名的主观罪过形式，更没有确立严格责任制度。但该观点体现出对行政权扩张而可能引发人权保障问题的担忧，是值得最高司法机关在制定司法解释的过程中注意的。

值得探讨的是司法解释的合法性问题。在我国，首次规定两次受到行政处罚后又实施同种违法行为即构成犯罪的是1997年修订的刑法，该法第201条第1款规定，“……因偷税被税务机关给予二次行政处罚又偷税的，处三年以下有期徒刑或者拘役，并处……”立法机关有权作出这样的规定毋庸置疑，但需明确的是，这一规定从法理上而言属于拟制性规定而非注意性规定，其仅适用于刑法所限定的情形，而不具有普遍适用的意义，因此并不能理所当然地推广适用到其他条款。而随后最高人民法院和最高人民检察院颁布的多个司法解释，都效仿该立法规定，在多个罪名中将前次行政处罚作为后次行政违法行为上升为犯罪的依据。这类司法解释必然面临合法性的质疑，即是否侵犯了立法权，是否违背了罪刑法定原则？笔者认为，回答这一问题必须首先解决这类司法解释是否属于拟制性规定，如果是，则违背了罪刑法定原则，因为司法解释本身并无权创设拟制性规定；如果不是，则司法解释有其存在的合法性基础。通过梳理不难发现，这类司法解释涉及的罪名绝大多数在刑法条文中均以“情节严重”作为构成要件客观方面的唯一标准或选择标准之一。以情节作为入罪条件的犯罪在理论上称为情节犯，而何为“情节严重”，刑法并未明确限定，这种模糊性规范实际上为司法解释权预留了空间，这既是现代民主社会下权力制约机制的表征，也是立法发展规律使然。① 因此，“两高”通过司法解释对“情节严重”进行规定，并未改变刑法对具体罪名规定的构成要件，只是对其中的构成要件要素进行解释和说明，属于说明性规定而非拟制性规定，并未侵犯立法权，相反，这既是立法对司法的要求，也为司法实践提供了统一的操作标准。但值得注意的是，这类司法解释涉及的高利转贷罪，刑法规定的本罪入罪条件只有“违法所得数额较大”而非“情节严重”，笔者认为2010年《关于公安机关管辖的刑事案件立案追诉标准的规定（二）》将“因高利转贷受过行政处罚二次以上又高利转贷”的行为解释为高利转贷罪，突破了刑法条文对本罪构成要件的规定，有违罪刑法定原则。因此2022年修订时删除了将“因高利转贷受过行政处罚

① 参见赵运锋：《刑法解释论》，中国法制出版社2012年版，第134–135页。

二次以上又高利转贷”作为刑事追诉标准的规定，回归到刑法本意，仅仅以“违法所得50万元”作为入罪标准。

解决了合法性问题后，需要回答的是合理性问题。有学者提出，将那些作为入罪条件的多次型犯罪中已被行政处罚（拘留）的行为剥离出去，既是对自由珍视的考量，又是对司法权威的尊重和保障。[①]但笔者认为，这类司法解释将多次行政处罚作为入罪条件有其合理之处。因为衡量情节是否严重，有诸多标准和考虑因素，如行为人的主观恶性、人身危险性，行为性质的恶劣程度，行为的规模、数额、次数、涉及的人数，行为本身的致危险性、造成的后果等。司法解释并未将“受过两次行政处罚后再次实施同一违法行为”作为“情节严重”的唯一标准。而且根据我国学理通说，行为具有严重的社会危害性是将其作为犯罪评价的根本，该“社会危害性”既包含了客观的危害结果，也包含行为体现出的主观罪过和人身危险，[②]二者可以相加，因此“情节严重”的内容既可能是违法要素也可能是责任要素。[③]行为人已受过两次行政处罚后再次实施同一违法行为，证明了行为人具有较强的主观恶性和较大的人身危险性，其对行政法规的多次藐视和违反作为一种责任要素，已达到了量变引起质变的程度，从一般观念理解，这种行为仅靠行政处罚已难以惩戒和预防，必须通过更严厉的手段即追究刑事责任来达到惩罚和预防的目的。

（二）对司法解释的反思和完善

该类司法解释在权限上的合法性和总体思路上的合理性，并不能掩盖其在具体规定上的瑕疵，应当予以完善。

如果以受到行政处罚的时间间隔（以下简称时间）、后违法行为的违法程度（以下简称程度）、行政处罚的类别为维度，我们可以发现上述司法解释有两个特征：其一，所有解释对行政处罚的类别均无规定；其二，在时间和程度的组合上，解释表现出一定的混乱。具体而言，可以分为三种情形：（1）对时间和程度均有规定。如最高法2000年《电信司法解释》和1998年

① 张仁杰、赵雪松：《刍议行刑衔接与人权保障》，载杨永华主编：《行政执法与刑事司法衔接的理论与实践》，中国检察出版社2013年版，第8页。

② 参见高铭暄、马克昌主编：《刑法学》，北京大学出版社、高等教育出版社2019年版，第51页。

③ 张明楷：《犯罪构成体系与构成要件要素》，北京大学出版社2010年版，第242页。

《非法出版物解释》，以及最高检和公安部的2022年《追诉标准（二）》中对虚报注册资本罪，虚假出资、抽逃出资罪，非法吸收公众存款罪，内幕交易、泄露内幕信息罪，利用未公开信息交易罪，虚假广告罪，串通投标罪，非法经营罪（只包括非法经营烟草、出版物、电信业务和兜底的其他业务），中介组织人员提供虚假证明文件罪等罪名的规定。但对时间间隔的要求又有不同，绝大多数要求是两年以内，而《追诉标准（二）》中对非法经营烟草的规定则是三年以内。[①]（2）对时间和程度均无规定。如最高法2008年《非法行医司法解释》，只要求被行政处罚两次以后再次非法行医；2022年《追诉标准（二）》对非法倒卖土地使用权的规定，只要求因非法转让、倒卖土地使用权受过行政处罚，又非法转让、倒卖土地。（3）只对时间和程度中的一者有规定。如最高检2002年《非法经营食盐司法解释》、2003年《烟草案件座谈会纪要》、2010年《追诉标准（二）》对非法经营食盐、非法倒卖土地使用权的规定只对数额有要求；而最高法2010年《非法集资司法解释》只对时间有要求。

上述司法解释无疑没有保持逻辑的一致性，甚至同一部司法解释对同一罪名的不同情形也作了时间上的不同规定，同时也与刑法应有的谦抑性有背离之处。司法解释有权将实践中存在的某些具有行政违法性的行为升格解释为“情节严重”而入罪，但这种处理方式必须控制在合理的范围内，不能无限扩大，因为对于法规范更大的蔑视和否定，不能简单从行为人再次实施违法行为的事实中推论出来，行为人表现出来的对法规范的蔑视态度亦有程度之别。只有当行为人再次实施违法行为，表露出对相关法益不受过去行政处罚影响的更大蔑视时，刑法才可以因为重新实施违法行为而予以更为严厉的谴责。[②]如果不加以限制的话，刑法的触角将无限延伸，行政刑法和行政犯罪大量膨胀，这不仅会压缩行政法等其他法律的生存空间，亦会严重挤压公民的权利空间，为现代民主法治国家所不取。从犯罪圈的合理控制角度，笔

---

① 还有司法解释对时间的要求是一年以内，如最高法2002年《关于审理组织、运送他人偷运国（边）境等刑事案件适用法律若干问题的解释》将“因偷越国（边）境被行政处罚后一年内又偷越国（边）境的”解释为“情节严重”而入罪。因本书此处主要讨论“受到两次以上行政处罚又实施同一违法行为”的解释，故未在正文中引用该解释。

② ［德］汉斯·海因里希·耶赛克、托马斯·魏根特：《德国刑法教科书（总论）》，徐久生译，法律出版社2001年版，第1064页。

者认为该类司法解释有必要分别从质和量两方面对行为作出限制。

首先，质的方面，应从行为侵犯的法益上对行为的性质作出要求，限制在与重大法益相关的违法行为上。行政违法性与刑事违法性之间不仅仅是“量”的区别，也存在“质”的差异。有些行为从本质上看只能规定为行政违法行为，无论何种情况下都不能成为行政犯罪行为，不能因为某种行为行政违法性的累加就自然得出刑事违法的结论。只有涉及如医疗安全、涉及国计民生的专营专卖、土地管理、环境保护等重大法益的行为，才能因多次违法而升格为犯罪。值得注意的是，“两高”于1998年颁布的《关于审理非法出版物刑事案件具体应用法律若干问题的解释》将“因侵犯著作权曾经两次以上被追究行政责任或者民事责任，两年内又实施刑法第二百一十七条所列侵犯著作权行为之一的”解释为侵犯著作权罪，但在2004年颁布的《关于办理侵犯知识产权刑事案件具体应用法律若干问题的解释》中予以删除；最高检和公安部2001年颁布的《关于经济犯罪案件追诉标准的规定》对假冒注册商标罪，非法制造、销售非法制造的商标标识罪，假冒专利罪的规定中，将受过两次以上行政处罚又违法的行为规定为犯罪，但在2010年的《立案标准（二）》中予以了删除。这说明最高司法机关已经意识到问题的存在，但笔者认为目前的规定仍有范围过大之嫌，对于虚报注册资本、抽逃出资等侵犯一般的市场经济秩序的行为，不宜仅因行政违法的次数多，就把单独不构成犯罪的行为升格为犯罪。

其次，量的方面，可以从时间、程度以及行政处罚的类别上予以限制，以达到刑法所规定的“严重社会危害性”的要求。（1）时间上除了相关行政法规范有特殊时效规定的情形之外，[①] 应以“两年内”受到两次以上行政处罚为宜。如果不对连续违法的时间作出规定，则会产生犯罪行为有追诉时效而行政违法行为反而没有追诉时效的矛盾。而之所以作出两年的限制，则是因为《行政处罚法》第36条对行政违法行为的处罚时效规定为两年，[②] 且现有

---

① 如《税收征收管理法》第86条规定：“违反税收法律、行政法规应当给予行政处罚的行为，在五年内未被发现的，不再给予行政处罚。”因此，根据刑法和相关司法解释，五年内因逃避缴纳税款被税务机关给予二次以上行政处罚，又达到逃税罪起刑点的行为，应当追究刑事责任。

② 该条规定：“违法行为在二年内未被发现的，不再给予行政处罚。法律另有规定的除外。”

的绝大多数司法解释都是将时间限定在两年以内，从逻辑一致的角度，应当保持统一。（2）后行为的违法程度上，应当有所限制。有观点主张，“受过行政处罚入罪”是从行为本位处罚，强调对行为人人格的关注，对后行为客观危害程度无特别规定的必要。[①]笔者难以认同，照此观点，行为人后续实施的即使是非常轻微的行政违法行为，也会因为之前的行政处罚而上升为犯罪行为。具体而言，如果涉及的罪名有数额起刑点，则宜将后行为的违法程度规定为接近起刑点（即80%）；[②]如果涉及的罪名不存在犯罪数额作为起刑点（比如非法行医罪），笔者认为还是应当对后行为应受的行政处罚类别作出限制，避免轻微的违法行为被强制升格为犯罪。（3）行政处罚的类别上，宜将警告、小额罚款等简易程序的行政处罚排除在外。对比我国刑法中的累犯制度亦可得出相同的结论，除了危害国家安全犯罪、恐怖活动犯罪和黑社会性质的组织犯罪等社会危害性极大的犯罪外，构成累犯必须以前罪和后罪的刑种都达到有期徒刑以上刑罚为要件。相应地，行政处罚有人身自由罚、能力罚、财产罚、申诫罚等多种类别，程序上也存在简易程序、一般程序、听证程序等形式，[③]不同的类别和程序意味着行为的违法程度有所不同，刑法应当只评价那些具有较重违法程度的行为。否则，前行为的行政处罚仅为警告或通报批评等极轻形式，后行为又仅够一般行政处罚的情况下，就对行为人以犯罪论处的合理性值得怀疑。

（三）司法解释适用中的一个具体问题

以违法行为的次数作为入罪标准，可谓既容易理解也容易操作。在司法实践中有大量案件依据该类解释定罪处罚，甚至有些罪名在实践中处罚的主

① 参见段阳伟：《“受过行政处罚入罪”规定适用的限制及完善》，载《湖北社会科学》2022年第6期。

② 经笔者梳理发现，目前只有最高检2002年《非法经营食盐司法解释》《立案标准（二）》对非法经营食盐以及非法经营香烟的规定、最高法2010年《非法集资司法解释》对虚假广告罪的规定，对后行为的违法程度的要求不到起刑点的80%或者根本没有要求。

③ 参见姜明安主编：《行政法与行政诉讼法》（第七版），北京大学出版社、高等教育出版社2019年版，第272−285页。

要依据就是该类解释。[①]但行为人因违法行为被行政处罚两次后再次实施同一违法行为，被追究刑事责任，之后又继续实施同一违法行为的（即第四次违法行为），能否再次被定罪处罚？对此问题，有着较大的争议，以一起非法行医案为例。

被告人范某自2008年10月起个体开设无证诊所进行非法行医，并于2008年12月及2009年7月两次被卫生行政部门予以行政处罚。2010年9月，范某因第三次非法行医被以非法行医罪判处拘役四个月，缓刑六个月，并处罚金人民币五千元。缓刑考验期内范某继续非法行医被查获。检察机关以非法行医罪对范某提起公诉，法院采纳检察机关指控意见，以非法行医罪判处范某罚金人民币五千元，同时撤销前罪缓刑判决，决定数罪并罚执行拘役四个月，并处罚金人民币五千元。

对于这种情况如何处理有三种观点。一种观点认为，曾因非法行医被刑事处罚后再次非法行医的，刑事判决已经生效，在后续刑罚的量刑中可以参照，但不能作为定罪的事实，而应按照司法解释规定的犯罪标准重新认定。也有观点认为，司法解释“非法行医被行政处罚两次以后再次非法行医”中的“再次”不限于三的倍数，而是包括第三次之后的各次，因此即使第三次被刑事处罚了，第四次仍然构成犯罪。另有观点则认为，行为人第四次非法行医的行为构成犯罪，但具体依据并非解释第二条第（四）项的规定，而是第五项兜底条款“其他情节严重的情形”。理由是举轻以明重，行为人在第三次非法行医被判处刑罚后再次非法行医，所体现出的人身危险性和主观恶性，较第三次有过之而无不及。上述范某非法行医案，检察机关和法院采纳的即是这一观点。

笔者认为，行为人因非法行医被行政处罚两次的事实，已经作为入罪情节，在认定第三次非法行医构成犯罪时被刑法所评价，如果对第四次非法行医追究刑事责任，则意味着前三次的行为又再次被刑法评价，有违“禁止重复评价”的基本原则，因此，上述第二和第三种观点均不足取。

---

① 例如，上海市浦东新区检察机关2012年受理的非法行医案总计35件，其中33件的定罪依据都是“两次行政处罚后再次非法行医”。见蔡雪岩、潘莉、焦小勤：《非法行医刑事司法与行政执法衔接工作机制相关问题思考——以上海市浦东新区人民检察院的考察为视角》，载《上海公安高等专科学校学报》2013年第3期。

二、行政处罚作为刑事责任阻却事由存在的问题

2009 年通过的《刑法修正案（七）》增加了逃税罪的初犯免责条款，纳税人经税务机关依法下达追缴通知后、补缴应纳税款、缴纳滞纳金、已受行政处罚的，除五年内因逃避缴纳税款受到刑事处罚或行政处罚二次以上的之外，均不予追究刑事责任。“已受行政处罚”成为刑事责任阻却事由，在具体适用中存在以下问题值得注意：

（一）“已受行政处罚”有无时间限制

刑法条文并未规定行为人补缴税款、滞纳金、接受行政处罚的期限，因此有观点认为行为人在刑事诉讼的任何阶段补缴税款并接受行政处罚，符合条件的都可适用不追究刑事责任的规定，司法机关根据不同阶段分别作出撤销案件、不起诉、终止审理或宣告无罪的决定。[①] 笔者认为，补缴税款、滞纳金和接受行政处罚作为刑事责任的阻却事由只能限定在公安机关立案前，如果发生在立案后，就只能作为酌定量刑情节予以考虑。

从立法原意看，对逃税初犯是一种有条件的宽大，并非随时随地予以宽大。[②] 否则，容易导致权利的滥用，使相关的刑事诉讼程序完全依赖于行为人的事后行为，甚至到二审终结前，只要行为人补缴税款、滞纳金、接受行政处罚，就归于无罪。这不仅损害了刑事司法权威，极大地浪费司法资源，而且势必助长行为人的侥幸心理和对税务机关依法行政的藐视。实践中，有法院明确指出，刑事立案后补缴是对其违法行为造成危害后果的补救，不影响其应承担的法律责任，[③] 笔者深以为然。

（二）行政处罚时效与刑事追诉时效的冲突

根据《税收征收管理法》第 86 条规定，违反税收法律、行政法规应当给予行政处罚的行为，在 5 年内未被发现的，不再给予行政处罚。即逃税行为的行政处罚时效是 5 年。而刑法中逃税罪的最高法定刑是 7 年，追诉时效是 10 年。两者的时效差异产生的问题是，对于 5 年后 10 年内发现的逃税行为，行政机关无权施以行政处罚，刑法上是否需要追究刑事责任？

对此有观点认为，符合第 201 条第 1 款的行为，本质上已经是一种逃税

---

① 参见刘雁平：《浅谈对逃税罪的理解和适用》，载《法制与社会》2009 年第 29 期。

② 逄锦温：《逃税罪的立法修正与司法适用》，载《中国审判》2009 年第 12 期。

③ 参见河南省潢川县人民法院刑事判决书，（2013）潢刑初字第 00315 号。

的犯罪行为，只有在满足一定条件下才不追究刑事责任，如果税务机关未能及时发现或者发现后未能及时作出行政处罚导致行为人不能“已受行政处罚”的，只是表明其客观上存在可以从轻处罚的情节，不意味着不能予以刑事处罚。①

笔者认为，这种观点对行为人有失公平，且依此观点，税务机关发现案件的时间早晚成为能否追究行为人刑事责任的关键因素，未免太具随意性。如学者所言，如果对逃税行为的追究完全依赖于税务机关启动，容易造成行政权挤压甚至代替司法权的不良影响。②而且行政犯罪是以行政违法为前提，但行政违法不等于行政处罚。当行为人因超过税收征管法规定的时效而不受行政处罚时，其仍具有补缴税款和滞纳金的义务，只是不再承担行政罚款的责任，其行为的行政违法性并未因此而消灭，更不能以此作为不追究刑事责任的理由。③基于上述分析，对于逃避缴纳税款数额巨大且占应纳税额 30% 以上，5 年以后 10 年以内被税务机关发现的，只要行为人补缴税款和滞纳金，就不应当追究刑事责任。

（三）当事人是否可以对行政处罚提起行政诉讼或行政复议

在《刑法修正案（七）》草案审议过程中，法律委员会对于逃税的当事人是否可以对税务机关的“行政处罚”（罚款决定）提起行政诉讼问题进行了专门研究，一致认为：由于修正案第 4 款是对已构成犯罪、本应追究刑事责任的逃税人作出宽大处理的特别规定，不存在逃税当事人先补缴税款和滞纳金后，再来与税务机关就所谓行政罚款是否必要、罚款是否合理打行政官司的问题。因此，“已受行政处罚”，不单是指逃税人已经收到税务机关的行政处罚决定书，更为重要的是逃税人是否已经积极缴纳了罚款，这是判断逃税人对自己已经构成犯罪的行为有无悔改之意的重要判断标准。④

笔者认为，完全否定当事人申请行政复议、提起行政诉讼的法定权利有不妥之处。因为纳税人愿意接受税务机关的行政处罚以此免除自身刑事责任

---

① 逄锦温：《逃税罪的立法修正与司法适用》，载《中国审判》2009 年第 12 期。

② 参见熊亚文：《逃税罪初犯免责：价值、困境与出路》，载《税务与经济》2019 年第 2 期。

③ 参见刘荣：《刑事政策视野下的逃税罪》，载《中国刑事法杂志》2010 年第 12 期；张明楷：《逃税罪的处罚阻却事由》，载《法律适用》2011 年第 8 期。

④ 黄太云：《刑法修正案解读全篇》，人民法院出版社 2011 年版，第 134-135 页。

的主观意愿，并不能保证行政处罚客观上必然合法。根据法律规定，对于任何具体行政行为，行为人都有就其合法性及合理性提出异议的权利，具体表现就是提出行政复议或提起行政诉讼。① 如果完全剥夺其寻求救济的权利，行政机关权力的滥用将无法控制，易造成对公民合法权益的侵害。② 但如果允许当事人在刑事诉讼之前申请行政复议或提起行政诉讼，并以生效的行政处罚作为是否追究刑事责任的依据，又必然导致行政复议、行政诉讼的大量增加以及刑事诉讼的过度延缓，不利于对逃税行为的打击和国家税收的征缴，从而背离刑法修正的本意。③ 鉴于行政复议和行政诉讼期间均不停止具体行政行为的执行，笔者认为，可以允许当事人在先行接受税务机关的行政处罚，被免予追究刑事责任之后，另行申请行政复议或提起行政诉讼。这样既能保障当事人的行政救济权，又不延缓刑事诉讼的进程。

三、行政许可作为行政犯犯罪阻却事由存在的问题

行政许可本是行政法研究的范畴，其受到刑法学界关注是在以环境犯罪为代表的行政犯罪日益增多的背景下发生的，因为环境刑法的刑事可罚性广

---

① 李腾：《逃税罪的立法革新及司法解构——基于100起判决的分析》，载《经济刑法》2020年第1期。

② 李翔：《论逃税犯罪中的初犯免责》，载《中国刑事法杂志》2009年第7期。该文认为，对于仅对行政机关的罚款有异议，对于认定的逃避缴纳税款数额没有异议的犯罪嫌疑人，应当享有行政复议权，并实行行政程序优先原则，即在行政复议机关作出复议决定以后，根据犯罪嫌疑人对经复议后的处罚决定的态度来决定是否追究刑事责任。对于认定的逃避缴纳税款金额有异议，并且犯罪嫌疑人因此而不接受行政处罚的，应当进入刑事司法程序处理，并在司法程序中判断具体的逃避缴纳税款金额。对于经侦查或者审判后认为之前认定的逃避缴纳税款金额不正确，实际不构成犯罪的，立案阶段做出不立案决定，审查起诉阶段做出不起诉决定，审判阶段宣判无罪。对于司法机关认定为涉嫌构成逃税罪的行为，经刑事审判认定逃避缴纳税款金额大于或者等于之前认定的金额的，应当认为犯罪嫌疑人构成逃税罪，并且不能再适用初犯免责的规定，应当予以追究刑事责任。经刑事审判认定的逃避缴纳税款金额小于之前认定的金额的，应当给予犯罪嫌疑人主动补缴税款、滞纳金以及罚款而不予追究刑事责任的权利，如果犯罪嫌疑人的行为满足初犯免责的条件的，应不予追究刑事责任。

③ 刑法第201条第4款的规定，不仅是为了体现宽严相济的刑事政策，也是为了有利于国家税收的增加。参见张明楷：《逃税罪的处罚阻却事由》，载《法律适用》2011年第8期。

泛地依赖于缺乏行政许可，换言之，行政许可的获得可以阻却犯罪。正如德国学者所称“直到环境刑法具有日益增长的意义之后，行政许可（官方批准）才成为刑法信条学感兴趣的热点问题”。①

在德国刑法学界，对行政许可究竟是阻却构成要件该当性还是阻却违法性，是有争议的。一般观点认为，对于一个未获许可的行为，在考虑行政许可的必要性和权威性受到损害之外，还要考察行为本身是否单独可以构成一种具有可罚性的不法类型。如果答案是，那么即使在获得许可的情况下，行为也不能阻却构成要件该当性，行政许可只能在违法性阶段作为一种正当化事由；相反，一个行为虽然没有获得行政许可，但如果行为性质本身是中立的或具备社会相当性时，则该行为的不法内涵仅仅在于它对行政法律的蔑视，在这种情况下，行政许可扮演的就是一个阻却构成要件该当性的角色，获得行政许可的行为从一开始就不满足构成要件。②我国也有学者从行政许可的目的入手分析，得出“控制性许可与阻却构成要件该当性之间、特别许可与阻却违法性之间，大致是一一对应”的结论。③

在采取“构成要件该当性—违法性—有责性”的三阶层犯罪论体系的国家，讨论行政许可的体系性地位是有意义的。而在我国，采取的基本还是传统的四要件理论，我们所说的违法阻却事由指的是正当防卫、紧急避险及其他超法规违法阻却事由（如职务行为）。从法条看，行政许可阻却犯罪的罪名，其罪状的表述方式绝大多数是“未经……许可”“未经……批准”“擅自”“私自”等，由此可见，获得行政许可直接从构成要件上就阻却了犯罪成立。因此，行政许可在我国的犯罪论体系中就是行政犯罪构成要件符合性的阻却事由。

但上述学者从行政许可的分类角度分析刑法问题的方法，在解决违法的行政许可是否阻却犯罪的问题上有重要的借鉴意义。

---

① ［德］克劳斯·罗克辛：《德国刑法学总论》，王世洲译，法律出版社2005年版，第526页。

② 转引自车浩：《论行政许可的出罪功能》，载戴玉忠、刘明祥主编：《犯罪与行政违法行为的界限及惩罚机制的协调》，北京大学出版社2008年版，第408页。

③ 车浩：《论行政许可的出罪功能》，载戴玉忠、刘明祥主编：《犯罪与行政违法行为的界限及惩罚机制的协调》，北京大学出版社2008年版，第408-409页。持相同观点的还有张明楷：《行政违反加重犯初探》，载《中国法学》2007年第6期。

（一）问题提出：由“假德国牙医”案[①]引申的思考

被告人章某某通过行贿等不法手段获取了江西省卫生厅认定合格的医师行医资格证以及医疗卫生活动许可证，开设个体牙科诊所从事医疗活动，并通过各种宣传手段将自己包装成“德国牙医”，在行医过程中导致1000余名患者的身体健康受到损害。此为在1999年至2000年震惊全国的“假德国牙医”案。庭审的焦点之一在于被告人是否符合非法行医罪的主体要件？辩护人认为，章某某获得了合法有效的行医执照，不属于非法行医。一审和二审法院均认定被告人不符合卫生行政部门规定的行医条件，却通过不正当和不法手段获取执业许可证，属于非法行医。虽然终审早已落槌，但理论界和实务界关于本案的争论却远未停止，不少观点认为只有在卫生行政部门依法撤销章某某的医生资格之后，司法机关才能认定其行为构成非法行医罪，否则就是对医生资格进行了司法审查，是司法权对行政权的不当介入。[②]笔者认为，本案争议焦点所引申的问题就在于违法的行政许可是否具有阻却犯罪的功能。

行政许可存在的前提是法律规范的一般禁止，而一般禁止多是基于行政管理、公益维护以及社会秩序维护或者财政上的理由而暂且设定的禁止，许可则是对禁止的解除。例如，制造、运输、销售枪支、弹药、爆炸物是国家一般禁止的行为，但是国家为了国防安全、社会治安和社会建设的需要，对符合特定条件的组织或者个人准许其实施这类行为。又如，驾驶机动车，本是人人可以从事的活动，但是为了该领域的管理和安全等，国家设定了一整套驾驶执照管理制度，只有依法取得驾驶执照者才有资格驾驶机动车。随之产生的问题是，如果本身不符合特定条件或不具备特定资质的组织或者个人通过欺骗、贿赂等不正当手段取得了行政许可之后再实施特定行为，是否构成刑法上规定的相应犯罪？换言之，违法的行政许可是否具有阻却犯罪的功能？有学者认为，行政许可是正当化事由，即使其不符合行政法，只要还没被有权主管机关确认违法或者撤销，就仍然可以相应发挥阻却犯罪构成的

---

① 参见朱海：《德国牙医终审判刑九年半》，载《中国消费者报》2000年7月5日，第1版。

② 参见范志恒：《论非法行医罪中的“未取得医生执业资格”》，西南财经大学2012年硕士学位论文。

作用。[①]

笔者认为，要回答这一问题，必须先明确违法的行政行为在行政法上的效力。在行政法上，合法行政行为与有效行政行为不是完全等同的，合法行政行为都是有效的，但有效行政行为并不一定都合法。[②]因此违法的行政行为既可能是无效的行政行为，也可能是可撤销的行政行为，前者因具有明显且重大的违法情形而自始无效，后者因具有无效以外的其他违法情形而在效力上处于可撤销状态，但在撤销之前被推定为有效。对于无效的行政许可，因其自始无效，自然不具有刑法上的意义，这种行政许可不能阻却行政犯罪的成立。而对于违法但有效的行政许可是否可以阻却违法，德国的主流观点认为，如果取得行政许可是滥用权利的结果，那么，这种许可在刑法上应视为无效，即行为人通过欺骗或威胁获得了官方批准，被视为在滥用权利，应当接受刑事惩罚。[③]

德国的主流观点仅考虑了权利滥用的情形，而未考虑行为人并没有过错，仅是行政机关在滥用权力时，是否也不能阻却犯罪的问题。而且该观点没有区分行政许可的目的和刑法保护的法益，认为无论是控制性许可还是特别许可，只要是滥用权利取得的许可就在刑法上无效，有失偏颇。笔者认为，既然存在权利滥用，就相应地存在权力滥用，我们可以在结合行政许可分类的基础上，从过错的角度区分权利滥用和权力滥用，分不同情况予以处理。

（二）分类基础：可供刑法学借鉴的行政许可分类

世界各国学者对行政许可的分类不尽一致。英美法系国家是从程序角度进行分类，如美国将许可证分为权利性许可证和特许性许可证，前者的申请人和持有人的权利受美国《联邦行政程序法》规定的正当程序的保护，非经正当法定程序，行政机关不能任意拒绝许可证申请人的申请或剥夺许可证持有人的许可证；后者的申请人和持有人的权利是一种由行政机关赋予的特许

---

① 参见黄小飞：《犯罪构成要件中的行政行为的界定》，载《政治与法律》2022年第9期。

② 方世荣、石佑启主编：《行政法与行政诉讼法》（第六版），北京大学出版社2022年版，第152页。

③ 参见［德］克劳斯·罗克辛：《德国刑法学总论》，王世洲译，法律出版社2005年版，第527页。

权，行政机关无须经过正当程序就可以核发或者收回，申请人和持有人不能因为被拒绝或被收回而要求法律保护。[①]

德国则从行为角度将许可分为控制性许可和特别许可。控制性许可（又称附许可保留的禁止），是指立法机关禁止特定的行为（或特定的计划），并不是因为这些行为或计划都应当停止，而是因为需要行政机关在具体事件中事先审查是否违反特定的实体法规定。而特别许可（又称附免除保留的禁止），是指法律将某种行为作为具有社会危害性或不符合社会理想的行为予以普遍禁止，但是又允许在特别规定的例外情况下，赋予当事人从事禁止行为的自由。[②]

我国学者亦从行为角度将许可分为一般许可和特别许可。一般许可的背景条件是有关许可事项本来属于社会或私人自由的范畴，只是基于行政上的目的而受到一定的制约或限制。特别许可则是指除必须符合一般条件外，还对申请人予以特别限制的许可。[③]

我国对行政许可的分类，[④]无论是称谓还是外延上，都与德国有相似之处。但德国学者将行政许可所针对的行为性质与行为价值联系起来，这与刑法学注重的社会危害性或者法益保护是相通的。当行政法学专注于行政义务的违反而不关心"客体"，认为"客体太虚，对行政处罚的量罚没有很大的意义"[⑤]时，刑法学却必须将"客体"落到实处，即刑法所关注的行为必须具有法益侵害性。故笔者认为，刑法学上可以借鉴德国行政法学者的分类方法研究行政许可的犯罪阻却问题，这样既能从形式要件上关注行为人对行政义务的违反，又能从实质要件上考查行为的社会危害性。

（三）问题解决：以过错为基础结合行政许可的分类区分不同情形

由于刑罚和行政处罚的处罚力度、责难程度和处罚目的均不相同，所以

---

① 参见方世荣、石佑启主编：《行政法与行政诉讼法》（第六版），北京大学出版社2022年版，第229页。

② 参见[德]哈特穆特·毛雷尔：《行政法学总论》，高家伟译，法律出版社2000年版，第54-55页。

③ 姜明安主编：《行政法与行政诉讼法》（第七版），北京大学出版社、高等教育出版社2019年版，第227页。

④ 此处指的是学理上的分类，我国立法上将行政许可分为一般许可、特许、认可、核准、登记五类，这里的"特许"不同于学术界普遍采用的"特别许可"的概念。

⑤ 余凌云：《行政法讲义》，清华大学出版社2011年版，第286页。

刑法和行政法对行为人的主观过错的要求也不一样。在行政法领域，存在无过错责任，主观过错形式不是特别重要的问题。而在刑法领域，行为人的罪过则是特别重要的问题，尤其在我国现行立法上排除了严格责任，行为人无罪过则不能追究刑事责任。所以笔者认为，在讨论违法但有效的行政许可是否具有犯罪阻却功能时，也应当引入行为人的过错进行分析。

违法但有效的行政许可在效力上处于可撤销状态，根据我国《行政许可法》第69条规定，① 分为可以撤销的行政许可和应当撤销的行政许可。前者主要针对行政机关存在滥用职权、玩忽职守、违反法定程序等违法许可的情形，后者则是针对被许可人以欺骗、贿赂等不正当手段获取行政许可。如果以过错进行分类，则可以分为被许可人单方过错（欺骗、胁迫等）、行政机关单方过错（滥用职权、玩忽职守）和双方混合过错（贿赂）三种类型。

1. 被许可人不存在过错的情形

在行政机关单方过错的情况下，被许可人不存在过错，比如被许可人并不清楚自己是否符合法定条件而递交了申请材料，行政机关由于严重不负责任而审批通过，被许可人因此从事了相关的活动或行为。这种情况下，无论是控制性许可还是特别许可，都不应当追究被许可人的刑事责任。否则，就会使行政相对人承担过重的法律义务，审查是否符合许可条件本是行政机关的职责，由相对人为行政机关工作人员的职务过错承担刑事责任，显然违背社会正义的观念。当然如果行政机关发现过错并予以撤销行政许可之后，行政相对人仍然从事相关的活动或行为，则要被追究刑事责任了。

2. 被许可人存在过错的情形

在被许可人单方过错和双方混合过错两种类型中，被许可人都存在一定的过错，对其追究刑事责任有主观非难的基础，但能否因违法而有效的行政许可而阻却某种犯罪的成立，则要区分特别许可和控制性许可两种情形。

---

① 该条规定："有下列情形之一，作出行政许可决定的行政机关或者其上级行政机关，根据利害关系人的请求或者依据职权，可以撤销行政许可：（一）行政机关工作人员滥用职权、玩忽职守作出准予行政许可决定的；（二）超越法定职权作出准予行政许可决定的；（三）违反法定程序作出准予行政许可决定的；（四）对不具备申请资格或者不符合法定条件的申请人准予行政许可的；（五）依法可以撤销行政许可的其他情形。被许可人以欺骗、贿赂等不正当手段取得行政许可的，应当予以撤销。……"

（1）特别许可的场合

在特别许可的场合，行为人要从事的行为本身是对社会有害的，只是为了实现更优越的利益而特别予以许可。比如制造枪支、弹药、爆炸物的行为，本身就有侵害公共安全的危险，但是为了国防、安保及如矿产开发等特定领域的发展，国家特别允许某些符合条件的企业制造枪支、弹药、爆炸物。如果行为人通过欺骗、胁迫、贿赂等不正当手段获得制造枪支、弹药、爆炸物的许可，其行为不仅在客观上侵犯了相应的行政管理秩序，也危害了刑法保护的法益，且在主观上具有过错，这种情况下其获得的行政许可不能阻却犯罪，其行为依然构成非法制造枪支、弹药、爆炸物罪。

（2）控制性许可的场合

由于控制性许可针对的行为被认为在价值上是中立的，行政法上对其监管只是出于行政目的，故有学者认为，“对于控制性许可而言，从事刑事审判的法官只需要进行形式的判断，不应当进行实质的审查”①，“在控制性许可的场合，即使使用了欺骗等不正当手段，也应认为没有侵犯管理秩序，因而阻却构成要件符合性”。②

但笔者认为该观点有值得商榷之处。的确，在有些控制性许可的场合，未获得行政许可的行为，其危害性仅表现在对行政管理秩序的破坏上，如实务中大量存在从事证券咨询业务的行为，即使行为人系以不正当手段从证券监管部门获得了许可，其行为也不能认定为非法经营罪，只需要针对申请行为本身作出行政罚即可。③但在有些控制性许可的场合，未获得许可的行为，则既侵犯了行政管理秩序也侵犯了刑法所保护的法益。以非法获得医师执业

① 参见张明楷：《刑法分则解释原理》（下）（第二版），中国人民大学出版社2011年版，第556页。

② 张明楷：《刑法学》（第五版），法律出版社2016年版，第238页。

③ 有学者从两方面论证这种情形下不作入刑处理的理由：第一，行政相对人是依据合法的行政许可在实施某种正当的行为。承认行政许可的合法性在于，该许可包括的内容都是合法的，只是在取得的程序上存在瑕疵或违法，但考虑到此时是许可的实施阶段，故主要考虑其内容的合法性；承认行为的正当性在于，相对人所实施的许可本身并非法律禁止，也不存在法益的侵害性。所以，让他继续承担先前的许可取得行为的刑事责任并不公平。第二，既然行政主体在申请许可阶段不曾对行政相对人的不正当手段提出异议，事后却又在实施许可阶段追究其构成犯罪，则是罔顾国家信誉，也是对法秩序统一性的亵渎。参见徐翕明：《论作为犯罪阻却事由的行政许可》，载《江西警察学院学报》2019年第3期。

资格为例，根据《执业医师法》和《医师执业注册暂行办法》的规定，因受刑事处罚而刑罚执行完毕之日起至申请注册之日止不满 2 年的，以及具有甲类、乙类传染病传染期等情形，不能胜任医疗、预防、保健业务工作的，都属于不能申请医师执业注册的人员。如果行为人通过了医师资格考试，本身具有医疗资质和能力，但隐瞒了其刑罚执行完毕尚不满 2 年的事实而申请了医师执业注册，其行为只会侵犯医疗行政管理秩序，而不会侵犯非法行医罪所要保护的医疗安全，这种情况下，笔者认为，行政许可可以阻却非法行医罪的构成要件符合性，如果行为人在行医过程中过失致人死亡，只能构成过失致人死亡罪或者医疗事故罪。而如果行为人是隐瞒了其处于甲类、乙类传染病传染期的事实而获得了医师执业注册，则不仅侵犯了行政管理秩序，也给医疗安全带来了重大隐患。这种情况下，则不宜认为行为人以不正当手段获得的行政许可具有阻却犯罪构成要件符合性的功能，而应当认定其行为构成非法行医罪。同理，前述“假德国牙医”案中，被告人本身不符合卫生行政部门规定的行医资格，却通过不法手段获取执业许可证，开设诊所从事医疗活动，不仅侵犯了医疗行政的管理秩序，也侵犯了众多患者的健康权益，因此其非法获取的行政许可不阻却犯罪，其行为构成非法行医罪。基于上述理由笔者认为，最高人民法院 2008 年《关于审理非法行医刑事案件具体应用法律若干问题的解释》第 1 条第 1 项将“以非法手段取得医师资格从事医疗活动的”一律视为“未取得医生执业资格的人非法行医”有可进一步细化和完善的空间。具体而言，可以以是否直接对本罪的法益即医疗安全有危害性为标准，将非法手段取得的医师资格分为可阻却非法行医罪主体成立和不可阻却非法行医罪主体成立两种情形。遗憾的是，2016 年最高人民法院在修订该司法解释时，仍原文保留了该项规定。

第五章　行政犯罪的主观认定

与普通的刑事犯罪相比，行政犯罪以违反前置行政法规为前提，这一客观上的不同是否会导致行政犯罪与刑事犯罪在主观认定上的区分？与同类型的一般的行政违法行为相比，行政犯罪往往表现为社会危害性在“量”上达到刑事可罚的严重程度，这是否意味着行政犯罪的罪过与行政违法的罪过具有相同性？国外刑法在某些行政犯罪领域发展出严格责任，这是否有供我国借鉴的可能性？这些都是在行政犯罪主观认定方面值得深入研究的问题。

第一节　行政犯罪之罪过概述

所谓罪过，是指行为人实施犯罪的心理态度，其基本形式有犯罪故意和犯罪过失，在这一点上，行政犯罪与刑事犯罪并无二致。但在罪过的具体内容上，则有需要进一步探讨的地方。

一、罪过内容的立法解读

（一）罪过的认识内容是否包括违法性认识

根据我国刑法第 14 条和第 15 条规定，无论是犯罪故意还是犯罪过失，认识或应当认识的内容均为“行为会（可能）发生危害社会的结果”，即强调的是对结果无价值的认识。这包含两层含义：一是事实性认识，系对与结果有关的事实的认识，这是从自然或物理属性角度对事实的客观认识，具有价值无涉性；二是危害性认识，系对与结果有关的性质的认识，这是从社会政治角度对事实的否定性评价，具有价值相关性。前者是后者的前提，没有对客观事实的认识，就不可能认识行为的危害性；后者是在前者基础上行为人对自己行为属性的一种价值判断。站在责任主义的立场上，危害性认识是对行为人进行非难的认识依据，没有对行为危害性的认识或应当认识，就不能构成故意或过失的认识内容。因此，从刑事立法的角度看，罪过的认识内容包括事实性认识和危害性认识，而不包括违法性认识。只有当行为人不知法或由于对法的误解而不能认识行为的危害结果和社会意义时，才阻却罪过的成立，但此时并非因为缺乏违法性认识而不成立罪过，而是因为缺乏对行为的危害性认识而不成立罪过。

但也有学者认为，在我国刑法中，社会危害性认识与违法性认识是一致的，社会危害性认识只不过是我国刑法使用的特定用语，其法理上的含义应当是指违法性认识，从而得出违法性认识是犯罪故意的要素的结论。[①] 如果此处的违法性认识是指对实质违法性的认识，该观点没有问题。但如果此处的违法性认识是指对形式违法性的认识，则不无疑问了。自李斯特提出形式违法与实质违法起，大陆法系刑法理论便围绕违法性的本质，发展出形式违法性与实质违法性两种对峙的观念。形式违法是指违反国家法规、违反法制的要求或禁止规定的行为，而实质违法是指危害社会的（反社会的）行为。[②] 可见，我国刑法理论中所称的社会危害性与大陆法系国家违法性中的实质违法性是相通的，但与形式违法性是有区别的，因此罪过内容中的第二层含义即社会危害性认识，与形式违法性认识并非一致。而且也不能由罪过内容的第一层含义即事实性认识推导出形式违法性认识的结论。首先，对于行政刑法中伦理上无色的众多规定而言，行为人认识到了行为情状，不一定就有禁止认识。[③] 其次，从事实认识中推论出违法性认识的方法，将导致心理责任论的结论，而心理责任论早已被规范责任论有力的否定及替代了。最后，上述理论的根据是：有法的判断能力的责任能力者，便具有认识违法性的能力。然而，违法性认识的问题，并不可能等同为完全的责任能力问题，一般人毕竟不是法律专家，他们即使有责任能力，在具体的场合也可能没有认识到行为的违法性，即责任能力和违法性的认识可能性并不能完全重合。[④]

---

① 参见陈兴良：《刑法中的责任：以非难可能性为中心的考察》，载《比较法研究》2018 年第 3 期；陈烨：《法定犯违法性认识必要说：我国现行刑事立法框架下如何坚守》，载《政治与法律》2017 年第 7 期。

② ［德］李斯特：《德国刑法教科书》，徐久生译，法律出版社 2000 年版，第 201 页。

③ ［意］克劳斯·罗克辛：《德国最高法院判例刑法总论》，何庆仁、蔡桂生译，中国人民大学出版社 2012 年版，第 101 页。

④ 参见童德华：《违法性认识在犯罪构成中的地位》，载《山东警察学院学报》2012 年第 1 期。

（二）行政犯与刑事犯区分说的提出与质疑

危害性认识与形式违法性认识之间的隔阂与分离，在以传统的刑事犯罪为主的古典刑法时期，表现得并不明显，相反，实质违法性的认识与法的禁止性认识在内容上呈大致重合的状态。但19世纪中后期以后，法律体系日益复杂化，刑法也不断扩张调控的范围，其规制性色彩变得日益浓重，大量新罪名被创设。比如，英国现在有大约8000个罪名，其中绝大多数罪名创制于最近150年内。新罪名大多具有规制性、管理型的特征，属于行政犯罪范畴，其所针对的行为几乎在道德上是中立的，危害性认识与形式违法性认识之间日趋分离。刑法理论上便发展出在违法性认识问题上的刑事犯与行政犯区分说，这是站在采取犯罪征表说的近代学派的立场上所提倡的见解，在刑事犯中，如果存在犯罪事实的表象，就当然表明行为人的反社会性格，但在行政犯中，不知道法律上所禁止的内容的人，就不能承认其反社会性格。[①]我国也有学者主张刑事犯的犯意成立不以违法性认识为必要，而行政犯的犯意成立必须具有违法性意识。理由在于，"行政犯的反社会性是因法律上的禁止性规定而产生的，当行为人没有违法性认识时就不存在反社会的意思，可以阻却犯罪成立。而对刑事犯而言，如果已经认定行为人的行为具有反社会性的事实，即使行为人相信法律允许该行为，也必须作为反社会性行为来处理"。[②]

行政犯与刑事犯区分说的初衷或许是好的，但如果运用到司法实践中，则很难具有可行性，该说仍在犯罪故意的范畴内讨论违法性认识问题，进而得出违法性认识是行政犯罪故意的要素，缺乏违法性认识便阻却行政犯罪故意的结论，也将带来一系列的问题。

首先，行政犯与刑事犯区分说的前提是行政犯罪与刑事犯罪本身是可以区别的，但事实上二者并非泾渭分明，且存在相互转化的可能。并非所有行政犯罪的反社会性都源于法律的禁止性规定。例如，经济犯罪一般被认为是典型的行政犯罪，但经济犯罪中的金融诈骗罪，却是从普通刑事犯罪的诈骗罪分化而来，成立金融诈骗罪的行为必然同时符合诈骗罪的构成要件，只

---

① ［日］大塚仁：《刑法概说》（第三版），冯军译，中国人民大学出版社2009年版，第451页。

② 黄明儒：《论行政犯与刑事犯的区分对刑事立法的影响》，载赵秉志主编：《刑法论丛》（第13卷），法律出版社2008年版，第187页。

不过立法上的法条竞合导致罪名确定上需遵循特殊法优于普通法的原则。对于这种带有浓厚刑事犯罪色彩的行政犯罪，很难说其不具有与法律禁止性规定无关的反社会性，难以用行政犯刑事犯区分说的观点来认定，想必区分说也不会坚持认为违法性认识是这类行政犯罪故意的要素。笔者认为，行政犯作为一个整体概念应该被肯定的同时，也要承认行政犯与刑事犯的区分具有相对性，行政犯内部亦有不同的层次区分，对于某些具有刑事犯色彩的行政犯，不能仅仅从行政犯的视角进行认定。

其次，认为违法性认识是行政犯故意的要素，可能模糊犯罪故意与犯罪过失之间的界限。故意与过失的区别，不在于违法性认识的有无，而在于行为人对于实现构成要件结果的态度。凡是“有意识地”实现犯罪，就是故意；反之，就是过失。直接故意是有意识地实现犯罪自不待言；间接故意的行为人对于构成要件结果虽然不积极追求，但是结果一旦发生，行为人完全可以接受，其仍然具有有意识地实现犯罪的意思。疏忽大意的过失，一开始就没有实现犯罪的意图；轻信过失虽然认识到结果发生的可能性，但是没有实现犯罪的意图，构成要件结果的发生完全出乎意料，为其所不能接受。这充分说明：一方面，区分故意过失，不能以行为人有无违法性认识为标准；另一方面，有实现构成要件结果的意图，就是有“事实的故意”，对犯罪事实有认识并且有实现犯罪的意思，就是有作为主观的构成要件要素的故意。①

最后，认为违法性认识是行政犯罪故意的要素，可能导致刑法在某些行政领域的介入不能。大量行政犯在立法上被规定为故意犯罪，相对应的过失行为未被规定为犯罪，如果认为行为人不具有违法性认识则不构成故意犯罪，又会因过失犯罪的立法缺乏，而导致刑法对该类行为无法制裁，从而不能达到行政取缔的目的。当然，可能的解决途径是，在行政犯领域，对那些真正没有意识到违法性的人，在没有处罚过失犯的规定时，不妨允许其最初的违反行为，在重复实施同样的行为时，就不得再认为其没有违法性认识，而应当被认定为故意犯罪。这种做法虽然允许了其最初违反行为，但也不会给行政取缔目的带来大的障碍。② 该途径的问题在于，由于犯罪黑数的存在，初次违反行为并不一定被发现而进入行政处理或刑事处理程序，行为人难以

---

① 周光权：《刑法总论》，中国人民大学出版社 2007 年版，第 252-253 页。

② 参见［日］大塚仁：《犯罪论的基本问题》，冯军译，中国政法大学出版社 1993 年版，第 223 页。

因之认识到其行为的违法性，相反，如果反复实施均未被发现和查处，可能加固其违法性认识的错误，而非相反。

综上，笔者认为，在罪过的内容上，行政犯与刑事犯不存在区分对待的问题，即违法性认识不是行政犯罪故意的要素。至于违法性认识的体系地位究竟如何，将在本章第二节予以展开。

二、行政犯罪的罪过与行政违法的过错之差异

在各个法领域都存在违法行为和相应的法律后果，民事违法、行政违法和刑事违法之间对违法行为人主观心态的关注度和归责则各不相同。就同类型的行政违法行为和行政犯罪行为而言，后者一般由前者转化而来，当前者在违法的“质”和“量”上达到刑事可罚的程度时，即上升为后者，但两者的主观心态在内涵和认定上均有明显的差异。

（一）地位的差异

根据刑法总则第 14 条和第 15 条规定的“故意犯罪，应当负刑事责任”和“过失犯罪，法律有规定的才负刑事责任”，以及刑法分则的规定，可以得出我国刑法上对罪过系以处罚故意为原则、处罚过失为例外。但无论是故意犯罪还是过失犯罪，罪过都是犯罪构成的要件之一，在刑法理论界和实务界也均毫无争议地认为缺乏罪过的行为，即使造成了危害后果，也不以犯罪论处。可见，罪过在刑法领域占据了重要的地位。

而相比之下在行政法领域，主观过错的地位就不是如此重要甚至有些不甚明了。在长期行政执法实务中，普遍的做法是以不考虑行为人的主观状态为基本原则。[①] 在行政法学理论上，行政处罚责任是否必须以行为人主观上具有过错为前提条件也是一个极富争议的问题，存在“主观过错归责原则说”“客观行为归责原则说”和“主观归责为原则、客观归责为例外”等多种学说，通说采取的是客观归责说。[②] 即使 2021 年《行政处罚法》修订时在第 33 条增设了一款“当事人有证据足以证明没有主观过错的，不予行政处罚。法律、行政法规另有规定的，从其规定”。但根据该规定，如果相对人

① 参见孙百昌：《试论行政处罚“不问主观状态”原则》，载《中国工商管理研究》2010 年第 7 期。

② 参见张春林：《主观过错在行政处罚中的地位研究——兼论行政处罚可接受性》，载《河北法学》2018 年第 5 期。

举证成功，其结果是不予处罚，即便相对人无法举证，也不会因此获得更重的处罚。因此，新《行政处罚法》尽管新增了主观过错条款，但并未因此改变其“客观归责”立场，这一条款只是作为法定不予处罚情形而存在。① 马怀德教授甚至认为，《行政处罚法》在修订时原则上不必增设专门的主观要件，对于部分需要明确规定主观要件的违法行为，可由单行立法规定。②

从立法上看，在我国有关行政处罚和行政管理的行政法以及涉及行政管理的经济法中，部分法律规定的确没有考虑行为人的主观状态。有学者统计，涉及行政处罚并提及故意或过失的法律、行政法规分别只有 30 部和 27 部。而且即便规定了主观过错作为某种应受行政处罚行为的要件，这类行为在该法律或者行政法规规定的全部应受行政处罚行为中也只占少数。③ 例如《药品管理法》（2019 年修订）第 120 条规定，“知道或者应当知道属于假药、劣药或者本法第一百二十四条第一款第一项至第五项规定的药品，而为其提供储存、运输等便利条件的，没收全部储存、运输收入，并处违法收入一倍以上五倍以下的罚款……”但该法对生产、销售假药、劣药的行为则并未规定主观心态。还有部分法律或行政法规规定了主观要件，但并未将其规定为行政处罚的依据，而仅仅作为从轻或者减轻处罚的考量因素。如 2000 年修订的《产品质量法》第 55 条规定：“销售者销售本法第四十九条至第五十三条规定禁止销售的产品，有充分证据证明其不知道该产品为禁止销售的产品并如实说明其进货来源的，可以从轻或者减轻处罚。”④

综合行政法上的立法和理论，可以看出，行政法领域对行政违法行为的处罚并非以处罚故意为原则、以处罚过失为例外。主观过错形式对行政法而言不具有太大的意义，大多行政违法行为都可以由过失构成，甚至存在大量

---

① 参见尹培培：《论新〈行政处罚法〉中“主观过错”条款》，载《经贸法律评论》2021 年第 3 期。

② 参见马怀德：《〈行政处罚法〉修改中的几个争议问题》，载《华东政法大学学报》2020 年第 4 期。

③ 参见张青波：《论应受行政处罚行为的主观要素》，载《法学》2020 年第 10 期。

④ 该条规定在 2009 年、2018 年修正时均予以了保留。而根据修订前的《产品质量法》（1993 年制定）第 37 条规定，销售明知是不符合保障人体健康、人身、财产安全的国家标准、行业标准的产品的，要给予行政处罚。对比修订前后的法条，可以看出为了制止假冒伪劣产品的销售，立法机关放弃了对行为人主观明知的要求，无论销售者是否有充分的证据证明其不知道销售的产品为假冒伪劣产品，都要受到行政处罚。

的无过错责任。这与刑法领域以处罚故意为原则、以处罚过失为例外形成鲜明对比，至于无过错责任，在目前我国的刑事立法上仍未被采纳。换言之，成立我国刑法上的犯罪，以行为人有罪过为必需。

主观心态在行政法和刑法上地位的差异，是由刑法目的和行政法目的的不同所决定。刑法的法律后果是刑罚，是对犯罪人最严厉的谴责，其目的是预防犯罪。如果行为人对所实施的行为和造成的后果没有故意与过失，即便予以处罚，也不可能抑制在将来的同样情况下发生相同的“犯罪”行为（不存在预防犯罪的效果）。换言之，对在刑罚不可能产生影响的心理状态下实施的行为处以刑罚，就收不到刑罚的效果。于是，在考虑能否实现预防犯罪目的时，必然重视行为人的罪过形式与内容。[①] 而行政法的宗旨在于推行一定的行政目的，其法律后果即行政处罚所代表的对行为人的谴责程度和处罚力度都远低于刑罚，为快速遏制违反行政目的的行为，行政法往往优先考虑效率而兼顾公平，因此，主观过错形式并非特别重要的问题。同一行为，可能在刑法上不一定承担责任，而出于行政取缔的目的却要承担行政法领域的责任。仍以销售伪劣产品为例，只有故意行为才构成刑法上的销售伪劣产品罪，而在行政法上无论是出于故意还是过失，都需要承担责任，甚至即使销售者有充分证据证明其不知道该产品为禁止销售的产品，仍不能免除责任，而只能从轻或者减轻处罚。

（二）内涵的差异

主观心态在刑法和行政法上地位的差异直接导致了刑法上的故意与过失和行政法上的故意与过失在内涵上的差异。

在行政处罚中，主观过错的内容侧重于违法行为本身，而非损害结果或者危害后果，违法行为就意味着未履行行政法上的义务。因此，一般而言，只要行为人客观上存在违法行为，无论是否产生危害后果，均可视为主观上具有过错。换言之，在行政法领域，行为人对结果的态度不是重要问题，其故意与过失是指对违法行为本身的故意与过失。而刑法上的故意与过失则是认识因素与意志因素的统一，对结果（包括法定的危险状态）的认识和态度是确定罪过形式的基本依据。同样是故意与过失，但在刑法领域和行政法领域，却具有不同的内涵。这决定了在行政犯罪的认定过程中，行为人对于其行政违法行为的故意与过失，并不能直接说明行为人在刑法上的故意与过

① 张明楷：《行政违反加重犯初探》，载《中国法学》2007 年第 6 期。

失。行为人故意实施了行政法上的某一违法行为因而造成了刑法上的危害结果，行为人在刑法上的主观罪过可能是故意也可能是过失。如果根据行政法的过错形式确定刑法上的罪过形式，必然导致仅仅根据认识因素认定刑法上的故意，从而违反刑法第 14 条的规定。[①] 比较典型的是交通肇事罪的认定，行为人对其违章驾驶的行为往往是明知故犯，即在行政法上的过错形式是故意，但在刑法上，因行为人对其违章驾驶行为可能发生重大交通事故的后果往往是出于疏忽大意的过失或过于自信的过失，即对危害结果不具有故意心态，因而成立过失的交通肇事罪。如果行为人对重大交通事故的后果持希望或放任的心态，则构成刑法上的故意，对行为人就不能再以交通肇事罪定罪处罚，而应认定为故意杀人罪或以危险方法危害公共安全罪等以故意为罪过形式的犯罪。总而言之，行政犯罪的故意与过失是根据行为人对结果的认识和态度而定，而不能根据行为人对行政违法行为的过错而定。

第二节　行政犯罪与违法性认识

本章第一节已经论证了违法性认识不是行政犯罪故意的要素，但这不意味着违法性认识在行政犯认定过程中毫无意义。事实上，正是随着行政犯罪的出现和增多，违法性认识问题才成为近现代刑法学理论上聚讼不休的话题。因为大量行政犯的反伦理道德性较弱，且涉及的行政法规具有多样性、复杂性和专业性，仅凭传统的道德规范已难以判断行为是否违反法律，因而行为人对其行为缺乏违法性认识的情形多有发生，此时能否追究行为人行政犯罪的刑事责任，既涉及刑罚的合理性也关乎刑罚的效果。围绕违法性认识的理论争议也推动了多国刑事立法和司法原则的松动与变革，违法性认识从而在刑法上获得了一席之地。有学者甚至认为，在行政犯成为刑事治理主战场的今天，违法性认识问题已经不是纯粹的学说之争，而是关涉以行政犯治理为核心的现代刑法理论体系构建和现代刑事司法再造的重大课题。[②]

---

① 参见张明楷：《行政违反加重犯初探》，载《中国法学》2007 年第 6 期。

② 田宏杰：《走向现代刑法：违法性认识的规范展开》，载《政法论坛》2021 年第 1 期。

一、违法性认识的体系地位

（一）大陆法系：从故意说到责任说

在大陆法系国家，违法性认识经历了一个从“不要”到“要”的缓慢的演进过程，其体系地位也经历了从故意说到责任说的挪移。

1. 故意说

早期刑法理论是在犯罪故意中讨论违法性认识问题，并发展出违法性认识不要说、严格故意说、区分说、限制说等不同学说。

（1）违法性认识不要说

该观点认为，违法性认识不是故意的要件，即使存在违法性的错误也不阻却故意，不影响犯罪的成立。这种理论发端于蒙昧时代结果责任的观念，①是过去有力的见解，但它将人完全看作实现责任的工具，现代的学说几乎已经不采用它。

（2）严格故意说

该说认为故意的本质在于行为人意识到自己的行为是法律上所不许可，但并没有形成反对动机，决议实施行为的意识或人格态度，因此，为成立故意或故意责任，就必须具有违法性认识。②根据该说，违法性认识错误阻却犯罪故意，在处罚过失犯的场合，行为人对违法性的错误存在过失时，作为过失犯处罚。

（3）刑事犯与行政犯区分说

该说主张就刑事犯而言，不必将违法性的认识作为故意的要素，但行政犯要求将违法性认识作为故意的要素。这在本章第一节已经论述，故在此不赘述。

（4）限制故意说

该说认为犯罪故意的成立不要求行为人现实地认识到违法性，但要求违法性认识的可能性。即使欠缺违法性认识，但如果具有违法性认识的可能性，就不阻却故意，如果没有该可能性，就阻却故意。③

---

① 冯军：《刑法功能责任论的理论与现实之惑》，载《检察日报》2011年6月16日，第2版。

② ［日］大谷实：《刑法总论》，黎宏译，中国人民大学出版社2008年版，第317页。

③ 王胜华：《违法性认识错误避免可能性的判断》，载《西部法学评论》2013年第10期。

2. 责任说

与故意说的各种观点在犯罪故意的范畴内讨论违法性认识问题不同，责任说调整了违法性认识在犯罪论中的体系地位，认为故意和过失是针对事实而言，而违法性认识的可能性则是与故意、过失无关的独立的责任要素。当违法性的错误不可能回避时，阻却责任；可能回避时，只能减轻责任。责任说内部又分为两种观点：[①]

（1）严格责任说

将违法性阻却事由错误理解为违法性错误的，系严格责任说，该说认为除了对符合构成要件的客观事实有错误外，都成立故意，违法性事由的错误是责任问题。

（2）限制责任说

将违法性阻却事由错误理解为事实错误的，系限制责任说，该说认为排除违法性事由的错误影响故意的成立，但只要没有唤起与此相伴的违法性意识的可能性，就应当说不具有作为责任形式的故意。

3. 立法选择

纵观大陆法系各国的立法，责任说显然占据了绝对性的主导地位。目前只有意大利刑法第 5 条规定："任何人不得以刑事法律的不知为理由要求宽宥。"但 1988 年 3 月 24 日意大利宪法法院以第 364 号判决宣告本条规定部分违宪，其理由是：对刑事法律"不可避免的不知"是应当免责的。[②] 宪法法院的这一决定，被学者认为"使意大利的刑法制度得以跻身于当代最先进的、承认对法律认识的错误也可称为辩护理由的刑法制度之列"。[③] 鉴于对于很多根据临时的行政或预防需要而规定的犯罪，行为人的确无法了解，司法实践曾在轻罪问题上采取了一些带有平衡法性质的具体措施，来缓和第 5 条

---

① 参见［日］大谷实：《刑法总论》，黎宏译，中国人民大学出版社 2008 年版，第 311 页。

② 《最新意大利刑法典》，黄风译注，法律出版社 2007 年版，第 7 页。

③ ［意］杜里奥·帕瓦多尼：《意大利刑法学原理》，陈忠林译评，中国人民大学出版社 2004 年版，第 230 页。

规定的严厉性。[①] 而对刑法的认识错误中，可原谅的多是有关行政犯的刑法规定，因为行政犯不仅范围经常变动，并且有些行为不一定真正具有危害。[②]

其他多数国家和地区则作出了与意大利不同的规定。如日本刑法典第 38 条第 3 款规定："即使不知法律，也不能据此认为没有犯罪的故意，但可以根据情节减轻刑罚。"[③] 德国刑法典第 17 条规定："行为人行为时没有认识其违法性，如该错误认识不可避免，则对其行为不负责任。"[④] 法国刑法第 122 条第 3 款规定："能证明自己系由于其无力避免的对法律的某种误解，认为可以合法完成其行为的人，不负刑事责任。"[⑤] 此外，葡萄牙刑法第 17 条、奥地利刑法第 9 条、瑞士刑法第 20 条、西班牙刑法第 6 条、韩国刑法第 16 条、我国澳门地区刑法第 17 条、我国台湾地区"刑法"第 16 条等均作出了与德国刑法第 17 条相同或部分相同的规定。可见，多数国家及地区选择了责任主义的立场，违法性认识系作为独立于故意与过失之外的责任要素予以单独考察，在犯罪论体系中具有独立的存在价值。

（二）英美法系：从不知法律不免责到合法辩护事由

英美法系国家的犯罪论体系没有大陆法系国家复杂，其犯罪成立要件采取的是双层次模式：第一层次是犯罪本体要件，包括具体犯罪行为的客观外在特征和犯罪心态；第二层次是责任充足要件，即各种合法辩护，从反面表明成立犯罪除了符合本体要件外，还必须排除存在合法辩护事由的可能。[⑥] 由于英美法国家长期固守"不知法律不免责"的传统原则，认为这一原则是

---

① 在下列情况下作出有利于被告人的认定：（1）行为的实施得到有关主管机关的措施或意见（包括非正式意见）的认可；（2）对同一主体以前实施的同一性质的行为，法院曾以"行为未被法律规定为犯罪"为由而宣判无罪；（3）有关主管机关对该种行为长期持容忍态度，从未进行过干预（如何处理这种情况，司法实践和理论界均有不同看法）。根据司法实践的解释，在上述情况下应排除主体对轻罪的罪过，是因为行为人存在所谓的"应有的善意信任"。［意］杜里奥·帕瓦多尼：《意大利刑法学原理》，陈忠林译评，中国人民大学出版社 2004 年版，第 229 页。

② ［意］杜里奥·帕瓦多尼：《意大利刑法学原理》，陈忠林译评，中国人民大学出版社 2004 年版，第 228–231 页。

③ 《日本刑法典》，张明楷译，法律出版社 1998 年版，第 20 页。

④ 《德国刑法典》，徐久生译，法律出版社 2003 年版，第 258 页。

⑤ 《法国刑法典》，罗结珍译，中国人民公安大学出版社 1995 年版，第 8–9 页。

⑥ 参见储槐植、江溯：《美国刑法》（第四版），北京大学出版社 2012 年版，第 29–30 页。

维护公共政策和公共利益，使刑法得以有效实施的必要，因此，审判实践中的合法辩护事由不包括对法律的不知。

但进入20世纪后，美国出现了承认这一原则的例外的一系列判例，确认了“在被告是根据事后被确定为无效的法律、司法判例或政令而行为的条件下，可以作为不知法律不免责的例外对待”，以及“当被告对法律认识的错误来自于负责执行法律的官员的意见时，该法律错误通常被认定为一项有效的辩护”。[①] 美国《模范刑法典》以及许多遵从和仿效《模范刑法典》而制定的州刑法典（如纽约州、新泽西州、伊利诺伊州等）都明确规定了关于“行为人合理的相信他的行为不构成犯罪”的法律错误在几种特定情况下可作为辩护理由。如新泽西州刑法规定：“在行为人竭力尝试各种可获得的方法来确定与其行为相关的犯罪的内容和适用范围，并且诚实而善意的得出守法且谨慎的人也会得出的其行为并不成立犯罪的结论时，行为人对其行为在法律上不属于犯罪的信赖构成抗辩事由。被告人必须以清晰而令人信服的证据证明抗辩事由。”[②] 在英国，虽然“不知法律不免责”的规则仍在绝大多数案件中得以遵循，但在1982年的Secretary of State for Trade and Industry v.Hart案中，法院判决认为被告人在特定条件下不知法可以成为合法辩护事由。英国法律委员会在1989年起草了《刑法典草案》，该《草案》在保持不知法不免责的基本规则的同时也从排除犯罪的消极层面上确认了符合一定条件的不知法律是合法抗辩理由的规则。[③]

在英美国家，不知法律可以成为合法抗辩事由与社会的复杂化、行政刑罚法律的膨胀、行政犯罪的增多，以及行政机关决定权的扩大密不可分，尤其对那些信赖具有权限的行政机关的意见的人，与其说具有违反法律的意图，不如说具有遵守法律的意思，故不能因为行政机关意见的错误而将行为人认定为犯罪人。[④]

---

① Arnold H. Loewy, *Criminal Law*, 4th Edition，法律出版社2004年版，第143页。

② 劳东燕：《刑法基础的理论展开》，北京大学出版社2008年版，第75页。

③ Michael Jefferson, *Criminal Law*, 5th Edition，法律出版社2003年版，第287–288页。

④ 参见［日］木村光江：《主观的犯罪要素的研究》，东京大学出版会1992年版，第82页。转引自张明楷：《刑法学》（第五版），法律出版社2016年版，第297页。

（三）中国：尚未解决的体系定位

违法性认识作为一个舶来品，在我国刑事立法上未得到体现，其体系地位在理论上至今仍争论不休，并形成了违法性认识是故意的要素①和不是故意的要素②两种针锋相对的观点对峙。笔者认为争论的背后隐藏着两个中国式的问题：故意的认识内容是什么？社会危害性认识和违法性认识的关系如何界定？本章第一节对此已作论述，我国刑法上故意的内容是事实性认识和危害性认识，其中危害性认识与大陆法系国家的所称的实质违法性认识是相通的，而形式违法性认识不属于故意的认识内容。但这是否意味着在对行为人定罪量刑的过程中无须考虑形式违法性认识呢？答案是否定的。

“不知法律不免责”的法律格言自古罗马时期便已存在，它起源于一概不允许认识错误的诺曼底时代的绝对责任。作为国家威权主义的产物，它将不知法的风险完全置于个人身上，这种风险分配方式在法律违反与道德违反之间几乎互为表里的传统刑法时期能被社会接受，因而对世界各国刑法的影响长达一千余年。但在近现代，随着国家行政职能的扩大和行政权力的扩张，各种行政法律规范层出不穷，因违反行政法律进而违反刑法的行政犯罪日益增多，法律违反与道德违反之间出现隔阂甚至背离，如果再将不知法的风险全部落在个人身上，将是公民权利所不能承受之重。这种过度的必罚原则在责任主义的检视下必将有所收敛，在近现代刑法中，自从韦尔策尔提出“当行为人对违法性完全没有认识的可能性时，我们绝不可就违法的行为决

---

① 代表性观点参见陈兴良：《违法性认识研究》，载《中国法学》2005 年第 4 期；刘艳红：《违法性认识的体系性地位》，载《扬州大学学报（人文社会科学版）》2015 年第 4 期；陈兴良：《刑法中的责任：以非难可能性为中心的考察》，载《比较法研究》2018 年第 3 期；王俊：《法定犯时代下违法性认识的立场转换》，载《现代法学》2020 年第 6 期；陈璇：《责任原则、预防政策与违法性认识》，载《清华法学》2018 年第 5 期；田宏杰：《走向现代刑法：违法性认识的规范展开》，载《政法论坛》2021 年第 1 期。

② 代表性观点参见周光权：《违法性认识不是故意的要素》，载《中国法学》2006 年第 1 期；蔡桂生：《违法性认识不宜作为故意的要素——兼对“故意是责任要素”说反思》，载《政治与法律》2020 年第 6 期；童德华：《违法性认识可能性的立场重置与功能再构》，载《法学家》2022 年第 3 期；贾宇：《罪与刑的思辨》，法律出版社 2002 年版，第 170 页。

意对他进行谴责，否则就从根本上违反责任原则”，[①] 责任主义已成为与罪刑法定主义以及行为主体理论相提并论的，用于保障国民权利与自由的刑法基本原理之一。[②] 笔者认为，责任主义所要求的“没有责任就没有刑罚”既是刑法基本原理，也是尊重人的基本要求。在不能期待行为人实施合法行为的情况下，对其实施的符合构成要件的违法行为追究刑事责任，无非是为了通过惩罚这种行为以达到防止这种行为的目的，行为人在这里被作为实现目的的手段对待了，背离了尊重人的基本观念。因此，各国刑事立法上对“不知法律不免责”的恪守都发生了动摇，并规定了这一原则的例外适用，不知法的风险被合理地在国家、社会与个人之间分配。在我国，目前仍坚持不知法律绝对不免责原则的学术观点几乎没有。

在肯定了违法性认识的意义之后的棘手问题在于，违法性认识在我国刑法中的体系地位究竟如何界定？有部分学者仍坚持违法性认识是故意的要素之外，[③] 大多数学者都是在故意、过失之外讨论违法性认识问题。至于其体系地位，有学者认为当务之急是改造我国现行犯罪论体系，为作为责任要素的违法性认识提供安身立命之所。[④] 有学者则认为违法性认识在我国现行犯罪论体系中就有其地位，即在我国刑法语境下，违法性认识的可能性是超法规的、独立的主观要件。[⑤] 还有学者认为在我国通说“犯罪—刑事责任—刑罚”的构造中，刑事责任论是独立于犯罪论的范畴，因此可以考虑在刑事责任论

---

① ［德］汉斯·韦尔策尔：《目的行为论导论——刑法理论的新图景》（增补第4版），陈璇译，中国人民大学出版社2015年版，第78页。

② 张泽涛：《行政犯违法性认识错误不可避免的司法认定及其处理》，载《政法论坛》2022年第1期。

③ 有学者提出，违法性认识与违法性认识可能性递进式的归属于故意和过失要素。在要素的分配上，将违法性认识作为故意的要素，以确保国民的行动自由，同时以旧过失论为依据，将违法性认识可能性作为过失的构成要素，以明确罪责的起点。该观点总体上仍是在主观罪过即故意与过失中讨论违法性认识。参见刘艳红：《违法性认识的体系性地位——刑民交叉视野下违法性认识要素的规范分配》，载《扬州大学学报（人文社会科学版）》2015年第4期。

④ 参见周光权：《违法性认识不是故意的要素》，载《中国法学》2006年第1期。

⑤ 参见吴学斌：《规范责任论视野下的违法性认识与违法性认识的可能性》，载《清华法学》2009年第2期。

部分评价和处理违法性认识问题。[①]

在立法对违法性问题作出规定之前，理论争议仍必将持续，司法实务上也无所适从，因此，从长远来看，应当借鉴国外立法经验，通过立法修正为违法性问题的解决奠定良好的制度基础。我国刑法第16条的规定，已经包含了规范责任论的思想，可以通过立法推动该条内容的扩大，将违法性认识的可能性纳入法条规定。在责任主义的立场下，违法性认识不是故意的要素，同时，对于过失犯的成立，也需要判断违法性认识是否存在，因而违法性认识是独立于故意、过失之外的责任要素。但此处的“责任”与前述学者所主张的刑事责任论中的“责任”并非同一所指，责任要件的“责任”是犯罪成立条件之一，而刑事责任论中的“责任”则是犯罪成立之后的结果，是行为人为犯罪这样一种特定的法律行为所承担的法律责任。我国的“犯罪—刑事责任—刑罚”的构造中，不存在行为人的行为已经成立犯罪，但不需要承担刑事责任的情况。在我国四要件的犯罪论体系中，那些不具有刑事责任能力的人对自己的行为不负刑事责任，是因为其在主体要件上不符合犯罪构成，因而不构成犯罪。因此，在犯罪论范畴之外的刑事责任论中讨论违法性问题，并不适合。如果我国的犯罪论体系被改造成大陆法系的三阶层体系，违法性认识自然是在责任要件中予以讨论。但在犯罪论体系的改造尚未完成的现阶段，将其作为独立的主观要件未尝不可。这样，我国刑法中的主观要件就不仅包含故意、过失等心理责任的要素，也包含违法性认识可能性与期待可能性等规范责任的要素。

二、行政犯罪违法性认识的内容解读

行政犯罪既违反了行政法律规范也违反了刑法，那违法性认识究竟是指对行政法律规范的认识还是对刑事法律的认识抑或其他?

（一）学说之争：违法性认识之“法”

综观国外学术观点，按照从宽松到严格的顺序，对违法性认识之“法”的内容理解可以作如下排列：

1. 违反前法律规范认识说

认为只要行为人具有违反前法律规范的意识，就可以认定为具有违法性

① 参见童德华：《违法性认识在犯罪构成中的地位》，载《山东警察学院学报》2012年第1期。

意识。其中，关于前法律规范的具体内容，学者们又有“反条理性”“反国民道义性”“行为不纯洁”“反人伦”等不同理解。[①] 这一观点过去受到以道义责任论为前提且采取严格故意说的学者们的支持。[②]

2. 一般的违法性意识说

认为仅仅认识到行为具有反伦理性还不够，违法性认识是行为在法律上不被允许的认识，这是一种一般的违法性认识。例如日本学者大谷实认为：“违法性认识，因为只要能够使人形成反对动机就足够了，不要求其具有可罚的违反刑法意识。但是，仅有在实施某种违法行为这样的暧昧意识还不够，必须具体意识到该行为是法律所不允许的，当然，不要求是专门的违法性判断的意识，只要具有‘违法’或‘触法’程度一般人的认识就够了。”[③] 这在日本是通说。德国学者也认为，不法意识的内容，并非是对刑法规定的或者行为“可罚性”的了解，而是行为人对他的举止是为法律所禁止的认识。[④]

3. 违反刑事法律规范认识说

该说强调犯罪行为的违法性认识与一般违法行为的违法性认识的区别，认为刑法上的违法性认识中的“法”只能限于刑法。如日本学者野村稔认为：“仅仅认识到自己的行为不被一般法律所允许是不能称其为违法性认识的，还必须认识到自己的行为违反刑法规范或为刑法上所不容许的意识，但也不是指一定要意识到违反各条刑法规范。”[⑤] 该学说在 1978 年“羽田机场航站楼案件”后，影响力越来越大。[⑥]

---

① 参见［日］内藤谦：《刑法讲义总论》（下），有斐阁 1991 年版，第 1031 页。转引自刘明祥：《刑法中错误论》，中国检察出版社 2004 年版，第 239-240 页。

② 马克昌：《比较刑法原理》，武汉大学出版社 2006 年版，第 444 页。

③ ［日］大谷实：《刑法总论》，黎宏译，中国人民大学出版社 2008 年版，第 315 页。

④ ［德］约翰内斯·韦塞尔斯：《德国刑法总论》，李昌珂译，法律出版社 2008 年版，第 231 页。

⑤ ［日］野村稔：《刑法总论》，全理其译，法律出版社 2001 年版，第 304 页。

⑥ 该案被告未经许可组织集团示威运动，以违反《集会、集团行进以及集团示威运动有关条例》为由被起诉。第二次上诉审法院认为，本案有相当理由可以说明被告没有违法性认识的可能性，阻却犯罪成立。但是，最高法院以事实认识错误为由，而不以违反判例为由撤销原判决，恰恰为最高法院将来变更判例，采纳下级法院判决意见了可能性。［日］大谷实：《刑法总论》，黎宏译，中国人民大学出版社 2008 年版，第 315 页。

4. 可罚的违法性认识说

根据该说，违法的法律效果也是违法性认识的内容。即要求行为人认识到他的行为是应受刑法惩罚的。[①]

上述第一种学说失之过宽，第四种学说失之过严，支持者渐少，且不为司法判例所采纳。因此，观点的争锋主要存在于第二和第三种学说之间。在我国，也存在类似的局面，认为违法性认识是刑事违法性认识[②]以及认为违法性认识是一般违法性认识[③]的观点存在激烈的冲突。

（二）本书观点：一般的违法性认识可能说

本书认为，行政犯罪的违法性认识是从可能性角度而言，并不要求行为人现实地认识到自己的行为违反法律，至于法律的内容应以一般的法律规范为宜，行为人只要有认识到自己的行为违反前置行政法律规范的可能性即可。

1. 违法性认识是对行为人进行非难的基础

如前文所述，我国刑法并未要求犯罪故意以违法性认识为要件，即违法性认识不是犯罪故意的要素，但这并不意味着违法性认识对追究行为人的刑事责任没有意义。在三阶层的犯罪论体系中，违法性认识作为责任要素存在。在我国，犯罪论的体系改造尚未完成，笔者认为，现阶段可将违法性认识作为规范责任要素，与故意、过失等心理责任要素共同存在于主观要件中。当行为人缺乏违法性认识的可能时，不阻却犯罪故意、过失，但阻却责

---

① 参见陈家林：《外国刑法理论思潮与流变》，中国人民公安大学出版社 2017 年版，第 395 页。

② 如陈兴良教授主张，刑事违法性是犯罪的基本特征，在罪刑法定的构造中具有明确的界限，应当成为违法性认识的内容。参见陈兴良：《故意责任论》，载《政法论坛》1999 年第 5 期。相同观点的还有黎宏：《刑法总论问题思考》，中国人民大学出版社 2007 年版，第 251 页；吴学斌：《规范责任论视野下的违法性认识与违法性认识的可能性》，载《清华法学》2009 年第 2 期；李涛：《违法性认识的中国语境展开》，吉林大学 2010 年博士学位论文。

③ 如姜伟教授主张，违法意识的含义指违反一切法律规范，不仅包括刑事法规也包括其他法规，如民事法规、行政法规。参见姜伟：《罪过形式论》，北京大学出版社 2008 年版，第 115 页。相同观点的还有马克昌：《比较刑法原理》，武汉大学出版社 2006 年版，第 445—446 页；贾宇：《罪与刑的思辨》，法律出版社 2002 年版，第 172—173 页；田宏杰：《走向现代刑法：违法性认识的规范展开》，载《政法论坛》2021 年第 1 期。

任，不符合犯罪的主观要件，不能追究其刑事责任。换言之，实施了符合构成要件的行为人不具有违法性认识的可能时，不能对其进行法的责难。因为具有违法性认识的可能时，才能产生遵从法的动机，对行为人而言才具有他行为可能性，法律才能要求他放弃符合构成要件的违法行为，进而才具有非难可能性；不可能知道自己的行为被法律禁止的人，不产生反对动机，不能从法律上要求他放弃该行为，因而不能追究其责任。唯有如此，才能保障行为人的行动自由。[①] 简言之，违法性认识是对行为人进行非难的基础。

2. 违法性认识不以行为人现实的认识到其行为违法为必要

虽然违法性认识是对行为人进行非难的基础与前提，但其不以行为人现实地认识到行为违法性为必要。当行为人现实地意识到其行为违反法律仍执意为之时，无可争议地具有可非难性。当行为人没有意识到其行为违反法律，但只要稍加注意，就能够意识到，却因为其疏于认识未尽到合理的注意义务而没能意识到，也是值得加以非难的。认识的“可能性”与过失要素中的“可能性”并不相同，因为违法性认识与违法性认识可能性之间不存在质的差别，而只有量的差别。[②] 行为人虽然欠缺违法性认识，但是在可能的情况下，能认识到行为的不法而没有认识，可能是因为行为人对法律采取了积极或者消极的抵制，这也说明行为人对法律的不忠诚。[③] 如果一定以行为人现实的具有违法性认识为必要，则将个人不知法的风险完全转嫁给了国家，造成知法程度越高的人越容易犯罪，知法程度低的人反而因为自己的不知法而享受豁免，显然不合理。

以上海市首例走私贵重金属案为例。[④]2013 年 7 月 27 日，被告人陈某至上海浦东国际机场，欲搭乘中国国际航空公司航班前往台湾，出境时未向海关申报任何物品，后被安检人员从其随身携带的电脑包中查获黄金制品 2900 克。陈某辩解这些黄金制品系 2012 年 6 月其订婚时亲戚朋友赠与的礼物，因其出生于台湾，对大陆法律不清楚，认为是自己的东西，无须申报；且在托运行李箱时，因工作人员告知其贵重物品应随身携带，才将黄金制品放进电

---

① 张明楷：《刑法学》（第五版），法律出版社 2016 年版，第 322 页。

② ［日］野村稔：《刑法总论》，全理其译，法律出版社 2001 年版，第 305 页。

③ 童德华：《违法性认识可能性的立场重置与功能再构》，载《法学家》2020 年第 3 期。

④ 案例来源：上海市第一中级人民法院（2013）沪一中刑初字第 266 号刑事判决书。

脑包中，故主观上没有隐藏夹带黄金出境的故意。法院经审理后当庭宣判，认定被告人陈某的行为构成走私贵重金属罪。显然，本案中被告人的辩解理由是缺乏对行为的违法性认识，但其辩解并未被采信。因为即使被告人对国内法律不了解，未现实地认识到其行为的违法性，但根据我国台湾地区的有关规定[①]并结合被告人的文化程度、社会经历等实际情况，以及浦东国际机场海关入口处均有大量中英文纸质材料告知旅客贵重金属应申报，故足以认定其具有违法性认识的可能性，因而对其进行刑法上的责难具备责任基础。至于其辩解的因轻信托运处工作人员而将黄金制品放入随身携带的电脑包中，这属于法律认识错误是否可以避免的问题，将在下文分析。

3. 违法性认识不以行为人认识其行为违反刑法为必要

一个行为是违反刑法还是违反其他法律规范，在有些情况下容易辨别，尤其是对于一般的刑事犯罪而言。但在有些情况下则难以判断，尤其是行政犯的刑事违法性越来越需要跨学科的专业知识方能准确认定的情况下，将违法性认识限定为刑事违法性认识，不仅使得违法性认识在犯罪论体系中的意义和规范限制机能几近消弭甚至荡然无存，而且也不具有现实操作性。[②]违法性认识是对行为人非难的基础，只要行为人认识到自己的行为违法，就表明他对法的规范是有整体把握的，从缓和的违法一元论角度看，行为人由此产生的触法动机和实施的违法行为，具有可谴责性。如果一定以刑事违法性认识为必要，当行为人缺乏刑事违法性认识的可能时即阻却责任，势必大大缩小犯罪成立的范围，导致对犯罪行为的放纵。主张刑事违法性认识的论者认为，采用违反法律规范认识说会产生刑法处罚过宽的问题。例如，行为人以小偷小摸之意图实施盗窃，却在无意中窃取了价值巨万之物品，如果将违法性认识理解为违反全体法律规范之认识为已足，则行为人将成立盗窃罪。[③]但显然此例有所不当，因为对物品价值的认识错误系事实认识错误而非法律认识错误。

① 在台湾，携带黄金及其制品出入境时应向海关申报，如所携黄金总额超过美金2万元者，应向“经济部”国际贸易局申请输入（出）许可证，并办理报关验收手续。内容来源：http：//taipei.customs.gov.tw。

② 田宏杰：《走向现代刑法：违法性认识的规范展开》，载《政法论坛》2021年第1期。

③ 参见李涛：《违法性认识的中国语境展开》，吉林大学2010年博士学位论文。

在德日刑法中，通说也认为违法性意识意味着行为人知道自己的行为在法上是不允许的。例如，在德国，持续的司法判决和全部主流意见都认为，对于禁止性认识的刑事可罚性的意识并不是必要的。假如立法者想要作这样的要求，那么第17条必须谈的就是“对应受刑事惩罚的行为的理解”，而不是“对行为的不法的理解”。这种刑事可罚性意识的不重要性是这样引导出来的：对于行为人来说，为了解释对法忠诚的举止行为的动机，在任何情况下，禁止性的认识就必须足够了，对单纯无罪所作的投机是不值得从轻的。①

质疑者提出，只要行为人具有违反民法或行政法的认识，就在刑法上肯定其非难可能性，不一定合适。②因为刑法所谴责的对象是符合犯罪构成要件的行为。但笔者认为，在我国行政犯罪多由行政违法转化而来，一般情况下二者在基础事实的性质上具有一致性，只不过违法量的大小有区别。行为人认识到其行为违反了行政法律规范，就有认识到行为违反刑法的基础与可能，即使行为人确实只具有行政违法的意识，但只要其行政违法的行为达到了刑事可罚的程度构成了犯罪，也不能因其不具有刑事违法性认识而阻却犯罪成立。否则，将造成诉讼上的区分不能和证明不能，对行政犯罪的追究就无从谈起。

三、行政犯罪的法律认识错误

（一）行政法规的认识错误与刑法的认识错误

行为人如果认识到其行为违反了行政法规，却错误地以为不违反刑法时，不阻却犯罪的成立，这在前文已作论述。值得探讨的是，行为人的行为违反了行政法规，但误以为没有违反行政法规，对此应如何处理？

在德国，由于1871年刑法典第59条仅仅把行为构成错误处理成是排除故意的，而没有对禁止性错误作出规定，帝国法院在此基础上，对构成行为错误和法错误做出了区分，在关于法的错误中，作了进一步区分：刑法性的法错误应当完全不予理会，刑法之外的法错误处于与构成行为错误同等的地位，并作为排除故意来处理。但这个判决被学术界几乎一致地加以拒绝了。

① ［德］克劳斯·罗克辛：《德国刑法学总论》（第1卷），王世洲译，法律出版社2005年版，第613页。

② 张明楷：《刑法学》（第五版），法律出版社2016年版，第318页。

因为刑法性的和刑法之外的法错误，并不是清楚的相互区别开的。[①]刑法是否将其禁止内容委任于非刑罚法规，只不过是立法技术上的问题。例如在刑法中，有的条文像行政法规一样描述了行为内容，而有的条文仅表述为“违反……法规”，二者没有本质区别。后者不过是为了避免冗长的表述而采取了空白刑法的立法方式。如果采取上述理论，就会导致明显不公平。[②]因而德国刑法司法判决中目前占主流的意见是，补充空白构成的法律的特征也属于行为构成。如果行为人没有认识补充空白构成的法律的存在，那么就只能根据德国刑法典第17条确定法律错误的存在，如果行为人对补充空白构成的行为特征存在着认识上的错误，那么就不存在故意，行为人就是处于德国刑法典第16条规定的行为构成错误的情况之中。[③]

基于同样的理由，虽然意大利刑法第47条第3款规定，“在引起对构成犯罪的事实的认识错误时，对非刑法性法律的认识错误排除可罚性”，但学界认为此处的“非刑法性法律”实质上是指犯罪构成中的规范性因素认识。只有当行为人对非刑法性法律的认识错误，使行为人误将构成犯罪的事实视为具有另一性质的事实时，才属于因“对非刑法性法律的认识错误”而“引起的对构成犯罪的事实”的认识错误。[④]

在行政犯罪的认定过程中，对行政法规的认识错误的处理，可以在区分不同情况的前提下，借鉴上述国家的理论和方法。第一种情况是，行为人根本不知道行政法规的存在。一些行政法规在伦理上中性无色，如果行为人不知法规的存在，其行为时完全没有意识到自己的行为是否违法。在这种情况下，应以行为人是否有违法性认识的可能为标准来处理，因为行为人虽然没有违法性认识，但依然不能否定其有认识的可能。至于可能性的判断将在后文论述。

第二种情况是，行为人知道行政法规的存在，但是错误地理解了行政法

① ［德］克劳斯·罗克辛：《德国刑法学总论》（第1卷），王世洲译，法律出版社2005年版，第613页。

② 张明楷：《行政违反加重犯初探》，载《中国法学》2007年第6期。

③ 王世洲：《德国经济犯罪与经济刑法研究》，北京大学出版社1999年版，第94-95页。

④ 参见［意］杜里奥·帕瓦多尼：《意大利刑法学原理》，陈忠林译评，中国人民大学出版社2004年版，第214-217页。

规的意思，而误认为自己的行为在行政法规上是允许的。在这种情况下，则要区分认识错误的部分是否属于犯罪构成要件的错误，如果是，则构成事实认识错误，影响故意的成立；如果不是，则属于法律认识错误，不影响故意的成立，但在错误不可避免的情况下，阻却责任。换言之，如果行为人对行政法规的理解错误，并没有使其对犯罪构成要件的事实发生误解，而只是在行为是否合法的问题上使行为人发生了错误认识（即将不合法的行为误认为是合法行为），这种错误不影响犯罪故意的成立。例如我国刑法第340条规定："违反保护水产资源法规，在禁渔区、禁渔期或者使用禁用的工具捕捞水产品，情节严重的，处……"禁渔区或禁渔期、禁用工具属于客观构成要件，如果行为人事实上在使用禁渔工具捕捞水产品，但他因误解行政法规而以为自己不是在使用禁渔工具，这属于事实认识错误。反之，如果行为人认识到自己是在使用禁渔工具，但误以为不违反行政法规或仅仅违反行政法规而不违反刑法，则是法律认识错误，不影响故意的成立。

（二）行政犯中的法律认识错误与事实认识错误

自13世纪布莱克顿提出事实错误可以作为抗辩理由，而法律认识错误不影响犯罪的成立和量刑，之后各国的刑法理论与刑事司法都特别重视事实认识错误与法律认识错误的区分。尽管"不知法律不免责"在现代社会已出现松动与例外，但基本的观点仍然是：事实认识错误，影响故意的成立，法律认识错误在不可避免的情况下，影响责任。即"不知法律不免责"仍是原则，例外只在有限的情况下存在，因而区分事实认识错误与法律认识错误仍有重要意义。与自然犯相比，行政犯法规中的犯罪事实很多情况下具有价值中立的性质，属于所谓"无色的事实"，①并不具有唤起行为人的违法性认识之可能性，因此，在行政犯中区分法律认识错误和事实认识错误是一个非常重要的问题。

简单而言，对关于行为的事实情况的错误系事实认识错误，对行为在法律上的评价错误系法律认识错误。但实际上，很多情况下二者的区分充满模糊性与争议性。以日本最著名的争议案件"狸·貉"案和"貘玛·鼯鼠"案为例。二者都是违反狩猎法的案件，前者是被告人误信"狸"是当地俗称为"貉"的其他野兽而捕获，后者是被告人不知道当地俗称为"貘玛"的动

① ［日］西田典之：《日本刑法总论》（第二版），王昭武、刘明祥译，法律出版社2013年版，第219页。

物就是狩猎法上的禁猎兽“鼯鼠”而捕获。日本大审院在“貘玛·鼯鼠”案上，认为将某地俗称“貘玛”的动物，当作与禁猎动物“鼯鼠”不同的动物而猎捕，不缺乏犯罪事实的认识，只不过法律认识错误，不阻却故意。但在“狸·貉”案上却认为是属于事实错误，被告人缺乏捕获属于禁猎兽的狸的认识，因而阻却故意。显然，两个案件判决的旨趣是相矛盾的。[①]对这两个判例的解释，学术界也是认识不一。

还有争议的问题在于规范性构成要件要素的错误是事实错误还是法律错误。所谓规范性构成要件要素，系与记述性构成要件要素相对应的概念，它需要法官根据一定的文化价值判断标准进行规范的、评价的判断才能确定，而记述性构成要件要素只需要根据对事实的认识即可确定。[②]规范性构成要件要素在行政犯罪的罪状表述中大量存在，如淫秽物品的“淫秽性”、职务行为的“合法性”等。在制作、贩卖、传播淫秽物品的案件中，行为人的行为对象实际上是淫秽物品，但他误认为不具有“淫秽性”不属于淫秽物品，这是事实错误还是法律错误？日本最高法院大法庭在1957年一份判决书中指出：“即使主观上相信不是刑法第175条规定的猥亵文书，从而贩卖了某文书，如果它在客观上具有猥亵性，就属于法律错误，不能够阻却犯意。”[③]但该判决遭到了大多学者的反对，认为贩卖猥亵文书的行为对象是“猥亵文书”，属于规范性构成要件要素，行为人必须对文书的“猥亵性”的意义有认识，才谈得上有犯罪故意。如果仅仅知道贩卖的对象是文书，不知其内容具有“猥亵性”，那就是对构成要件事实缺乏认识，是事实错误，阻却犯罪故意的成立。[④]

笔者认为，规范性构成要件要素既是社会评价又是法律术语，对于行为人而言，其只需认识到自己行为的社会意义即可，无须认识刑法上的规范用语。比如行为人可能不知道“淫秽性”的规范意义，甚至不认识刑法上的

---

① 参见［日］大塚仁：《刑法概说》（第三版），冯军译，中国人民大学出版社2009年版，第460页。

② 参见刘明祥：《刑法中错误论》，中国检察出版社2004年版，第255页。

③ ［日］大塚仁：《犯罪论的基本问题》，冯军译，中国政法大学出版社1993年版，第213页。

④ ［日］内藤谦：《刑法讲义总论》（下），有斐阁1991年版，第1053页。转引自刘明祥：《刑法中错误论》，中国检察出版社2004年版，第256页。

"淫秽"二字，但只要其认识到自己贩卖的物品是含有低级下流内容的黄色物品、色情物品、毛片，客观上贩卖的又的确是法律上所称的淫秽物品时，其行为即构成犯罪。换言之，行为人无须对自己的行为作出法律上的评价，但需要认识到作为法律评价基础的事实。以上述日本的争议案件为例，笔者认为，行为人不需认识到禁猎兽在当地俗语与法律术语或动物学专业术语上的区分，只要他认识到刑法之所以对狩猎此种动物的行为作违法性评价的基础事实——这种动物比较稀少而珍贵，就足以认定故意的成立。故上述两起案件在笔者看来，都属于法律认识错误而非事实认识错误，不阻却犯罪故意的成立。

（三）可避免的认识错误与不可避免的认识错误

违法性认识不以行为人现实地认识到其行为违法为必要，但要求具有认识的可能性。换言之，对于符合构成要件的违法行为，在满足其他罪责要素的情况下，如果行为人缺乏违法性认识的可能性，即排除犯罪的成立。如果行为人具备违法性认识可能性，但是由于违反注意义务而没有认识到行为的违法性，成立过失犯。① 因此，有必要区分可避免的认识错误与不可避免的认识错误，即行为人有无违法性认识的可能性。

关于这一点，在对违法性认识有规定的立法体例中均有涉及，如德国、法国、韩国、葡萄牙以及中国台湾、澳门地区等立法中都强调在违法性错误"不可避免"或"有正当理由"时始可阻却责任。② 但究竟如何判断是否不可避免，则只有奥地利刑法予以了明示，该法第 9 条第 2 款规定："对于行为人及任何人而言，很容易认识行为不法，或者如果行为人不了解有关规定，但根据其职业、工作或者其他情况，有义务认识该规定的，则其法律上的

---

① 刘艳红：《违法性认识的体系性地位——刑民交叉视野下违法性认识要素的规范分配》，载《扬州大学学报（人文社会科学版）》2015 年第 4 期。

② 如德国《刑法》第 17 条规定："行为人行为时没有认识其违法性，如该错误认识不可避免，则对其行为不负责任。如该错误认识可以避免，则依第 49 条第 1 款规定减轻处罚。"法国《刑法》第 122−3 条规定："证明自己系由于其无力避免的对法律的某种误解，认为可以合法完成其行为的人，不负刑事责任。"奥地利《刑法典》第 9 条第 1 款规定："行为人因法律上的认识错误而未认识到行为不法，如果该错误认识不可避免，则对其行为不负责任。"等。参见张泽涛：《行政犯违法性认识错误不可避免的司法认定及其处理》，载《政法论坛》2022 年第 1 期。

认识错误应受谴责。"[1]由该款规定可以看出，其兼顾了刑法理论上关于此问题形成的"平均人标准"与"行为人标准"，但最终落脚点还在于"行为人标准"。

笔者同意车浩教授的观点："从违法性认识的必要性，转向违法性认识错误可避免性的判断。这可能是目前国内刑法学界挣脱现有研究的瓶颈束缚的发力点，也是能够被实务界逐渐接受法律认识错误的突破口。"[2]笔者认为，上述立法例无疑可供我们在司法实务中借鉴，因为这直接涉及刑事诉讼中举证责任的分配问题。当控方的有罪证据达到与自然犯同等程度时即可认为处于优势地位，如果此时被告人以不知法为由主张欠缺主观要件，则可以将举证责任适时转移到被告人一方，由其举证自己不明知的理由和事实，否则可以推定行为人明知自己的行为具有违法性。[3]对违法性认识的可能性问题遵循"一般推定，例外反证"的原则，即一般情况下采取平均人标准，推定一般国民均有违法性认识的能力，无须公诉机关证明其主观上具有违法性认识，只有在个别例外案件中采取行为人标准，且由行为人证明自己基于正当理由产生了法律认识错误。因为在现代法治社会，国民的法律意识应以高标准来要求，不知法律本身就存在先在的过错，因而也不能完全以行为人的个人认识能力作为依据。[4]而且尽管各种行政法规与日俱增，但资讯和宣传途径也日益发达和多元化也是不争的事实。更重要的是，行政犯罪很多都是存在于特定的专业领域，虽然对于非专业人士，知晓和理解专业性法规几乎不具有期待可能性，但对于进入某特定专业领域的人员，则应当对法律有所了解。如果其没有努力收集相关法律信息，其违法性错误原则上属于可以避免的错误，不阻却责任。如从事证券行业的行为人，对与证券相关的法律法规就有认识的可能性。又如经营或管理公司、企业的人，就对与公司、企业相关的法律法规有认识的可能性等。

---

① 《奥地利联邦共和国刑法典》（2002年修订），徐久生译，中国方正出版社2004年版，第4页。

② 车浩：《法定犯时代的违法性认识错误》，载《清华法学》2015年第4期。

③ 陈烨：《法定犯违法性认识必要说：我国现行刑事立法框架下如何坚守》，载《政治与法律》2017年第7期。

④ 孙国祥：《违法性认识错误的不可避免性及其认定》，载《中外法学》2016年第3期。

对特定领域的人要求具有更高的法律认识义务，这在国外司法实践中也是被认可的。如德国刑事判例表明，不可避免的法律错误总的要求是行为人必须是“问心无愧”的，但在经济刑法领域，所要求的“对良心的期望程度”是根据案件的情况及行为人生活与工作的环境来确定的。在经济领域活动的人们不仅要求具有更高的谨慎义务，而且具有询问的义务。在这种情况下，德国最高法院认为，法院应重点关注顾问的专业资格、顾问的独立性和评估的合理性检查。[①]在意大利，宪法法院也认为，如果主体具有了解法律规定的特殊条件或特殊专业能力，则不存在对法律认识错误具有不可避免的问题。[②]可见，即使是行政犯罪，司法实践中也可对行为人的违法性认识作出一般推定。

以上海某某投资管理有限公司及范某等人非法经营案为例。[③]范某所在的某某公司经公司高级经理会议决定，在未经行政主管部门批准的情况下非法从事证券业务，范某在其中担任财务经理。其辩解作为财务人员，虽然参与高级经理会议，但对证券业务并不直接参与也不了解，因而不知道公司擅自从事证券业务系非法行为。检察机关认为，作为证券行业的财务人员，了解该行业的行政法规是其基本义务，范某由于自身原因怠于了解法律而产生法律上的认识错误，不影响犯罪成立。法院采纳了公诉意见，认定范某的行为构成非法经营罪。

当然，对于个别案件还需要对行为人的违法性认识作出特殊判断，因为推定作为一种证明方法是允许被反证推翻的。在违法性认识错误问题上，应由被告人提出反证，证明自己的法律认识错误系基于正当理由而产生，是不可避免的。例如，行为人遵从了最高法院的判例，或者在判例有分歧时遵从了上级法院的判例而产生违法性认识错误，以及行为人信赖了主管机关的见解产生违法性认识错误时，均应认定为不可避免的错误。如日本“非法垄断石油”案中，法院以通产省的行政指导和公正交易委员会的沉默态度为依

---

① 参见何金洋：《经济刑法中违法性认识错误的理论反思与规则重塑》，载《西部法学评论》2022 年第 2 期。

② ［意］杜里奥·帕瓦多尼：《意大利刑法学原理》，陈忠林译评，中国人民大学出版社 2004 年版，第 231 页。

③ 案例来源：上海市浦东新区人民法院（2011）沪浦刑初字第 1059 号判决书。

据，认为行为人产生错误认识具有“相当理由”。[1] 相反，基于私人的或者无权机关的解释产生的错误认识，则不能成立不可避免的错误。如日本“无证驾驶”案中，被告人仅持有普通驾照而驾驶类核定人数为 15 人的小型面包车，按照规定，驾驶该车应持有大型车辆的驾照。被告人辩解，由于车辆经过改装，拆除了后面的座位，现在只能乘坐 9 人；此外，还曾听上司说过，只要不带人，普通驾照就可以驾驶，被告人也曾看到，有同事曾持普通驾照驾驶了该车。但日本最高裁判所认为，对于违法意识的阙如，看上去似乎有相当的理由，但上司的言辞、同事的行为等并不足以作为信赖的依据，而且只要看一下行驶证，本应很容易意识到该车属于大型车辆，因此被告人辩解的上述因素不至于阻却责任或故意。[2] 在前文所举的上海首例走私贵重金属案中，被告人辩解其将黄金制品放入电脑包中系因为托运处工作人员告知其贵重物品应随身携带，这并不成立法律认识错误的正当理由。因为托运处工作人员作为航空公司而非行政主管部门的工作人员，其职责限于行李是否适合托运及如何托运，而不涉及行李是否需要申报，且托运处工作人员仅告知被告人贵重物品不宜托运并未告知其贵重物品不需申报，因此，被告人的法律认识错误不属于不可避免的认识错误。

我国司法实践和司法解释也逐渐认可了上述观点。如互联网非法集资犯罪案件中，经常有行为人提出不知行为违法的辩解，法院认为“被告人因信赖媒体宣传、财经专家等人的意见而陷入错误认识的辩解，并不能作为其自身行为合法性的根据和排除主观故意的理由”。[3]2017 年最高人民检察院公诉厅发布的《关于办理涉互联网金融犯罪案件有关问题座谈会纪要》也对违法性认识问题作出了回应性规定：“对于无相关职业经历、专业背景，且从业时间短暂，在单位犯罪中层级较低，纯属执行单位领导指令的犯罪嫌疑人提出辩解的，如确实无其他证据证明其具有主观故意的，可以不作为犯罪处理。另外，实践中还存在犯罪嫌疑人提出因信赖行政主管部门出具的相关意见而陷入错误认识的辩解。如果上述辩解确有证据证明，不应作为犯罪处

---

① 黎宏：《日本刑法精义》（第二版），清华大学出版社 2008 年版，第 204 页。

② 参见［日］西田典之：《日本刑法总论》（第二版），法律出版社 2013 年版，第 223-225 页。

③ 陆某甲、陆某乙等非法吸收公众存款案，上海市崇明区人民法院（2018）沪 0151 刑初 400 号刑事判决书。

理，但应当对行政主管部门出具的相关意见及其出具过程进行查证。”这说明最高司法机关对于金融等专业领域的案件也是倾向于赋予不同行为人以不同程度的合法性认识注意义务，并对是否具有认识错误的可避免性角度给出了具体的指引。如果行为人实际从事的行为与行政机关出具意见所涉及的行为不一致的，不能成立违法性认识的抗辩事由。[①]

第三节　行政犯罪与严格责任

刑法领域的严格责任起源于英美刑法，自它产生之日起，各界便对其争论不休。其不仅遭到大陆法系刑法理论的拒绝，且在英美国家内部也是质疑不断[②]，但这并未影响严格责任在英美国家的生命力。在英国刑法中共存在8000多种罪名，其中严格责任犯罪在一半以上。从组成上看，8000多种罪名中大约540种为严重犯罪，在严重犯罪中，123种犯罪涉及严格责任因素，许多犯罪可以判处监禁刑。[③]由于成文法上适用严格责任的第一起案件即是行政犯罪案件，且现行的严格责任犯罪也大部分属于行政犯罪，故近年来我国不断有学者呼吁在某些行政犯罪领域引入严格责任。

---

① 如在郭某某等组织、领导传销活动罪一案中，郭某某的辩护人提出“被告人系在律师给出某3公司的经营模式是合法的意见后才开始经营，不具备违法性认识可能性和期待可能性”，但经法院查明，郭某某向律师描述的买家网的经营模式与实际的经营模式不符，因此，法院认定郭某某向律师咨询的行为不属于违法性认识错误，不影响犯罪行为的认定。案例来源：北京市中级人民法院（2021）京03刑终247号刑事判决书。

② 例如在英国，鲁珀特·克罗斯等人认为：“适用严格责任的目的是处罚那些由于过失而实施某种特定行为的人，法院却通过解释适用严格责任的法律规定，而使那些主观上无过错的人和有过错的人都处以刑罚，这是非常奇怪的。”［英］鲁珀特·克罗斯、菲利普·A. 琼斯：《英国刑法导论》，赵秉志等译，中国人民大学出版社1991年版，第78页。在美国，著名法学家哈特也对严格责任进行猛烈的抨击，认为：“严格责任没有道德上的正当理由，甚至连理性的超道德的理由都不存在。”Henry M. Hart，Jr，The Aims of the Criminal Law， Harvard Law Review，Vol.71（1958），pp.422–425.

③ Ashworth & Blake，*The Burden of Proof And The Presumption of Innocence*，Criminal Law Review，1996，p.306.

一、域外严格责任之考察

（一）英美法系：缘起与演变

1. 立法和司法实例

在原始复仇与自然正义观念的支配下，古代社会的刑法曾经是结果责任刑法，根本不考虑行为人的主观罪过。欧洲中世纪以后，随着基督教思想与注重原心论罪的教会法对世俗刑法制度的渗透，“行为无罪，除非内心邪恶”的观念逐渐为世俗刑法制度所接受。随着资产阶级革命成功而确立的自由主义、客观主义的古典刑法则进一步确认罪过在古典主义刑法的基本责任要素地位，“无罪过即无犯罪也无刑罚”成为古典主义刑法典基本原则。但 19 世纪，英美刑法制度中的制定法又出现了相反趋势，规定了不少仅仅根据行为及其危害结果而无须根据其主观意图即可定罪的严格责任犯罪。[①]这些犯罪主要包括两大类：一是公共福利犯罪，即在食品、药品、公共工程建设、环境保护等领域发生的危害公众健康、公共福利和公共安全的犯罪；二是道德犯罪，主要是针对未成年人的奸淫、猥亵、诱拐等犯罪。[②]公共福利犯罪在我国大部分属于行政犯罪。

从司法判例角度考察，适用严格责任的第一个案件是 1864 年英国的伍得罗（Woodrow）案。被告受指控犯下拥有掺假烟草罪，虽然他不知道该烟草是掺假的。公诉方强调该法的目的在于保护国家的税收，并强调该法中未使用“明知”及与之类似的词语的事实。法院根据该法中赋予税务官员以在“无欺诈故意或违反本法的故意”情况下也能够提出起诉的权力，这意味着即使无欺诈或违法故意也可能定罪。帕克（Parke）法官认为公诉方很难证明“明知”，由于要求“明知”而给公众带来的危害远远大于因不要求“明知”而给被告本人带来的不公正性。被告已尽了合理注意是事实，但并不能免除其责任，即使是只有通过“细致的化学分析”才能发现掺假，被告也应负责。[③]在此后的“hobbs v. Winchester Corpn”一案中，肯尼迪法官对《1875 年公共健康法》规定出售变质猪肉为严格责任犯罪的立法意旨进行了说明：

---

① 参见梁根林：《刑事法网：扩张与限缩》，法律出版社 2005 年版，第 107-109 页。

② 参见刘亚娜：《论英美刑法中的严格责任及其对中国刑事诉讼证明制度的价值》，载《河北法学》2010 年第 7 期。

③ ［英］J.C. 史密斯、B. 霍根：《英国刑法》，李贵方等译，法律出版社 2000 年版，第 116-117 页。

“该法明确及重要之目的是尽可能保护买者避免购买和消费不适于作为人类食品的有害的和变质的肉类，而这种购买在大部分人看来对人类生活是必要的。我们认为，从该法及其目的所推断出的自然意义是法律处罚无辜出售变质肉而给肉商带来的危险远远小于因在每个案件中要求证明犯意而给公众带来的危险。我们认为，该法应采取这样的政策：假如一个人为获利选择从事可能给人类健康带来死亡或伤害危险的出售业务，他就必须为此而承担一定风险。”①

英美国家认为严格责任的正当性依据有三：②第一，出于保护公共利益的需要。对一些事关公共健康和安全、环境污染等特殊领域的行为规定严格责任犯罪，可以督促该领域的人们尽一切可能避免自己触犯法律，而不仅仅是尽到合理注意义务即可。第二，出于举证便宜的需要。对于公诉方而言，无须证明被告人的主观罪过，无疑大大提高诉讼效率。第三，严格责任犯罪并非真正的犯罪，不具有道德上的耻辱性。它们仅仅是违警罪（regulatory offences），有些是由政府机关提出指控而非由警察或公诉机关提出指控。

可见，无论是制定法上的严格责任还是普通法上的严格责任，其都是在公共利益的大旗下对个人利益的牺牲，是一种“两害相权取其轻”的选择，也是英美功利主义刑法观的体现。

2. 含义的纷争

关于严格责任，最麻烦的问题在于没有人说得清楚他到底有多严格，③就连英美法系国家对严格责任的定义也是各不相同。笔者认为，林林总总的定义中，以被告人是否可以抗辩为标准可以分为两大类：

第一类是不允许被告人抗辩的严格责任。其中又分为根本不需要任何过错的严格责任和在部分要件上不需要过错的严格责任。前者如克罗斯与琼斯的定义：“在某些特殊的犯罪中，即使被告的行为不具有对被控犯罪必有后果的故意、放任或过失，即使被告对必要的犯罪条件没有犯罪意思或行为过失，即使被告的行为是基于合理的错误认识即认为自己具有犯罪定义所规定

---

① ［英］J.C. 史密斯、B. 霍根：《英国刑法》，李贵方等译，法律出版社 2000 年版，第 117 页。

② 参见 Jonathan Herring, *Criminal Law*, 3th ed，法律出版社 2003 年版，第 105–106 页。

③ ［英］鲁珀特·克罗斯、菲利普·A. 琼斯：《英国刑法导论》，赵秉志等译，中国人民大学出版社 1991 年版，第 77 页。

的某个特殊的辩护理由，他也可能被定罪。在这种情况下，被告本人虽然没有过错，但却要承担刑事责任，这种责任称为严格责任。”[①] 后者如史密斯和霍根的定义：“严格责任犯罪是对相应行为中的某个行为要件不要求犯意，但这并不意味着对于其他行为要件不要求具有犯意。某一罪行属于严格责任犯罪并未完全排除主观要件的证明，严格责任犯罪的责任是严格的，但不是绝对的。”[②] 根据这些定义，严格责任又可称为绝对责任或绝对的严格责任，公诉方无须证明行为人在部分或全部的行为要件上具有过错，且不允许被告人以合理的认识错误或其他抗辩事由进行辩护。

第二类是允许被告人抗辩的严格责任。例如美国学者认为：“在一些特定的犯罪中，不要求公诉方提出被告人具有犯罪意图的证据，若被告人可以提出证据证明其行为不具有犯罪意图，则可以免除其刑事责任。此类特定的犯罪中，被告人是被推定为具有犯罪意图的，在此种情形下，被告人若不能提出反证，则需要承担刑事责任，这就是严格责任的犯罪。”[③] 这一定义着眼于程序角度而非实体角度，严格责任并非不需要过错，而仅仅是公诉方无须证明行为人的过错，同时允许行为人进行抗辩与反证，这又可以称为相对的严格责任或推定的严格责任。

在刑法典中即明确区分绝对责任与严格责任的当属澳大利亚刑法典，其第 6.1 条规定了严格责任，第 6.2 条规定了绝对责任，两者的区别在于事实错误的辩护是否有效。[④]

3. 规则的演变

学者对严格责任的定义，其实反映了严格责任的演变轨迹。严格责任并非一成不变，它因时而变，从最初的不要求罪过的绝对责任，到部分要件不要求罪过的严格责任，再到允许被告人辩护的推定责任，其内涵的包容程度越来越高。可以说，与肇始之初的严格责任已渐行渐远，虽然有时绝对责任

---

① ［英］鲁珀特·克罗斯、菲利普·A. 琼斯：《英国刑法导论》，赵秉志等译，中国人民大学出版社 1991 年版，第 67 页。

② ［英］J.C. 史密斯、B. 霍根：《英国刑法》，李贵方等译，法律出版社 2000 年版，第 114 页。

③ ［美］道格拉斯·N. 胡萨克：《刑法哲学》，谢望原译，中国人民公安大学出版社 1994 年版，第 137 页。

④ 参见《澳大利亚联邦刑法典》，张旭等译，北京大学出版社 2006 年版，第 6 页。

与严格责任仍在相同意义上使用，但其实这是带有误导性的，因为它会让人误以为严格责任不存在任何抗辩理由。[①] 事实上，如今的英美法国家，适用严格责任时，无论是普通法还是制定法上都存在诸多辩护理由，以作为对严格责任定罪的限制，从而避免极端不公正的结果出现。[②] 如加拿大最高法院就于 1985 年作出决定：今后凡可判处被告人监禁的犯罪，都要允许“善意辩护”[③]。英美法国家通过不同判例和制定法对严格责任的演绎与演变，使得严格责任与罪过原则及责任主义之间的罅隙并非如我们想象那么不可弥合。

严格责任甚至因“案”而变，例如实践中有这样的判例：被告人巴林特没有按照政府的要求来出售鸦片，因为他误以为所出售的是糖，但法庭不问过错地将其定罪；而另一被告人奈哥拉买了贴有假印花的麻醉剂包裹，因为他确信那是真印花，法庭最后却以他缺乏认识为由宣告无罪。联邦法律对这两个罪的规定都没有过错的字样，但一个适用严格责任而另一个就没有适用，原因在于：前者把鸦片当成糖来卖，会使社会上那些毒品上瘾者成为无辜的买主，进而导致严重的后果；后者买入贴有假印花的麻醉剂包裹，仅仅是导致政府印花税的减少，危害性相对较小。[④] 在法律没有限制性规定的情况下，通过法官解释对看似相同的案件作不同的判决，从而使原则得以发展，这既是法官自由裁量权的体现，也是普通法的精髓所在。

从严格责任在英美法系国家的演变来看，作为追求诉讼效率和便利的产物，虽然饱受忽视公平正义、牺牲人权、剥夺被告人的辩护人等种种非难和

---

① Jonathan Herring，*Criminal Law*，3th ed，法律出版社 2003 年版，第 104 页。

② 如：（1）被告人可能在公诉方未证明任何犯意的情况下被定罪，但是如果他能以可能的优势证据证明自己缺乏犯意，即他诚实的相信存在着一种事实状态，如果这种事实状态的真的存在，就会使其行为完全无辜，那么可被宣告无罪；（2）被告人可能在公诉方未证明任何犯意的情况下被定罪，但如果被告人用可能的优势证据证明自己缺乏犯意，也没有疏忽，即他诚实而且合理的相信所存在的事实状态，这种事实状态如果存在将使其行为完全无辜，那么可被宣告无罪；（3）被告人可以在公诉方未证明任何犯意的情况下被定罪，除非被告人能提供令人信服的证据表明他诚实而且合理的相信存在着一种事实状态，而这种事实状态可以使其行为完全无辜；在这种情况下，公诉方承担超出合理怀疑的证明不存在这样的诚实信念，或者被告人的信念是不合理的责任。[英]J.C. 史密斯、B. 霍根：《英国刑法》，李贵方等译，法律出版社 2000 年版，第 136 页。

③ 刘仁文：《奸淫幼女与严格责任》，载《法学》2003 年第 10 期。

④ 参见刘仁文：《刑法中的严格责任研究》，载《比较法研究》2001 年第 1 期。

质疑，但从早期绝对的严格责任发展到如今的相对严格责任，其一直在被修正，也证明了它的生命力与合理性。[①]

（二）大陆法系：批判与有限接受

在一般观念上，都认为严格责任是英美法系的特产，大陆法系国家没有严格责任的容身之处。但其实不然，笔者发现，大陆法系国家在对待严格责任的问题上，出现了理论上坚决批判和立法上有限接受的背反现象。

1. 理论上的批判

大陆法系国家的刑法以其理论体系的完美精湛为豪，在其“构成要件该当性—违法性—有责性”的犯罪论体系中，责任是最后的过滤机制，将缺乏责任的违法行为排除在犯罪之外。在大陆法系学者看来，强调罪过原则，实际上反映了一种要求对刑罚的预防作用进行限制的需要。它代表的是一种与刑罚的预防功能相反，但在现代的自由民主制度中却居于不可侵犯地位的基本价值：对人的尊重。如果刑罚不以罪过作为适用的限度，仅以对社会成员的威慑、对犯罪人的隔离或最适当的再社会化为追求的目标，无疑就是将刑罚变成了一种实现某种预防性刑事政策的随机性的工具。总之，罪责原则是迄今为止所能找到的一种最自由和对于社会心理最有利的限制国家刑罚力的手段。由于罪责的严重程度由行为人本人的内在因素和所造成的损害范围决定，坚持责任主义原则，就能够有效地满足由社会利益决定的刑法预防性需要。同时，将刑罚的最高范围限制在与罪责相适应的限度内，不仅符合了一般公众的法律感受，也有助于强化一般公众法律意识中罚当其罪的正义情感，从而间接地具有一般预防的意义。[②]

以罪过为基础的责任主义与自由保障、理性选择以及刑法目的之间的内在联系，使得责任主义当之无愧地成为大陆法系刑法的基本原则。站在责任主义的立场，不要求证明行为人具有罪过的严格责任是对自由主义与责任主义刑法的直接违反，而且追究一个在道德上没有罪过的人本身就是违反道德原则的。

---

① 周航宇、牛建宇：《严格责任在我国刑法中的现实展望》，载《黑龙江省政法管理干部学院学报》2015年第3期。

② 参见［德］克劳斯·罗克辛：《德国刑法学总论》（第1卷），王世洲译，法律出版社2005年版，第165-166页、第49页。

2. 立法上的有限接受

虽然理论界对严格责任持一致批判的态度，但大陆法系的立法上却似乎出现了一丝松动迹象。

意大利刑法典第 609 条 –6 规定："在针对不满 14 岁未成年人实施性侵害时，犯罪人不得以不知晓被害人的年龄为开脱罪责的理由。"[①] 不仅如此，其总则还规定了客观责任和超故意，所谓客观责任是指第 42 条第 3 款规定的"法律规定行为人应当对自己的作为或者不作为而造成的结果以其他名义承担责任"（这里的"其他名义"，显然是指不属于故意、过失或超故意等情况），而超故意指的是第 43 条第 2 款规定的"当危害的作为或不作为引起的损害或危险结果比行为人希望的更严重时"。超故意是故意和客观责任的混合，尽管由于客观责任的成立既不要求故意也不要求过失，因而被学者认为其在现代刑法中只具有负面意义，但宪法法院仍然强调罪过原则没有明确禁止客观责任的含义。[②]

在德国，原本用于限制刑罚适用的客观处罚条件，在二战后被立法者反复适用，反而成为拓宽刑罚适用打击犯罪的利器。因为客观处罚条件意味如果行为时存在客观处罚条件或者行为后发生该客观处罚条件，即使行为人对此没有认识或者没有预见，亦不影响其行为的可罚性。错误的原理与规定对于客观处罚条件亦无适用的余地。[③] 无疑，客观处罚条件的精神内核与严格责任有一定相似之处。在经济犯罪与违反社会秩序法中，立法者将某些危害法益事实规定成客观处罚条件，免去对该等事实证明行为人有故意的困难，从而使得对犯罪的指控相对易于成立。例如，德国刑法第 283 条关于破产犯罪中规定了"停止支付，或就其财产宣告破产程序或宣告破产的申请因缺乏破产人财产而被驳回"[④] 的客观处罚条件。这就意味着，该当构成要件的不法且有责的破产行为，仅在行为人停止支付，或就其财产宣告破产程序或宣告破产的申请因缺乏破产人财产而被驳回时，才能现实地予以处罚。对于破

---

① 《最新意大利刑法典》，黄风译注，法律出版社 2007 年版，第 211 页。

② 参见［意］杜里奥·帕瓦多尼：《意大利刑法学原理》，陈忠林译评，中国人民大学出版社 2004 年版，第 202–207 页。

③ ［德］汉斯·海因里希·耶塞克等：《德国刑法教科书》，徐久生译，中国法制出版社 2001 年版，第 667 页。

④ 《德国刑法典》，徐久生、庄敬华译，中国方正出版社 2004 年版，第 138 页。

产犯罪的成立，控方只需证明行为人实施了该当构成要件的不法且有责的行为，至于行为人于行为时对停止支付、就其财产宣告破产程序或者宣告破产的申请因缺乏破产人财产而被驳回是否存在故意或者过失，则不必证明。立法者假借客观处罚条件立法技术的运用，巧妙地回避了对某些犯罪成立要素的犯意要求，从而大大地减轻了控方的犯意证明责任，有利于积极有效地追诉破产犯罪以及其他类似犯罪。①

20世纪中期，诸多发达国家为了遏制伴随经济飞速发展而产生的日益严重的环境污染问题，纷纷将严格责任引入环境犯罪中。②如日本《空气污染控制法》《水污染控制法》均规定，只要排污物对公众身体或生活造成了损害，无须证明排污者的主观心理即可以追究其刑事责任。法国《农业法》第434条第1、4项有关水污染犯罪的规定中，就以实质犯罪或客观的实体侵害行为为事实基础建立了客观犯罪，即无过失构成犯罪的立法例。法国实务上一般趋于至少应有起码程度的过失，但如法律有特别规定时，仍依无过失责任或客观责任处罚。③

（三）比较后的结论

通过严格责任在两大法系的命运对比，我们可以得出两个结论：

1. 两大法系有相互借鉴甚至融合之处

英美法系和大陆法系因不同的历史渊源而具有各自鲜明的特征，无论是立法、司法还是刑法理论都各成体系。但体系之间并非完全没有对话的通道，对话的基础有二：一是法治的普世价值，无论哪种体系的坚守，都将公平和正义作为法治的目标所在；二是共同的现实问题，在以环境犯罪为代表的公害犯罪日益严重的危害社会共同利益时，法律必须在公正与功利、社会保护与权益保障之间作出更精妙的平衡。对话的结果则是两大法系的相互借鉴甚至融合。严格责任的发源地英美法系国家对严格责任的适用日趋严格，

---

① 梁根林：《责任主义原则及其例外——立足于客观处罚条件的考察》，载《清华法学》2009年第2期。

② 参见赵秉志：《环境犯罪及其立法完善研究》，北京师范大学出版社2011年版，第105-149页。

③ 柯泽东：《环境刑法之理论与实践》，载台大《法学论丛》（第18卷）第2期。转引自刘斌斌、李清宇：《环境犯罪基本问题研究》，中国社会科学出版社2012年版，第89页。

从绝对走向相对；而大陆法系国家的立法也出现了不要求行为人必须明知、意欲或者至少有预见可能性的例外但明确的规定。

2. 责任主义仍是基本原则

严格责任在立法上的突破和司法中的适用并未改变责任主义作为基本原则的地位，这一点在大陆法系国家毋庸置疑。在英美法系国家，就真正的犯罪而言（即我国语境中的犯罪），责任主义亦是基本原则。如美国《模范刑法典》在第一编总则即开篇明示："应当保障无过错行为不受刑事谴责为本法典定义犯罪的一般目的之一。"只有根据第 2.05 条规定："除犯罪规定中有特别的要求，或者法庭认为适用可责性要求与有效执行规定犯罪的法律相符合外，本法可责性要求不适用于违警罪。"① 可见严格责任的适用广泛存在的领域在于违警罪，因违警罪不产生有罪认定所引起的限制能力或者法律上的不利（第 1.04 条第 5 款规定），因此在英美国家不被视为真正意义上的犯罪，只不过是为了公众的利益需要用刑罚加以禁止的行为。对于真正的犯罪而言，罪过在一般情况下仍是犯罪成立的基本条件，只有在公共福利犯罪和道德犯罪等有限领域才适用严格责任。

二、严格责任的中国之争

（一）争锋：肯定论与否定论

对于我国刑法中是否存在以及是否应当存在严格责任，学界有肯定论和否定论两种对立的观点。其中否定论认为，严格责任是结果责任的残余，我国刑法第 14 条、第 15 条和第 16 条的规定明确否认了严格责任，② 不能借口公共利益的保护与诉讼上罪过证明的困难，而主张严格责任法定犯的存在。③ 如果以强调诉讼效率为名，实施严格责任，显失公正，会造成本末倒置，因而不仅在当前我国刑事立法和司法实践中不存在严格责任，而且将来也不应当采用严格责任。④

---

① 美国法学会：《美国模范刑法典及其评注》，刘仁文、王祎等译，法律出版社 2005 年版，第 30-31 页。

② 张明楷：《刑法学》（第五版），法律出版社 2016 年版，第 227 页。

③ 黄明儒：《行政犯比较研究》，法律出版社 2004 年版，第 136 页。

④ 参见陈兴良：《刑法适用总论》（上卷），中国人民大学出版社 2006 年版，第 178-180 页。

肯定论中有学者认为在我国目前的刑法中就存在近20个罪名系严格责任犯罪，[①] 主张引入严格责任的学者则认为，严格责任并不违背行政刑法的目的和基本原则，也不违背我国刑法主客观相统一的基本原则，[②] 因而可以在有关公共卫生、社会福利和环境保护等方面的行政犯罪领域引入严格责任。[③] 尤其近年来环境污染犯罪带来的社会危害日益为人们深恶痛绝，以设置严格责任可以增进排污者的责任感、保护环境为由，呼吁在环境犯罪领域引入严格责任的声音日益高涨。

（二）问题：争议背后的乱象

在肯定论与否定论看似针锋相对的热烈争议背后，其实隐藏着两大问题，足以导致结论的截然相反。

1. 概念的不统一

对一个事物的争论，明确其概念是前提。但综观我国学界的争议，在“严格责任是什么”这一前提性问题上都是百花齐放，各抒己见，“无罪过说”“罪过不明说”“过错推定说”可谓是其中的几种代表性观点。其中“罪过不明说”认为：“我国刑法中的严格责任是指行为人主观上有罪过，只是其罪过形式究竟是故意还是过失不明确时，才冠之以严格责任的称谓，藉此追究行为人的刑事责任。”[④] 显然，论者的这一概念与严格责任发源地英美刑法中的严格责任完全不同，只会造成学术研究的混乱，也不利于我们参与国际学术交流。[⑤] 在英美刑法中，严格责任也有多种定义，但如前文所述，基本可以分为绝对的严格责任和相对的严格责任。而我国学界主张的“无罪过说”相当于绝对的严格责任，[⑥] “过错推定说”则相当于相对的严格责任。对严格责任持否定论的学者多以绝对严格责任为论述基点，而肯定论者又多以相对严格责任为论述基点，自然难以形成在同一问题上的正面交锋。

---

① 参见李文燕、邓子滨：《论我国刑法中的严格责任》，载《中国法学》1999年第5期。

② 参见黄河：《行政刑法比较研究》，中国方正出版社2001年版，第129–131页。

③ 宣炳昭、胡亚斌：《论我国行政犯罪中严格责任的合理架构》，载《西安财经学院学报》2008年第6期。

④ 李文燕、邓子滨：《论我国刑法中的严格责任》，载《中国法学》1999年第5期。

⑤ 参见储槐植：《刑事一体化要论》，北京大学出版社2007年版，第121–122页。

⑥ 如陈兴良教授认为，严格责任也称绝对责任或结果责任。陈兴良：《刑法适用总论》（上卷），中国人民大学出版社2006年版，第174页。

2. 价值上的绝对对立

英美刑法中的严格责任基于对公共利益的保护而牺牲部分个人权益，基于诉讼举证上的困难而放弃对被告人罪过的举证要求，这些都是功利主义刑法观下对公平与效率、对社会保护与权利保障之间的取舍。但随着严格责任规则的演变，英美刑法对严格责任的适用也日趋严格，虽不要求公诉方证明行为人的过错，但赋予了行为人抗辩与反证的权利。这恰恰证明了公平与效率、社会保护与权利保障之间作出取舍在道义上的困难，更明智的是在不同的价值取向之间作出平衡与兼顾，而不能为效率完全舍弃公平，为社会保护完全舍弃权利保障，或者相反，因为任何一个价值的舍弃都将成为法治的短板，导致瘸腿的正义。但在我国的争议中却存在片面赞扬一种价值，甚至以一种价值去否定另一种价值的现象。例如建议在环境犯罪中引入严格责任的理由就大多集中在保障国家生态安全、提高司法效率、遏制环境犯罪等方面。

三、我国行政犯罪视野下的严格责任

严格责任的含义有绝对和相对之分，这一点应该成为中国语境下讨论行政犯罪严格责任的逻辑起点。我国行政犯领域是否存在严格责任及该确立何种刑事归责原则，不仅要考虑该制度本身的诉讼价值追求与合理性，还需要将其与我国的司法制度、诉讼实践相结合以考察其适应性。[①] 笔者认为，严格责任目前在我国不存在，至于是否应当在行政犯罪领域引入，则应区分不同含义区别对待，绝对严格责任不宜引入，而相对严格责任则可以在有限的行政犯罪领域引入。

（一）实然层面：目前我国刑法中不存在严格责任的行政犯罪

认为我国刑法中存在严格责任犯罪的学者以持有型犯罪和巨额财产来源不明罪作为论据，但这两类犯罪实际上并非严格责任。

1. 持有型犯罪

从刑法修正角度分析，持有型犯罪近年来在我国呈现出逐渐扩张的趋势。有论者认为除了第 172 条规定的持有、使用假币罪，法条规定以“明知”为前提外，其他各罪，公诉机关只需发现持有的不法状态，即可认定行为人构成上述犯罪，而无须证明行为人在主观上具有故意、过失或者无罪过，因

① 参见李永升、张平寿：《严格责任与推定责任之争下的第三条路径——亦论性侵未满 12 周岁幼女的责任类型》，载《河北法学》2016 年第 9 期。

而属于严格责任犯罪。[①]

显然，并不能以法条未规定“明知”，而否认“明知”是持有型犯罪的主观要件要素。因为犯罪构成虽然具有法定性，但这绝不意味着任何构成要件要素都必须有刑法的明文规定，有的要素明显属于必须具备的要素，刑法可能省略规定，而有的要素则可以通过对部分要素的描述或相关条文的规定即可明确，勿需刑法的规定。[②]相比较于毒品、枪支、弹药等，一般人从外形等物理特征即可作出判断，生活中也不易持有，一旦持有则已基本表明其故意心态，故法律也无须特别规定“明知”的要件。而货币则不仅与人们日常生活相关性大，且一般人对假币难以识别，当因不知道系伪造货币而持有时，仅根据其持有行为就定罪，显然不当，因而刑法特别强调了“明知”。而且，持有型犯罪必须证明持有行为的非法性，而证明非法的前提就在于对犯罪对象的“明知”，即证明行为人犯罪意图的证明责任还在于公诉机关，并非由被告人承担证明不能的后果。更何况即使在严格责任发源地的英美国家，通常对一般的持有型犯罪也是要求行为人主观上明知所持物品的性质。[③]因此我国的持有型犯罪不宜认为是严格责任犯罪。

2. 巨额财产来源不明罪

的确，巨额财产来源不明罪是我国刑法上唯一规定举证责任倒置的犯罪，但并不能因之得出本罪系严格责任犯罪的结论，因为被告人承担的是说明巨额财产来源的举证责任，而非证明自己拥有巨额财产的主观罪过，两者不能等同。有论者认为，在没有财产申报制度作为支撑的情况下，要求国家工作人员对自己的财产都能说明合法来源是强人所难，由被告人对财产来源承担结果证明责任，即产生了严格责任。[④]这一观点并不妥当，因为法律并未要求被告人对自己的每一笔财产都说明来源，而是对“巨额财产”承担说

---

① 邓子滨：《论刑法中的严格责任》，载陈兴良主编：《刑事法评论》（第5卷），中国政法大学出版社2000年版。相同观点的还有苗有水：《持有型犯罪与严格责任》，载《刑事法学要论》，法律出版社1998年版，第390—399页；程宗璋：《论持有型犯罪之主观罪过》，载《武汉大学学报（社会科学版）》2001年第1期；魏竣韬：《我国刑法中严格责任的合理架构》，载《中国检察官》2007年第10期；等等。

② 张明楷：《诈骗罪与金融诈骗罪研究》，清华大学出版社2007年版，第289页。

③ 朱世洪：《持有型犯罪研究》，载《法治研究》2007年第12期。

④ 参见周航宇、牛建宇：《严格责任在我国刑法中的现实展望》，载《黑龙江省政法管理干部学院学报》2015年第3期。

明来源的责任，对于国家工作人员而言，显然不是强人所难，而是因其特殊身份和权力而产生的法律义务。

（二）应然层面：绝对严格责任不宜引入

绝对严格责任根本不考虑行为人的主观罪过，属于无罪过责任，不宜在我国刑法中引入。

绝对责任是典型的社会本位和功利主义思想的产物，它为了保护社会公共利益而置公民的人权、个人正义于不顾，既免除公诉机关举证证明行为人实施行为时存有主观过错的责任，又剥夺行为人举证证明自己无主观过错的权利，而仅以客观已然发生的危害结果为价值判断标准，直接规定行为人承担刑事责任，是一种客观归罪。显然，处罚一个已经履行其注意义务以及已经采取所有适当注意避免实施违法行为之人，是违背理性和文明的。[①]即使在英美法系国家，绝对严格责任的适用也日益受到严格限制。在美国，虽然许多州的刑法典总则里都有绝对责任条款，但大多处刑很轻，例如《伊利诺伊州刑法典》规定，绝对责任适用于不受监禁或者不超过500美元罚金的轻罪。[②]在英国，不要求具备犯罪意图的绝对责任大体上只有三类：一是并非真正意义上的犯罪，但是为了公众的利益，需要对这些行为用刑罚来加以禁止；二是某些公害行为；三是某些民事侵权行为。虽然对这些行为的追诉采用的是刑事诉讼的程序，但从实质上来看，这种程序不过是行使民事权利的一种简易方式。[③]

由此可见，在英美法系国家适用绝对责任的犯罪，在我国根本不是犯罪，只是可受行政处罚的行政违法行为或者民事违法行为而已。而在行政责任和民事责任中，我国亦承认无过失责任的存在。正如有学者一针见血地指出：绝对责任制度存废之争的关键在于那些同公众利益息息相关的违法行为是否纳入犯罪的范畴。[④]如果将绝对责任引入我国刑法领域，将无过错的违法行为入罪处理，无疑会混淆刑事责任、行政责任和民事责任的界限。刑罚目的在于犯罪预防，如果不以罪过为刑事责任的前提，让无罪过的行为人承

---

① ［英］J.C. 史密斯、B. 霍根：《英国刑法》，李贵方等译，法律出版社2000年版，第119页。

② 储槐植、江溯：《美国刑法》（第四版），北京大学出版社2012年版，第53页。

③ 赵秉志主编：《英美刑法学》，科学出版社2010年版，第66页。

④ 储槐植、江溯：《美国刑法》（第四版），北京大学出版社2012年版，第54页。

担具有严厉性、谴责性和耻辱性的刑罚后果，既有违对人的尊重，又无法达到预防的目的。因此，我国刑法领域不宜引入绝对严格责任。

（三）应然层面：相对严格责任在有限行政犯罪领域引入

1. 相对严格责任的价值合理性

公平与效率、社会保护与权利保障，都是现代刑事法治不可偏废的价值所在，绝对严格责任之所以受到排斥，正是因为其以效率和社会保护为由牺牲了公平和权利保障。相比之下，相对严格责任则兼顾了相互矛盾的价值。其降低了公诉方的证明责任，在诉讼效率上体现出的便宜及其内含追诉犯罪、保护社会的价值追求显而易见，但它同时兼顾了公平和对被追诉人的权利保障。

相对严格责任只是降低而非免除了公诉方的证明责任。作为对行为人的过错推定，其成立必须以基础事实的真实可靠为前提。所谓基础事实指的即是犯罪构成要件的客观事实，包括违法行为、危害后果和二者之间的因果关系，都由公诉机关证明。而作为法律推定的一种，相对严格责任对行为人的过错推定系可以推翻的推定，通过赋予行为人充分的反证权和辩护权纠正推定对事实的偏离。在一些特定的行政犯罪领域，即使是国家追诉机关，也未必比行为人（往往是单位主体）占据更大的优势，因为后者通常掌握着更充分的技术资料和经营信息等证据材料。完全要求公诉机关对行为人的主观罪过进行举证，则几乎是不可能完成的苛刻任务，如果因此而放弃追诉，则由整个社会承担犯罪给公共利益造成的损失，社会保护的价值无法实现。相反，如果公诉机关对客观要件完成了举证即推定行为人的过错，同时允许他们通过证明自己的无罪过而免除刑事责任的承担，则不仅兼顾了社会保护，同时也保障了行为人的权利，相对严格责任正是通过程序上的运作机制在公平与效率、社会保护与权利保障之间寻求平衡点。

2. 相对严格责任与责任主义、无罪推定的不相违性

对严格责任最大的质疑在于它不论罪过，有客观归罪之嫌。但相对严格责任并没有否定过错责任的本质，只是在主观罪过的证明方式和证明主体上有别于一般的过错责任，并非客观归罪，它仍是主客观相统一原则的体现，能够与我国刑法规定和刑法理论相融洽。[①]

---

① 谷永超：《我国环境犯罪中引入严格责任的立法考量》，载《人民检察》2017年第12期。

值得探讨的在于相对严格责任实行过错推定是否有违无罪推定原则。[①]从形式上看，二者的确存在冲突，相对严格责任虽然通过赋予被告人反证权而兼顾了人权保障，但其总体上还是以便宜控方证明为功利导向的，而无罪推定则是以保障被告人权利为导向。但从实质上分析，二者并未构成直接的冲突。因为无罪推定是对整个刑事诉讼的原则要求，是证明的起点，而过错推定属于诉讼证明中如何采纳证据和判断证据证明力的问题，系证明手段，二者属于不同的范畴。无罪推定虽然决定了证明责任分配的基本原则，但它并非证明责任分配的唯一原则。证明责任的分配受到刑事政策、诉讼效率、证明便利等诸多因素的影响。而且过错推定只是对部分犯罪构成要素的认定，而无罪推定解决的则是整体意义上的证明责任如何承担的问题。[②]作为一种例外的规定，过错推定并不会从整体上构成对无罪推定的背反，因为“犯罪论的构建，原则上必须保持‘评价观点的统一性’，以便体系不会自相矛盾。但是，体系的纯粹性并不要求个别命题的最终一致。如果它能被证明是可信的，且不会挣脱体系的联系，那么，这种例外是能够得到承认的”。[③]

3. 特定行政犯罪领域相对严格责任的引入

相对严格责任是一种过错推定责任，当行为人无法反证其主观上无罪过的时候将承担不利后果，这可能导致实际上无罪过但又无法反证自己无罪过的行为人入罪，因此相对严格责任在行政犯罪领域只能作为一种例外存在，且必须受到严格的限制。

首先，适用范围上，应限制在那些严重侵害公共法益、具有高度危险性，且控方难以证明主观罪过方面而行为人容易反证的犯罪上，如环境污染犯罪、食品药品安全犯罪，目的在于促使特定行业的人员增强注意义务。有

---

① 有学者认为，相对严格责任推定行为人有过错，从而要求行为人自证无罪，与无罪推定原则意旨存在无法克服的悖论，因而包括环境犯罪在内的任何罪名都不能适用严格责任。参见姜文秀：《污染环境罪认定中的严格责任适用问题》，载《人民检察》2016年第7期；张继钢：《环境犯罪归责原则研究》，载《刑事法评论》2019年第1期；等等。

② 赵俊甫：《刑事推定论》，知识产权出版社2009年版，第178页。

③ ［德］汉斯·海因里希·耶塞克等：《德国刑法教科书》，徐久生译，中国法制出版社2001年版，第247页。

些论者笼统地论述环境犯罪应当引入严格责任，[①] 笔者不能认同。因为我国刑法中的环境犯罪可以分为破坏型和污染型两种，前者如非法捕捞水产品罪、非法占用农用地罪、滥伐林木罪等，这些犯罪在客观上表现为积极的破坏行为，其主观罪过容易认定，并不需适用严格责任。只有在污染型环境犯罪中，环境污染的后果往往是人们追求经济效益的间接结果，排污行为与危害后果之间的因果关系相当隐蔽且往往间隔时间较长，[②] 追诉机关难以证明行为人的主观罪过，相反，掌握行业、企业标准、技术规范与要求的行为人更容易证明，这种情况下才有适用严格责任的必要。否则，要求追诉机关准确把握那些精细而专业的企业、行业标准将成为几乎不可能完成的苛求或负担。[③] 其次，相对严格责任的设置应体现在刑事实体法的立法中。不仅总则部分需要设置专门条款对这一例外原则作出规定，且需要在分则部分就具有的犯罪构成要件的设置上，规定可反驳的推定条款，被告人对这类推定不负有举证责任。最后，应当在程序上切实保障被告人的反证权。考虑到被告人的地位和现实能力，在证明标准上应适当低于控方的证明标准，被告人只要反驳到证据优势程度，即其反驳证据从真实可靠上考察已达到了优于控方指控证据的程度即可，而不要求其证明必须达到排除合理怀疑的程度，[④] 否则有失公允和平衡，被告人的反证权难免因为证明标准过高而受到变相限制甚至剥夺，导致相对严格责任蜕变为绝对责任。

---

① 罗许：《“严格责任”原则与中国环境犯罪》，载《大连海事大学学报（社会科学版）》2010 年第 2 期；武姗姗：《论相对严格责任在我国环境犯罪领域的适用》，载《学术交流》2014 年第 1 期。

② 参见周兆进：《我国环境犯罪适用严格责任的应然分析》，载《海南师范大学学报（社会科学版）》2016 年第 10 期。

③ 参见焦艳鹏：《刑法生态法益论》，中国政法大学出版社 2012 年版，第 35-37 页。

④ 参见于阳、王彦博：《相对严格责任视角下环境犯罪主观罪过探析》，载《行政与法》2018 年第 11 期；郑祖星：《环境犯罪中相对严格责任的引入与适用》，载《江西社会科学》2021 年第 1 期。

第六章　行政犯领域的司法适度介入

刑罚如两刃之剑，用之不得其当，则国家和个人两受其害，因此，面对纷繁复杂的社会生活，刑法应当保持适度介入的姿态，避免“过”与“不及”两种极端。介入不足，意味着对社会保护不力，会导致社会的无序和混乱；而介入过度，又会侵犯公民自由，导致社会僵化。

学界对刑法介入的适度问题多从立法角度进行探讨，有观点认为“经济领域里的刑法介入度归根结底就是整个国家打击经济犯罪的总量如何控制的问题，这应当由全国人大通过立法来解决；哪些方面应当介入、介入到什么程度，这主要是立法的问题。当然也存在司法方面的问题，但主要还是应当通过立法来解决。立法控制好了，这个问题就比较容易解决”。[①] 笔者认为，立法固然重要，它是刑法介入社会生活的依据和基础，但徒法不足以自行，如果缺少成熟的司法，哪怕法律制定得完美无缺，其初衷也终将落空。因此，本章拟以司法实践为视角，分析行政犯领域的司法适度介入问题。

第一节　行政犯领域司法适度介入之提倡

所谓“适度介入”，是指刑事司法[②] 面对社会生活既不能沉默无为介入不足，也不能处处身先士卒干预过度，而是要在刑事立法的框架内，在保障社会发展所必需的基本秩序的前提下，尽量不干预社会的自由发展。它一方面要求刑事司法保持积极的态度，对关系到社会发展和国计民生的重要领域的危害性行为，要及时予以刑事惩罚；另一方面要求刑事司法保持克制的态度，尤其对一些新型领域的介入应当尽量谨慎。

---

① 周宜俊：《“经济违法行为的刑法介入”研讨会综述》，载游伟主编：《华东司法评论》（第七卷），法律出版社 2005 年版。

② 笔者所称的“司法”是一个广义的概念，包括侦查、审查起诉和审判等环节，而非局限于审判环节。

一、刑法积极介入行政犯领域之必要

刑法对行政犯领域的积极介入与行政权的功能转换和行政法规的逐渐增多密不可分。自由法治国时期，个人权利和自由乃最高价值，政府充当“守夜人”的角色，行政权被限制在最低必要限度，任何超出这一限度的行政都被认为是不适当的，这是刚把封建特权赶下历史舞台的资产阶级的必然选择，也是自由资本主义经济摆脱束缚自由发展的内在需求。但随着自由资本主义经济发展到垄断资本主义经济，自由法治国的弊端也日渐凸显，社会不平等加剧到极致，一系列社会问题爆发，仅凭自由市场的调节已无法自行解决。市场失灵为国家干预提供了基本依据，实质法治国思想应运而生，它强调实质的平等与公正，主张通过政府这只“有形的手”调节与干预社会，以维护人民的基本生存保障和社会的持续发展。行政权因而大力介入社会生活，调节经济秩序，促进社会财富的再分配。但与封建国行政权仅仅作为维护统治阶级意志和权力的工具不同，实质法治国的行政权被视为增进社会福利的手段。此为行政权的功能转换，同时，现代国家的行政权既要积极介入社会生活的各个领域，又不能随意介入，更不能为所欲为，而是要在权力制衡的基本思想之下依法行政。因而，除了基本法律以外，行政法规和行政规章日益增多，“国家需要在所有的法律规范之外，颁布诸多技术性的行政规章，以便对于人民的一切社会活动做适度的规范，使其与国家的行政目的相符合一致。”[①] 刑法作为包括行政法规在内的部门法的保障法，“其天然属性就与社会管理存在紧密的互动关系”，[②] 随着行政法规对社会生活的介入日益广泛，必然带来刑法对社会生活的积极介入，各国的刑事立法都突破了自由法治国时期刑法体系只规定传统的刑事犯的框架，而越来越多地规定复杂而广泛的行政犯。

经济犯罪是典型的行政犯罪，如今在经济领域的每个角落，都能见到刑法的身影。美国、日本、德国等经济发达国家，刑法对经济行为的规制大致经历了相似的发展路线，即都从最初的价格法、税法、反不正当竞争法领域，逐步进入到证券、保险、期货、知识产权法领域，再到目前的电子商务

① 林山田：《刑法通论》，台湾三民书局1986年版，第108页。

② 参见高铭暄、陈冉：《论社会管理创新中的刑事法治问题》，载《中国法学》2012年第2期。

领域，并重视动用刑法来规制企业、公司法人的犯罪行为，强化公司、企业这类经济组织的社会责任。[①]我国刑事立法也呈现出相同特征，尽管对犯罪圈是否应当扩展，理论界存在肯定说和否定说两种截然对立的观点，[②]但从1997年刑法出台以来，经过一次单行立法和十一次刑法修正，犯罪圈实际上是逐渐扩大，且新增罪名中行政犯罪占了绝大部分。这与我国社会过去几十年一直处于快速发展阶段和急剧转型期密切相关，新型违法犯罪不断出现，必然要求立法不断增加新罪名，以保护法益，维持社会秩序。[③]

但必须同时看到，我国既面临着与各国相同的共性问题，也有独特的个性问题。行政对于推行公共福祉的重要意义在我国同样存在，但我国没有经历过西方启蒙思想的洗涤，市场经济由计划经济转变而来，因而与西方国家的“市场推动型”不同，我们属于“政府推动型”市场经济。一方面，民众的市场规范意识和整个社会的信用机制尚不完备；另一方面，政府的规范意识和依法行政水平也有待提高，行政权对社会生活的管理既存在不作为，也存在乱作为甚至违法作为的现象。作为治理国家的重要手段之一的刑法在我国市场经济体制改革的进程中的任务十分艰巨，它既要推动市场的规范诚信，又要提防行政的不当干预，即刑事司法既要打击包括市场主体在内的社会主体的犯罪行为，又要向包括市场管理部门在内的各类公职人员的犯罪行为“亮剑”，这决定了刑法在行政犯领域必须保持积极介入的姿态。

---

① 顾肖荣等：《经济刑法总论比较研究》，上海社会科学院出版社2008年版，第110页。

② 肯定说认为我国当前的主要任务不是实行非犯罪化，而是应当推进犯罪化。参见张明楷：《日本刑法的发展及其启示》，载《当代法学》2006年第1期；卢建平、刘传稿：《法治语境下犯罪化的未来趋势》，载《政治与法律》2017年第4期；田宏杰：《立法扩张与司法限缩：刑法谦抑性的展开》，载《中国法学》2020年第1期；等等。反对说则认为我国刑事立法应该停止刑法调控范围的扩张。参见刘艳红：《我国应该停止犯罪化的刑事立法》，载《法学》2011年第11期；何荣功：《社会治理“过度刑法化”的法哲学批判》，载《中外法学》2015年第2期；齐文远：《修订刑法应避免过度犯罪化倾向》，载《法商研究》2016年第3期；孙万怀：《违法相对性理论的崩溃——对刑法前置化立法倾向的一种批评》，载《政治与法律》2016年第3期；等等。

③ 刘传稿：《法治语境下犯罪圈的扩张及其限度——访武汉大学法学院教授何荣功》，载《人民检察》2017年第5期。

二、刑法介入的合理限度

刑法对社会生活的积极介入是必要的，但要保持在一个合理的限度内，这可以从三个层面进行分析：

（一）司法权与行政权的分工

如孟德斯鸠所言："一切有权力的人都容易滥用权力，这是万古不易的一条经验。有权力的人们使用权力一直到遇到有界限的地方才休止。"为防止国家权力滥用对公民权利的吞噬，现代法治国家一般都设置了分权制衡原则，立法权、司法权和行政权相互分工相互制约。我国实行的是人民代表大会制度，一切权力属于人民。在实际运作过程中，不同的国家机关行使不同的权力。其中司法权因其具有的终局性和裁判性，而成为可以对其他国家权力施加审查的权力，也被认为是公民权利救济的最后手段。但这并不意味着司法权应当包揽一切。因为司法权的被动性无法与行政权的主动性相比拟，司法必须遵循"不告不理"原则，民事司法和行政司法中均由公民、法人或其他组织提起诉讼，而刑事司法中，追诉权由代表国家的侦查机关和检察机关启动，但这不代表司法权可以成为一切违法行为的制裁力量。司法权必须尊重行政权，为行政权留下应有的空间。与司法权相比，行政权的行使更为广泛，它密切涉及公民、法人和其他组织的切身利益，而且行政权的行使以效率为目的，具有主动性和功利性，因而在应对社会矛盾和越轨现象时，比司法权更为效率和快捷。当违法行为可以由行政处罚制止时，就不必动用刑事司法权。

从犯罪预防角度，德国学者李斯特主张"最好的社会政策即最好的刑事政策"，[①] 针对行政犯罪，行政权本身的完善显然比刑事司法的打击更能有效的预防犯罪。法国学者安塞尔也认为，在打击犯罪方面，刑法不是唯一的，甚至也不是主要的对付犯罪的工具。首先应当对"预防"予以极大的注意，通过"预防"抵制诱发犯罪的因素，其中包括个人的因素，即"特殊预防"，以及社会机体的因素，亦即"一般预防"。[②] 及时而有效的行政管理作为一般预防的手段，不但可以阻碍一般违法向犯罪的恶化，而且可以在很大程度上

---

① 陈兴良：《刑法教义学与刑事政策的关系：从李斯特鸿沟到罗克辛贯通中国语境下的展开》，载《中外法学》2013 年第 5 期。

② ［法］马克·安塞尔：《从社会防护运动看西方国家刑事政策的新发展》，载《中外法学》1989 年第 2 期。

减轻刑法的负担。

（二）刑法在法律体系中的地位

刑法在整个法律体系中处于最后保障性地位。随着社会文明的进步和法律部门的分工细化，刑法经历了从介入国民生活各个角落的全面法——调整一定范围社会关系的部门法——作为其他部门法实施后盾的保障法这样一个演变轨迹。[①]现代国家的民法、经济法、社会法、行政法等法律规范在各自的领域都发挥着重要作用，只有在违反这些法律且这些法律已不足以评价和规制的时候刑法才能介入。尤其在经济活动中，经济主体的逐利活动与越轨行为之间的界限比传统犯罪要模糊得多，如果没有一个有层次、分范围的、有机的经济规范通过指导、约束经济主体的行为，惩罚违法行为，为经济主体提供一系列行为模式和行为评价尺度，则不能认为社会对此达成某种共识，刑法的介入就不合理。[②]否则，将违背刑法作为社会政策最后手段的性质和保障法的法体系地位，[③]挤占其他法律本来应有的领域而强行介入，使不同法律参与社会治理的格局发生紊乱。[④]

（三）刑法效用的失灵

“刑法是一种不得已的恶。用之得当，个人与社会两受其益；用之不当，个人与社会两受其害。”[⑤]因此，刑法可能出现效用失灵甚至负效用，当过度使用刑法规制时，必然导致刑法效用递减乃至无效，因为“人民对于大量的应刑罚性行为，会习以为常，其结果不仅阻碍不法评价在人民间的内化，也达不到相应的预防效果”。[⑥]在行政犯领域面临同样的问题，行政犯的罪名广泛分布于经济领域，而市场经济是一种竞争经济、自主经济，它鼓励创新和

---

① 参见张明楷：《刑法格言的展开》，法律出版社1999年版，第297页。

② 许其勇、杨兴培：《经济犯罪的刑法控制——兼论刑法的最后手段性》，载顾肖荣主编：《经济刑法》第2辑，上海社会科学院出版社2004年版。

③ 参见何荣功：《社会治理“过度刑法化”的法哲学批判》，载《中外法学》2015年第2期。

④ 参见高铭暄、孙道萃：《预防性刑法观及其教义学思考》，载《中国法学》2018年第1期。

⑤ 陈兴良：《刑法的价值构造》，中国人民大学出版社2006年版，“前言”第Ⅷ—Ⅸ页。

⑥ 参见赵星、胡宗金：《刑法责任论的新展开》，知识产权出版社2015年版，第144页。

逐利，就必然伴随着冒险和突破，这就要求有一个相对宽松和包容的经济社会环境。刑法作为最严厉的惩罚法，如果对市场经济介入过早或过多，就必然造成市场领域遍布红灯，市场主体行为萎缩，从而限制市场自我发育和阻碍经济发展。

（四）刑法成本的昂贵

从经济角度而言，刑法实施的昂贵成本决定其不能过多适用。一个非法行为，是按刑法处理还是按民法或行政处罚法处理，其成本有天壤之别。刑法作用的实现是以国家、社会、家庭、个人支付巨大的代价为基础的，国家须承担侦查、起诉、审判、羁押、执行的全部费用，个人要承受被贴上罪犯标签所带来的一系列后果，家庭也因此受到拖累，而且即使产生了如此巨大的成本，被害人的权益也未必得到恢复和弥补。况且国家的司法资源毕竟有限，这决定了刑法的适用必然要讲求经济效益，使有限的资源发挥最大的效能。①因此，在选择民商法、经济法、行政法还是刑法对某一危害行为进行评价和调整时，就需要比较司法的成本与效益，当其他法律能够有效遏制危害行为时，就不必动用成本最高的刑法。

第二节　现状剖析：介入不足与介入过度并存

刑事司法对行政犯领域的介入度是否适当，可以从其介入的广度和力度进行立体式的评价，亦可从司法的两个维度即司法解释和司法实务（多表现为法官释法）进行评价。笔者通过分析认为，目前的现状是介入不足与介入过度并存。所谓刑事司法在行政犯领域的介入不足，是指刑事立法已经将一定的行为犯罪化后，刑事司法并未相应跟进，在是否入罪、以何种罪名入罪、处以何种刑罚等方面表现出与立法的不般配。而与之对立的是介入过度，即由于司法解释的扩张和法官释法的不当等原因导致行政犯领域的刑事司法投入量过大。

---

① 参见荆忠、俞湘静：《论经济犯罪的轻刑化》，载《犯罪研究》2005年第2期。

一、缺位：刑法的介入广度不足

所谓介入的广度，是指刑事司法对哪些领域、哪些行为进行介入。区别于刑法对传统自然犯的介入是基于报应理论，刑法对行政犯的介入，更多的是立足于国家社会的需要，进而谋取共同富裕和共同幸福——非为公共利益和整体利益，不得随意介入。[①] 但这并不意味着，刑法在行政犯领域不能有所作为，如前所述，在一些涉及国计民生的重要领域，作为社会最后一道防线的刑法必须及时有效地介入，以保障整个社会得以正常运转。

二、乏力：刑法介入的力度不够

所谓介入的力度，是指刑法后果即刑罚的严厉性程度要与犯罪的社会危害性程度相适应，这是我国罪责刑相适应原则的必然要求。学界普遍认为，对行政犯的刑罚设置，总体上应当体现轻缓的特点，[②]《刑法修正案（八）》和《刑法修正案（九）》分别取消了 13 个和 9 个非暴力性犯罪（绝大多数是以经济犯罪为代表的行政犯罪）的死刑即是最好的例证，也有论者主张鉴于经济犯罪的自身特点，对经济犯罪量刑时应当适当从轻处罚。[③] 但笔者认为，对行政犯罪轻刑化处理有一前提，即该犯罪行为必须是属于不涉及关系到人们根本生存条件的领域，以福田平、小野清一郎等日本学者的话来说，就是“派生生活秩序”。日本学者根据行为与社会公众生活的关联度大小，将法律秩序的内部分为两个层面，一是作为国民生活秩序的层面，即基本生活秩序，二是根据行政作用不断创造出的层面，即派生生活秩序。[④] 尽管“基本生活秩序”和“派生生活秩序”并非总是截然对立或泾渭分明，但仍可以作为对某一犯罪行为投入刑罚量大小的参考。

三、悖反：法官释法的尴尬

长期以来，我们更多关注的是官方知识，而忽视了经验知识在解释过程中的作用，在解释主体方面，更多地依赖“两高”的司法解释，而忽视了法

---

① 高巍：《经济刑法要论》，中国社会科学出版社 2008 年版，第 20 页。

② 游伟、肖晚祥：《论行政犯的相对性及其立法问题》，载《法学家》2008 年第 6 期。

③ 万国海：《经济犯罪的刑事政策研究》，华东政法大学 2007 年博士学位论文。

④ 孙万怀：《法定犯拓展与刑法理论取代》，载《政治与法律》2008 年第 12 期。

官在适用过程中对法律的解释。而实际上在法律适用过程中，法官一直在解释着法律，这是客观事实。[①] 即使是“两高”的司法解释，绝大多数也不是针对具体个案所作的解释，而是一般性的抽象解释，因此即使依照司法解释办案，仍需法官的主体性解释将抽象规定与具体案件联系起来，相同的司法解释在不同的法官处也可能产生不同的理解和适用。但我国的法官释法始终面临着一个二律悖反的尴尬：因为个体存在差异且存在地域发展不平衡的客观因素，法官素质参差不齐，统一的司法解释成为客观需要且源源不断；但大量涌现的司法解释又在一定程度上桎梏了法官的主观能动性，阻碍了法官释法水平提高。在行政犯领域，就有不少因为法官释法的不当扩张造成刑法对社会生活的过度介入。

以著名的孙大午案为例。孙大午系河北徐水县民营企业大午集团的董事长，因长期无法获得银行贷款，转而采取向员工亲朋和附近村民打借条的方法集资。2000 年 1 月至 2003 年 5 月募集资金 1300 余万元，均用于大午集团的生产经营。2003 年 10 月孙大午被法院以非法吸收公众存款罪判处有期徒刑三年，缓刑四年。判决一出，引来众多社会人士对法律的非议和对孙大午的同情。笔者认为，根据国务院 1998 年《非法金融机构与非法金融业务活动取缔办法》和最高人民法院 1999 年《关于如何确认公民与企业之间借贷行为效力问题的批复》规定[②]，对非法吸收公众存款罪的构成要件作形式解释的话，孙大午的行为的确构成非法吸收公众存款罪。但是如果采取实质解释分析本罪设置的目的，刑事规制集资行为的主旨并非仅仅在于单一保护投资者存款，也不是保护银行的吸储垄断地位，而是维护货币借贷的直接融资制度，防范金融风险。[③]《刑法修正案（十一）》在刑法第 176 条新增第 3 款退赃退赔从轻减轻条款，亦表明在行为人退赃退赔的情况下非法吸收公众存款可能引发的金融风险已被大幅稀释，而为本罪所保护的法益受损程度也随

---

① 宗建文：《刑法机制研究》，北京大学出版社 2000 年版，第 116 页。

② 该《批复》内容为：公民与非金融企业（以下简称企业）之间的借贷属于民间借贷。只要双方当事人意思表示真实即可认定有效。但是，具有下列情形之一的，应当认定无效：企业以借贷名义向职工非法集资；企业以借贷名义非法向社会集资；企业以借贷名义向社会公众发放贷款；其他违反法律、行政法规的行为。

③ 李友邦、高艳东：《金融诈骗罪研究》，人民法院出版社 2003 年版，第 67 页。

之降低，此种刑罚宽缓裁量的逻辑本身即是对金融风险防范说的最好诠释。[①]从风险角度分析，对于直接融资行为而言，只有在信息严重不对称的情况下，投资者才会因为轻信而受骗，且在资金投入后无法了解和掌握资金的去向和用途，又因集资对象是不特定的社会公众，人员和资金的数量往往也在集资者控制之外，因而蕴含巨大的金融风险。如果集资用于正当经营需求，而且行为人已经履行了充分的信息披露与风险提示，即使因为经营不善，投资款有去无回，也可以在民商法的范围内予以解决，不必上升至刑法。在信息披露充分的前提下，投资者所遭受的损失应视为市场经济运作中正常的投资风险，而非所谓的非法集资引发的金融风险。孙大午承诺募集的资金用于经营大午集团，且事实上也履行了承诺，投资者没有因为信息不对称而作出错误判断投入资金，笔者认为，对于这种行为不宜以犯罪处理。随着近些年非法集资类案件量的不断攀升，非法吸收公众存款罪日益引起学者关切，有学者直呼本罪已沦为非法集资的“兜底罪名”，[②]甚至呼吁立法机关将其逐出刑法以保障人权。[③]笔者认为废除本罪不现实，且与目前金融强监管的趋势不吻合，但本罪的规制范围确实应当引起反思。最高司法机关显然也注意到这个问题，在《关于审理非法集资刑事案件具体应用法律若干问题的解释》（2010年出台，2022年修订）中规定：“非法吸收或者变相吸收公众存款，主要用于正常的生产经营活动，能够及时清退所吸收资金，可以免于刑事处罚；情节显著轻微的，不作为犯罪处理。”司法解释采取的显然是折中立场，被学者批评为有结果责任之嫌。[④]笔者认为，市场瞬息万变，任何市场行为、投资行为都可能存在风险，这符合市场规律，由此产生的风险并不属于创制了法所不允许的风险，刑事法律应当为民间金融及正常的市场风险、投资风险留存一定空间，将市场风险交还市场处理，将可以由民商法律调整的纠纷交由民商法律调整，刑法则回归到实质违法层面，对那些资金实际用途与披

① 王霖、孙伟乐：《非法吸收公众存款罪适用泛化的纠偏》，载《财经法学》2023年第1期。

② 参见刘伟：《集资诈骗罪的司法困境与罪群立法完善》，载《政治与法律》2021年第5期。

③ 参见刘新民：《“非法吸收公众存款罪”去罪论》，载《江苏社会科学》2012年第3期。

④ 参见张明楷：《刑法学》（第五版），法律出版社2016年版，第779-780页。

露信息严重不符的行为纳入规制范围，将如实披露信息并将资金用于真实的生产、经营活动的融资行为排除在刑事打击之外。

根据体系解释原理，只有社会危害性相当的行为才会被规定在同一法条中，但有时符合法条字面意思的行为不必然具有与该法条所规定的其他行为相当的社会危害性，此时需要运用限制解释法，将其排除在外。但司法实务中却不乏对法条进行机械理解引发的刑法介入过度问题。如《刑法修正案（八）》新增的持有伪造的发票罪，根据公安部 2011 年《关于公安机关管辖的刑事案件立案追诉标准的规定（二）补充规定》，本罪的起刑点为 200 份以上或面额累计 80 万元以上。根据体系解释原理，“200 份”与“80 万元”的社会危害性应具有相当性。但实践中打击的绝大多数犯罪均是以“200 份”以上为定罪依据，导致了大量无证私营洗车铺、五金店、小饭馆等业主因为仅仅持有面额为 5 元或 10 元的发票超过 200 份，就被定罪处罚，这与“80 万元”实在存在天壤之别。无疑这种对法条的机械解释导致了刑法打击面的不当扩大。笔者认为，对于本罪，只有将起刑点中的“200 份”进行定额与非定额的区分，且对定额发票的单份面额进行数额上的限制性解释才是可取的做法。

第三节　原因探究：司法介入不适度的成因

一、司法介入不足的成因

刑事司法在行政犯领域的介入不足，主要与行政执法与刑事司法在实体与程序上的双维衔接不畅有关。

如前文所述，在某些领域，尤其一些关系国计民生的重要领域，行政执法频频出动而刑事司法介入不足，这与行政执法与刑事司法衔接不畅的现状密不可分。尽管自 2001 年起，国务院、公安部、最高人民检察院等国家机关就不断发布各种规范性文件，推动两法衔接，2011 年 2 月，中共中央办公厅、国务院办公厅专门转发国务院法制办等《关于加强行政执法与刑事司法衔接工作的意见》，2020 年 8 月国务院修订《行政执法机关移送涉嫌犯罪案件的规定》，2021 年 9 月最高检发布《关于推进行政执法与刑事司法衔接工作的规定》，均要求行政执法机关在执法过程中违法事实涉嫌构成犯罪的应当及时移送公安机关，但实践中有案不移、以罚代刑、有罪不究现象仍不时发生。这既有实务中比较关注的衔接机制、信息共享平台等程序性问题——上述规范性文件解决的也主要是衔接程序问题，也有程序之外实体法上衔接不畅的问题，这也是造成行刑衔接效能有待提升的原因，而后者长期受到忽视。笔者认为，目前刑法与行政法在实体法规定上存在众多模糊、矛盾甚至倒挂，造成行政执法与刑事司法的困惑，应当引起立法机关重视。

例如 2011 年《刑法修正案（八）》将第 141 条规定的生产、销售假药罪由危险犯修正为行为犯，只要有制售假药的行为即构成犯罪。但当时的《药品管理法》并未作相应的修改，其第 74 条[①] 仍保持原有的“量变到质变”模式，将制售假药行为分为行政违法和刑事犯罪两部分，行政机关依据行政法执法时，自然难以意识到《药品管理法》规定的制售假药行为其实已经全部被刑法作犯罪化处理。与之类似的情况还有 2009 年《刑法修正案（七）》将第 141 条规定的偷税罪改为逃税罪，其中一个修正是在客观行为的表述上不再采用列举式的叙明罪状，而是改用概括式的简单罪状，但《税收征收管理法》未作相应修改，其第 63 条仍然沿用了原有的列举式规定，造成的一个可能就是符合犯罪构成要件的行为不一定符合税收违法行为的要求，故税务执法无法对其行政处罚，更不可能将其移送司法机关处理。行政处罚标准与刑事处罚标准的倒挂还出现在侵犯著作权领域，根据《著作权行政处罚实施办法》（2003 年）第 31 条规定，“个人经营侵权复制品两千册（张或盒）以上，单位经营侵权复制品五千册（张或盒）以上”，才属行政处罚中的“情节严重”，但“两高”《关于办理侵犯知识产权刑事案件具体应用法律若干问题的解释》（2004 年）却将“未经著作权人许可，复制发行作品合计在一千张（份）以上”规定为犯罪。

不可否认，行政机关和司法机关分别对各自的法领域即行政法和刑法比较熟悉，而对对方的法领域相对陌生，行政法和刑法在不法行为的分类和规制上的模糊与矛盾更加剧了行政执法与刑事司法衔接的不畅，这直接导致了

① 该条规定内容为：生产、销售假药的，没收违法生产、销售的药品和违法所得，并处违法生产、销售药品货值金额二倍以上五倍以下的罚款；有药品批准证明文件的予以撤销，并责令停产、停业整顿；情节严重的，吊销《药品生产许可证》《药品经营许可证》或者《医疗机构制剂许可证》；构成犯罪的，依法追究刑事责任。2013 年和 2015 年修订《药品管理法》时均未对该条内容进行修订，直到 2019 年再次修订时才在第 114 条作出调整。

刑事司法在行政犯领域的介入不足。

二、司法介入过度的成因

（一）行政权力刑事化

行政犯罪以行政违法为前提，而行政违法性的判断依据广泛地分布于立法机关制定的法律和行政机关制定的行政法规、部门规章中，后者的立法程序没有刑法严格，且以行政目的的实现为宗旨，因此依社会经济生活的变动和需要而经常变更，表现出较大的易变性，一旦行政法规对行为违法性作出了变更，必然影响行政犯罪的成立与否，这决定了行政机关对行政犯罪的影响具有必然性。但这种影响力却在现实中一定程度上被实质刑事化了，即行政权对刑事立法权和司法权产生了超越甚至反制。

1. 行政权力刑事化的立法表现

（1）刑法上的预留空间。我国行政犯立法中，有数十个条文以“国家规定”为前置法规，而根据刑法第96条，“违反国家规定”，是指“违反全国人民代表大会及其常务委员会制定的法律和决定，国务院制定的行政法规、规定的行政措施、发布的决定和命令”。其中的行政措施、决定和命令，虽然制定主体为国务院，但其在行政法律体系中并不属于行政法规，而是属于其他规范性文件，制定这些文件的行为属于其他抽象行政行为，而不属于行政立法。其制定程序较为简易，目前也尚无法律规定的统一程序。但它们同时又大量存在，在数量上和易变性都远甚于法律、行政法规甚至各种规章。[①]可见，刑法本身已为行政权力影响行政犯定罪预留了制度空间，作为行政机关的国务院，其制定的行政法规和规范性文件对行政犯产生实质影响具有刑法上的依据。

（2）行政法上的弹性规定。行政许可的设定直接影响非法经营罪的空白要件填补，而根据《行政许可法》第14条、第15条、第16条和第17条规定，虽然行政许可原则上由法律设定，但同时《行政许可法》也规定了特定情况下，行政法规、国务院发布的决定、地方性法规和地方人民政府规章均可以设定行政许可或临时性的行政许可，不仅如此，下位法在上位法设定的行政许可事项范围内，还可以对实施该行政许可事项作出具体规定。行政法上的

① 参见罗豪才：《行政法学》（第四版），北京大学出版社2016年版，第159-165页。

弹性规定为刑法上非法经营罪的步步扩张适用埋下了伏笔。

2. 行政权力刑事化的司法表现

（1）部门规章对刑事司法产生实质影响。相比较于行政法规，部门规章的效力更低一级，且更多地彰显出对本部门利益和权力的维护。尽管部门规章不符合“国家规定”的法律位阶要求，对司法机关只有“参照”效力，但在我国的司法现状中，却存在直接援引的情况。

（2）行政机关参与刑事司法解释的制定和发布。这在前文已经论述，不少司法解释的主体法律规定的有权机关还包括了多家行政机关，使行政权力得以在刑事司法领域“合法化”的扩张，不少联合发布的司法解释突破刑法文本的规定，作出有利于强化对侵害某种行政职权的行为进行打击的解释。

（3）司法审判对行政机关的依赖。即使行政机关未参与规范性解释，其也在大量的日常司法运作中发挥着重要的影响力。由于行政犯罪涉及领域众多，各领域均有自己的专业性和复杂性，因而司法机关往往依赖于行政机关而非行政法规完成对行政违法性的判断，甚至视行政机关出具的相关意见或答复为必备的证据。

（二）对市场自发现象的认识错位

古典经济学理论基于“经济人”的假设，认为市场、个人能够解决资源配置问题，亚当·斯密曾断言：“用不着法律的干预，个人的利害关系与情欲，自然会引导人们把社会的资本按照最适合于全社会利害关系的比例，分配到国内一切不同的用途。”① 尽管市场失灵给资本主义社会带来的惨痛代价证明古典经济学完全奉行自由市场的理论行不通，但现代经济学也没有完全抛弃该学说，而是试图将市场机制与国家干预完美地融合，在仍然尊重市场规律和市场自由的基础上进行适度的国家干预，即国家干预是对过度自由的矫正。

反观目前我国民间融资的活跃，笔者认为，正是市场的自发调节，是民营企业或中小企业在融资渠道的夹缝中求生存的不得已选择。一方面，这些企业无法通过证券市场或银行借贷等正规渠道融资，面临巨大的市场竞争压力，不得不转向寻求资金掮客的帮助，甚至参与高利借贷、地下钱庄等非正规融资渠道。虽然 2008 年小额贷款公司开始试点推向市场，但其以服务农村经济为原则，且“只贷不存”的政策也限制了其服务民营经济的效应持续与

---

① ［英］亚当·斯密：《国民财富的性质和原因的研究》（下卷），郭大力、王亚楠译，商务印书馆 1993 年版，第 199 页。

扩大；另一方面，大量的闲散民间资本缺少有利可图的投资渠道，供需之间自然一拍即合。但现实状况却是，对于一些企业主来说，要么因为资金缺口而难以维持生产经营，要么通过民间融资解决企业资金困难却又使自身深陷囹圄，这样一种两难选择无疑造成了刑事管制与市场需求之间的紧张对抗。如果将这一类行为引发的犯罪完全归责于行为人的贪婪和对法律的藐视，无疑是对市场现状的视而不见；如果试图以单纯的刑事司法来遏制金融犯罪，也只能南辕北辙，甚至不仅扼杀一些人的探索精神，还会影响整个市场经济的发展。“最好的社会政策才是最好的刑事政策”，只有加快金融法制的健全，并使金融刑法保持适度介入的姿态，为资本的需求方和供给方都找到合适的制度出口，才是引导金融市场既规范又充满活力的关键。

第四节　路径探索：刑事司法适度介入的实现

要实现和维持刑事司法在行政犯领域的适度介入，除了观念上必须认识到法律只是众多社会调整手段中的一种，且刑法又在整个法律体系中居最后保障地位之外，笔者认为，可以从以下几方面予以探索：

一、从实体法上完善行政法规与刑法的衔接

行政法规与刑法（以下简称“两法”）衔接机制不畅是导致众多已经涉嫌犯罪的行为只停留在行政处罚层面，刑事司法介入不足的重要原因。对于衔接机制中的程序性问题，实务界已经进行了充分的探索和努力，笔者在此不赘述。但笔者认为，从实体法角度研究和完善两法衔接亦具有重要意义。实体法上对行政不法与刑事不法的区分是行政权与司法权划清界限的基础，如果离开刑法学和行政法学的基础性理论支撑，“两法衔接”机制只能停留在操作层面，当问题出现的时候，或是行政机关与刑事机关互相推诿，或是靠二者沟通协商等非制度性和长效性手段解决，总之无法从根本上予以法制化的解决。

关于行政不法行为与刑事不法行为在实体法上的区分，在德国有“质的区分说”“量的区分说”“质量区分说”等学说，[①] 结合我国的立法实践，笔者

① 具体论述参见孙国祥：《行政犯违法性判断的从属性和独立性研究》，载《法学家》2017 年第 1 期。

倾向于质量区分说。具体而言，我国的行政不法行为与刑事不法在实体法上的关系有四种表现形式：（1）有的行为只能是行政不法行为，不存在“量变到质变”的飞跃，如《著作权法》中规定的未经著作权人许可，故意删除或改变作品的权利管理电子信息的行为，又如不涉及专营专卖或特许经营的无证经营行为；（2）有的行为一经实施，即构成刑事不法，不存在构成行政不法行为的可能性。这主要是指那些纯粹的犯罪行为，比如故意杀人、抢劫、绑架等；（3）有的行为是行政不法行为累积到一定程度即构成刑事不法，这在行政犯罪中占有绝大多数。例如未经著作权人许可，复制发行其作品的行为本身具有行政不法性，如果其数额累计到较大即构成刑法中的侵犯著作权罪；（4）有的行为一经实施，即构成刑事犯罪，但同时也符合行政不法行为的规定。例如《刑法修正案（八）》之后实施的醉酒驾驶行为。上述第一和第二种类型，由于行为本身具有内在质的规定性，在实体法上容易区分和理解，在实务操作中分歧也较少。第四种类型，尽管笔者认为这种将行政违法行为直接与刑事违法行为重合，挤压行政违法行为单独存在空间的立法方式值得商榷，[①] 司法实践中也经历了从一律入罪到多元入罪标准的转变，目前实务操作中已基本不存在比较大的问题。实际问题最多的是第三种类型，行政不法与刑事不法的区分主要体现为社会危害量的差别，在行政违法性上二者没有本质区别，导致了立法上众多的模糊、矛盾甚至倒挂，这在前文已经论述。

笔者认为，应从立法的协调性上解决这一实体法上的困境。静态意义上，刑法和行政法在各自立法中均应保持对行政违法与刑事违法进行区分的敏感与警惕，既要防止相互越位，亦要尽量避免完全重合，从主体身份、主观恶性、情节轻重、后果大小等方面综合区分行为的社会危害性。更重要的是在动态意义上，要建立及时联动修法机制，即刑法或行政法修改之后，另一方要作出及时跟进与调整。鉴于刑法对行政犯罪广泛采用空白罪状，而具

---

① 学术界对醉驾入刑存在支持和反对两种截然相反的观点。参见高永明：《醉驾入刑的立法错位及其克服》，载《西部法学评论》2012 年第 5 期；李克杰：《“醉驾入刑”争议的立法学思考——兼及〈刑法〉第 13 条的逻辑解读》，载《法治研究》2013 年第 4 期；刘仁文、敦宁：《醉驾入刑五年来的效果、问题与对策》，载《法学》2016 年第 12 期；沈海平：《反思“醉驾入刑”：从理念、规范到实践》，载《人民检察》2019 年第 15 期；等等。

有极大的规则弹性与包容性，因此行政法上的修改对行政犯罪的影响大多可以通过司法予以解决，而无须修订刑法；但反过来，当刑法修订之后，行政法的法条因缺乏类似的弹性，故行政法需要作出相应的修改，以避免行政机关在执法时因对刑法欠缺了解而有案不移或以罚代刑。以前文论述的对生产、销售假药行为的法律规制为例，在刑法将生产、销售假药罪由危险犯修正为行为犯后，《药品管理法》第 74 条就应当及时作出修正，改变原有的“量变到质变”模式，而不是在时隔 8 年之久才对该条款进行调整。

二、变刑事司法解释事后备案为事前审查

司法解释有使模糊的法律条文清晰化，使办案执法尺度统一的功能，因而有存在的必要，但亦应有其方法和界限。司法解释的大量出台，导致司法人员对司法解释的依赖已经远远超过了对法典的理解和适用，甚至离开了司法解释便无所适从不会断案。

针对司法解释的数量增长和对立法领域的影响加大，全国人大常委会于 2005 年通过了《司法解释备案审查工作程序》，2016 年全国人大常委会法工委制定《全国人大常委会法制工作委员会法规、司法解释备案审查工作规程（试行）》，2019 年全国人大常委会通过《法规、司法解释备案审查工作办法》，规定了“两高”制定的司法解释，应当自公布之日起三十日内报送全国人大常委会备案。国务院等国家机关和社会团体、企业事业组织以及公民认为司法解释同宪法或者法律相抵触的，可以向全国人大常委会书面提出审查要求或审查建议。此即司法解释的备案审查机制，但刑事司法解释因被备案审查而被宣布为无效的，至今未见。我国有学者因而提出构建完善的越权刑法司法解释撤销机制，即全国人大可以决定提起对刑法司法解释是否越权的审查。[①] 但无论是备案审查机制还是撤销机制，都是在司法解释已经制定且公布以后才能运作，即都属于事后审查。笔者认为，事后审查难以真正发

---

① 陈志军：《刑法司法解释研究》，中国人民公安大学出版社 2006 年版，第 420 页。持相同观点的还有赵秉志、陈志军：《论越权刑法解释》，载《法学家》2004 年第 2 期；王作富、刘树德：《非法经营罪调控范围的再思考——以〈行政许可法〉若干条款为基准》，载《中国法学》2005 年第 6 期；陈兴良：《刑法的明确性问题：以〈刑法〉第 225 条第 4 项为例的分析》，载《中国法学》2011 年第 4 期；莫晓宇《刑法司法解释的基本问题》，载《刑法解释》2020 年第 1 期；等等。

挥审查的作用，更多只是起到备案作用，这从备案审查制的实际运行效果即可得到印证。因此，笔者建议，变刑事司法解释的事后审查为事前审查，即“两高”认为需要出台刑事司法解释的，先分别由本院审判委员会或检察委员会通过初审，再将初审及详细的出台司法解释的理由和针对司法解释内容的说明提交全国人大常委会审查，后者对司法解释的必要性（是否有解释必要）、合法性（主体是否合法，内容是否与宪法、法律相抵触）和合理性（是否符合刑法基本原理）进行审查。只有通过了立法机关的审查，才能正式向社会公布。从理论上说，作为立法机关，全国人大常委会有权对司法机关进行监督。而且只有立法机关进行事前的实质性审查，才能从根本上解决司法解释的“立法化问题”。从可行性上说，以近 20 多年来看，刑事司法解释平均每年出台约 20 件，应该在立法机关审查的工作量承受范围之内。

三、形式解释与实质解释双重过滤在行政犯领域之运用

关于刑法解释的方法，素有形式解释与实质解释之争，2010 年《中国法学》第 4 期发表了陈兴良教授和张明楷教授关于形式解释观和实质解释观观点交锋的文章，再次引发刑法理论界对刑法解释问题的深层次关注，且至今仍是刑法解释学上的重大争议问题，甚至不再仅仅是构成要件论之争，而是演变成为刑法机能论之争和刑法观之争。[①]

形式解释论强调，对犯罪构成的解释应立足于构成要件自身而不是其他。即在解释犯罪行为是否成立时，应从犯罪构成自身寻找答案。由于形式解释坚持从刑法规范自身寻求解释结论，因而与形式法治紧密契合。相反，实质解释论认为，对犯罪构成的解释不应仅立足于构成要件，还需要借助刑罚要素进行判断。之所以如此，因为实质解释是基于罪刑法定原则的实质侧面展开的，而实质侧面关注的正是刑法规范自身的正当性和明确性，这与实质法治的内涵是一致的。[②]由此可知，解释方法上的形式解释与实质解释，对应的是犯罪论上的形式犯罪论与实质犯罪论，以及罪刑法定原则的形式侧面与实质侧面。形式解释论对实质解释论的反驳是后者对法律以居高临下的

---

① 陈兴良：《形式解释论与实质解释论：事实与理念之展开》，载《法制与社会发展》2011 年第 2 期。

② 赵运锋：《刑法解释论》，中国法制出版社 2012 年版，第 63 页。

姿态，以社会危害性作为认定行为是否构成犯罪的切入点，[①]在法律缺乏形式规定的情况下，通过扩大解释将之入罪，实为类推解释，[②]容易脱离规范进行危害性判断从而破坏罪刑法定原则；实质解释论者则坚称能够通过刑法解释解决的问题就不属于真正的漏洞，并质疑形式解释论对犯罪构成所作的形式而僵化的理解，同样不符合发挥罪刑法定原则的实质侧面之要求。[③]

事实上，对于大多数案件而言，形式解释论与实质解释论的结论是一致的。正如有学者所言，“形式解释论与实质解释论并非双方论者所宣称的那般不可调和。相反，二者在解释位阶上具有一致性，解释结论具有相似性”。[④]只有对于有争议的案件，运用不同的解释方法才会得出不同的结论，此时，如果单纯地只适用其中一种而排斥另一种解释方法，笔者认为都不妥当。因为语言本身具有的模糊性和开放性，完全依靠犯罪构成从形式上判断行为的法律属性确实存在困难，在引入实质解释方法时，以可罚的违法性和法益侵害性诠释构成要件的符合性，既可避免形式解释的僵化，又可避免对犯罪构成作出非规范性的扩大或缩小。因而，对于争议案件，笔者主张运用形式解释与实质解释之双层解释法，形式解释作为第一层过滤机制，实质解释作为第二层过滤机制，无论是涉及出罪入罪还是此罪彼罪，经过双层过滤之后，方能得出妥当的结论，避免刑法的介入不足或介入过度。之所以将形式解释作为司法判断的第一步，是因为法治首先是一种形式理性，只有在形式解释不能合理解决问题的情况下，才以实质解释修正形式解释之不足，且在运用实质解释方法时，仍需受到形式理性的制约，不能因惩罚的内在冲动而突破罪刑法定原则的底线。换言之，形式解释和实质解释应互为补充又互为制约。

具体而言，在刑法介入社会生活，即判断某一行为是否构成犯罪时，首先要对行为进行构成要件符合性的判断，如果欠缺构成要件的符合性，就直

---

① 杨兴培：《刑法实质解释论与形式解释论的透析和批评》，载《法学家》2013年第1期。

② 参见陈兴良：《形式解释论的再宣示》，载《中国法学》2010年第4期。

③ 参见劳东燕：《刑法解释中的形式论与实质论之争》，载《法学研究》2013年第3期。

④ 参见何萍、李腾：《形式解释与实质解释之争及其出路》，载《法学》2017年第11期。

接通过形式解释这一层过滤机制将行为排除在犯罪之外。但如果行为在形式上符合了构成要件，仍不能轻易作出入罪的结论，还要进行实质解释论的判断，即行为是否具有可罚的违法性。通过第二层过滤机制即实质解释论，将单纯符合刑法文字但实质上不值得科处刑罚的行为排除在犯罪圈之外。可罚的违法性理论由日本学者宫本英修提出，他认为某个行为要成为犯罪，首先要在法律上一般规范性的评价为违法，其次需要在刑法上进一步判断为可罚，其理论背景是刑法谦抑理论。① 根据该理论，即使行为违法，但如果没有达到可罚的程度，也不构成犯罪。

可罚的违法性判断在行政犯定罪过程有着尤为重要的作用，因为行政犯罪一般由行政违法转换而来，可罚的违法性可以从质和量两个维度区分行政违法与行政犯罪，将具有轻微的行政违法性而缺乏刑事可罚必要性的行为排除在犯罪圈之外。我国刑法理论上虽然没有可罚的违法性理论，但刑事立法上的“但书”与可罚的违法性之间具有相通之处，笔者认为，“但书”可以作为司法实践中可罚的违法性之阻却事由，将形式上符合犯罪构成要件但实质上不具有可罚的违法性的行为作出罪处理。

以最高人民法院公报案例张某某伪造居民身份证案为例。② 被告人张某某不慎遗失居民身份证，因其户口未落实，无法向公安机关申请补办居民身份证，遂于 2002 年 5 月底，以其本人照片和真实的姓名、身份证号码和暂住地地址，出资让他人伪造了居民身份证一张。2004 年 3 月 18 日，张某某在中国银行上海市普陀支行使用上述伪造的居民身份证办理正常的银行卡取款业务时，被银行工作人员发现而案发。公诉机关以张某某构成伪造居民身份证罪向法院提起公诉，一审法院认为，张某某伪造并使用居民身份证的目的，是为了解决身份证遗失后无法补办，日常生活中需要不断证明自己身份的不便。张某某伪造居民身份证虽然违法，但未对社会造成严重危害，属于情节显著轻微危害不大，不构成犯罪。检察机关提出抗诉后，上海市第二中级人民法院驳回抗诉，维持原判。

在这起案件中，如果仅立足于形式解释，被告人的行为完全符合伪造居

---

① ［日］大塚仁：《犯罪论的基本问题》，冯军译，中国政法大学出版社 1993 年版，第 121 页。

② 一审判决书为上海市静安区人民法院刑事判决书，（2004）静刑初字第 64 号；二审判决书为上海市第二中级人民法院刑事判决书，（2004）沪二中刑终字第 220 号。

民身份证罪的构成要件。但是从本案案情来看，被告人是因为身份证遗失无法补办，为避免生活不便而伪造了身份证，身份证上的信息均是其本人真实信息，且其是在找工作、日常生活、办理银行卡等活动中使用，并没有利用伪造的身份证实施违法犯罪行为，故该伪造行为并没有造成严重的社会危害性，给予一般的行政处罚即可，没有刑事处罚的必要性，即不具备可罚的违法性。这就是实质解释论对犯罪所起到的过滤作用，也是一审法院判决被告人无罪二审法院维持原判的依据所在。

而对于实质值得科处刑罚但从形式上看又缺乏构成要件符合性的行为，形式解释论基于罪刑法定原则所倡导的形式理性，通过形式要件将其排除在犯罪范围之外，[①] 但实质解释论则主张在不违反民主主义与预测可能性的前提下，对刑法作扩大解释，以实现处罚的妥当性。[②] 笔者认为，扩大解释作为一种解释方法，本身并不被罪刑法定原则所禁止，但必须受到严格的限制，刑法文本的“可能的词义”就是扩大解释最大的边界范围。超越原文文本的刑法适用，就违背了在使用刑罚力进行干涉时应当具有的国家自我约束，从而也就丧失了民主的合理性基础，[③] 蜕变为类推解释。尽管必须承认有时扩大解释和类推解释的界限难以区分，对于同一个解释，有人会认为是扩大解释，有人则会认为是类推解释，但理论上仍然认为类推解释是于法无据的入罪，是国家本位的体现，而扩大解释则是于法有据的入罪，是社会保护与个人自由的兼顾，二者有区分的必要亦有区分的可能。在考虑用于可能具有的含义的同时，还必须考虑处罚的必要性。“解释的实质的容许范围，与实质的正当性（处罚的必要性）成正比，与法文通常语义的距离成反比。”[④] 处罚的必要性越高，作出扩大解释的可能性也就越大。但是如果行为超出了刑法用语可能具有的含义，则不管处罚的必要性有多高，也不得通过扩大解释为犯罪。此即刑法的扩大解释不能弥补刑法漏洞，这是对扩大解释进行限制的途径之一。途径之二在于国民的预测可能性，即扩大解释的结论是否能够为

① 参见陈兴良：《形式解释论的再宣示》，载《中国法学》2010 年第 4 期。

② 参见张明楷：《实质解释论的再提倡》，载《中国法学》2010 年第 4 期。

③ ［德］克劳斯·罗克辛：《德国刑法学总论》（第 1 卷），王世洲译，法律出版社 2005 年版，第 86 页。

④ ［日］前田雅英：《刑法总论讲义》，东京大学出版会 1998 年版，第 85 页。转引自张明楷：《刑法分则的解释原理》，中国人民大学出版社 2004 年版，第 18 页。

一般人所接受，如果能够接受就意味着这种解释没有超出其预测可能性。而司法实务中则需通过增强法律文书尤其是判决书的说理性来限制法官释法中不适当的扩大解释。

四、价值评价的适当引入

任何法律规范都包含了立法者的利益评价，也就是价值判断，法律适用就意味着在具体的案件中实现法定的价值判断。[①]尤其在疑难案件中，刑法适用解释可能不是一个真理判断，而是一个价值判断，更需要从妥当性的角度来考虑适用刑法、来合理地定罪量刑。[②]在大陆法系的犯罪论体系中，犯罪构成被视为记述的、价值中立的犯罪类型，价值评价一般在违法性和有责性中完成。其中对于违法性的判断，存在结果无价值论和行为无价值论的争议。结果无价值论一般赞成法益侵害说，在判断行为是否具有违法性、行为是否属于违法阻却事由时，最基本的是考虑行为是否侵害或者威胁了法益。而行为无价值论者一般赞成规范违反说，认为违法性的实质是违反国家法秩序的精神、目的，违反作为法秩序基础的社会伦理规范，故在违法性判断上必然重视行为本身的反伦理性。[③]而在我国的刑法论体系中，事实判断和价值判断是一次性完成的，但在刑事犯和行政犯中表现有所不同。刑事犯与道德的联系更为紧密和易见，因此价值评价往往与规范评价相吻合；而行政犯，大多数与道德没有紧密的联系，价值评价与规范评价之间容易产生隔阂甚至背离。因此，笔者认为在行政犯定罪过程中可以适当引入价值评价。

笔者主张的价值评价仅仅从法律中可能无法完全获取，而需要在法律之外寻找，不断将合理的外在价值吸纳进来，“在法解释本身的灵活性不足以支持合理的价值判断时，它甚至会超越现行法律而影响当下乃至未来的法政策，最终迫使既有的法律作出修正”[④]。在行政犯司法认定中，价值评价可以

---

① ［德］博恩魏德士：《法理学》，丁小春、吴越译，法律出版社2003年版，第64页。

② 梁根林：《现代法治语境中的刑事政策》，载《国家检察官学院学报》2008年第4期。

③ 参见张明楷：《刑法的基本立场》，中国法制出版社2002年版，第96页、第163页。

④ 参见劳东燕：《刑事政策与刑法解释中的价值判断——兼论解释论上的“以刑制罪”现象》，载《政法论坛》2012年第4期。

作为出罪事由，将部分仅仅满足形式合理性的行为排除在犯罪之外。“法无明文规定不为罪”不能直接推导出“法有明文规定必有罪”，符合法律条文规定的要件是入罪的必要条件而非充分条件。因为构成要件的该当性只能论证刑事处罚的形式合理性而不能论证其实质合理性，符合了构成要件的行为不必然就具有刑事处罚所要求的实质违法性。只有同时具备形式违法性和实质违法性的行为才有入罪的正当性。

以金融犯罪为例，刑法对金融领域的调控，既要有效打击金融犯罪、防范金融风险，又要积极保障金融多元化发展，尊重社会财富的分配和流动。① 与国外成熟的金融市场运作相比，我国的金融领域，无论是金融产品、金融形态抑或金融监管都处于不断探索与发展的过程中，一些金融法规尤其是部门规章及以下的规范性文件，都不尽完善或不尽合理。因此，一些非法的金融活动，虽然具有行政违法性却未必都具有社会危害性，甚至可以说，金融创新鼓励一定程度的冒险，必然伴随着对现有规范的突破，这些行为有其存在的内在合理性和证明作用。如果因为金融违法行为违反了行政法规，当违反的量达到一定数额标准，就一律以刑法治之，则可能既会因为罔顾金融违法行为发生的具体环境和原因而忽视对金融监管的改进，同时也会因为禁锢金融主体的创新意识与行动从而阻碍金融市场的活力与发展。因此，对于金融领域的违法行为，需要引入价值评价的方法。只能在金融秩序、金融安全和金融规律的大背景之下分析某一金融行为产生的原因，并进而确认其具有严重社会危害性的前提下，再通过规范评价确认该行为是否符合某一罪名的犯罪构成。刑法的介入应当慎之又慎，谨防介入过度对市场自由和活力的扼杀。对于形式上符合金融犯罪特征的行为，如果其在实质上并没有产生严重的社会危害，而是具有一定的金融创新价值，仅仅因为金融理念或金融政策尚未为其正名，或者金融监管部门对其性质的认定尚左右摇摆，则刑法应保持必要的谦抑性，以免破坏金融创新的空间和环境。②

又如对民间融资领域的规制，融资类的金融犯罪不断增多，一部分原因在于正规的金融体系无法满足企业正常的资金需求。一些民营经济发达地区

① 王潜、冯雨：《金融犯罪的刑法解释规则研究》，载《研究生法学》2016 年第 3 期。

② 黄伯青、李杰文：《金融创新背景下的金融犯罪变迁与审判思路调整》，载《人民司法（应用）》2020 年第 4 期。

的司法机关已经认识到这个问题，开始在司法实践中严格区分企业集资类案件中罪与非罪的界限、正确处理刑民交叉问题的法庭技术、慎重办理因资金链断裂引发的集资类刑事案件。早在2008年浙江省高级人民法院、浙江省人民检察院、浙江省公安厅就联合发布《关于当前办理集资类刑事案件适用法律若干问题的会议纪要》，其第2条和第4条分别规定："为生产经营所需，以承诺还本分红或者付息的方法，向相对固定的人员（一定范围内的人员如职工、亲友等）筹集资金，主要用于合法的生产经营活动，因经营亏损或者资金周转困难而未能及时兑付本息引发纠纷的，应当作为民间借贷纠纷处理。对此类案件，不能仅仅因为借款人或借款单位负责人出走，就认定为非法吸收公众存款犯罪或者集资诈骗犯罪。""为生产经营所需，以承诺还本分红或者付息的方法，向社会不特定对象筹集资金，主要用于合法的生产经营活动，因经营亏损或者资金周转困难而未能兑付本息引发纠纷的，一般可不作为非法吸收公众存款犯罪案件处理。"笔者认为，作为民营经济发达地域，思量金融行为刑事法网的合理性，以公、检、法联合发文的方式在严苛的刑事立法法网中探求以司法方式为民间融资谋得一角"安全"，其积极意义不容小觑。从金融市场发展来看，当金融市场逐步走向开放，民间融资逐渐兴起，金融创新不断推进，如果金融刑法的保护重心始终偏向于对金融机构垄断利益的保护，则会变得不合时宜。① 或许有此方面的考量，2010年最高人民法院颁布《关于审理非法集资刑事案件具体应用法律若干问题的解释》也部分吸收了前述会议纪要的内容，规定："非法吸收或者变相吸收公众存款，主要用于正常的生产经营活动，能够及时清退所吸收资金，可以免于刑事处罚；情节显著轻微的，不作为犯罪处理。"2022年修订该司法解释时，上述内容被保留。但该司法解释仅仅将用于正常经营活动作为是否免于刑事处罚考虑的情节，而非如前述会议纪要将其作为是否入罪考虑的情节。笔者认为，前述会议纪要正视了民营企业对资金的正常需求与银行等正规融资渠道的有限供应之间的尖锐矛盾，为民间融资安排了"用于生产经营"这一制度化的出罪通道，比上述司法解释更值得肯定和推广。

必须予以说明的是，价值分析在行政犯定罪过程中的引入应该适当，应受到严格的限制。具体而言，在以价值分析作为出罪事由时，应以必要性为

① 参见王勇：《互联网时代的金融犯罪变迁与刑法规制转向》，载《当代法学》2018年第3期。

原则，即某行为确实因特定社会原因而出现且没有实质的社会危害性而有必要予以出罪处理时才能运用。而以价值分析作为入罪理由时，则要慎之又慎，在司法实践中切不能颠覆先规范分析再价值分析的路径，不能突破罪刑法定原则的形式理性的限制。对任何行为的入罪，都必须满足最低限度的形式理性，即使该行为在结果无价值上表现得极其严重符合入罪的实质理性，但只要刑法规范未对该行为作出规定，就绝不能以价值分析为由将其入罪处罚。

结 语

行政犯，是随着社会的发展尤其是经济的快速发展，以及国家行政职能的日趋增强而产生并逐渐增多的。当今中国，各项改革与创新正如火如荼地进行，各项行政、经济法规即行政犯的前置法规也正处于并将在相当长的一段时间内持续处于不断出台和修正完善的过程中。出于资本逐利的天性，市场主体中不乏锐意创新者，但也不乏钻法律空子者以及以创新为名行违法犯罪之实者。如何甄别行为的合法与非法、在非法行为中又如何进一步区分行政违法与行政犯罪，是自由与秩序的博弈，也是行政权与司法权的分工与制衡，这些都成为横亘在司法实务者面前的现实难题，诸多案件均因此产生争议。与普通的刑事犯相比，行政犯的定罪面临更多的法律适用问题，不仅是对刑事法律的适用问题，也有对行政法规的适用问题，更有对行政法规与刑事法律的关系的理解问题。总之，纷繁复杂的行为样态和争议纷呈的司法实践对刑法理论在行政犯定罪的基本问题上提出了更多的供给需求。

本书正是立足于实践，对司法实务在行政犯定罪中（主要是罪与非罪）面临的几大基本问题作一梳理和分析。就行政犯的罪状而言，本书认为其广泛采用空白罪状有必然性与合理性，但在适用过程中必须遵循罪刑法定原则，如作为前置法规的“国家规定”必须从制定主体上加以限制，在前置法规的援引上必须符合法律位阶规则、法益同一规则和转授权无效规则。在违法性问题上，本书认为由于违法性在我国的犯罪构成体系中没有独立地位，也引发了最高司法机关甚至立法机关在违法性问题上立场的摇摆，因此违法性在我国不应仅仅栖息在犯罪特征中，而应该作为犯罪成立的一个独立条件在司法定罪过程中得以适用。行政犯的定罪必须完成从行政违法性到刑事违法性的判断，而不能越过行政违法性直接跨越到刑事违法性的判断。在前置法规规定为合法，或者缺乏前置法规，或者前置法规未规定为违法时，刑事司法不应贸然进入。但由于刑法与行政法具有不同的目的、规制对象和价值取向，因此刑事违法性对行政违法性具有依附性的同时也具有独立性，二者的区分既有赖于立法上的显性提示，更有赖于司法上的排除技术。在具体行政行为与行政犯定罪的关系上，本书首先认为无论从行政法的解释路径还是从刑法的解释路径，都应得出行政犯定罪过程中要审查行政行为合法性的结论。其次，文章对行政行为影响行政犯定罪的三个具体问题进行了分析。在行政犯的主观认定问题上，本书认为违法性认识不是犯罪故意的要素。如果我国的犯罪论体系被改造成三阶层的犯罪论体系，违法性认识自然是责任要件要素，而在现阶段的犯罪论体系中，可以将其作为独立的主观要件，从而使得主观要件既包含心理责任要素也包含规范责任要素。行政犯罪的违法性认识并不要求行为人现实地认识到自己的行为违反法律，至于法律的内容应以一般的法律规范为宜，即行为人只要有认识到自己的行为违反前置法规的可能性即可。而对于国外的严格责任犯罪，本书认为实然层面，我国刑法中不存在严格责任的行政犯罪，应然层面，可以在特定的行政犯罪领域引入相对严格责任。本书的最后认为刑事司法在行政犯领域应当保持适度介入的姿态，并提出从实体法角度完善行政法规与刑法的衔接、建立司法解释事前审查机制、形式解释与实质解释双重过滤、适当引入价值评价等路径。总之，既要避免刑事司法在行政犯领域的介入过度，又要避免介入不足，前者会使市场行为萎缩，后者则会导致对社会保护不力。

当然，行政犯定罪还有许多问题值得研究，也必然会不断出现新问题有待研究。比如，现代社会是一个风险社会，高新技术日新月异，其引发的风险也是传统社会所不能想象的。在这些领域的行为，其因果关系和主观认定也必然遇到新的问题，能否再沿用传统刑法理论来解决新问题值得再研究。又比如自由贸易试验区的成立与发展，区域内金融、服务、贸易、监管等诸多领域的改革必然影响区域内相关行政犯罪的认定，但鉴于实际案件相对较少，也鉴于本人的学识所限，这些新问题还留待日后进一步深入研究。

参考文献

一、连续出版物

[1] 田宏杰：《行政犯治理与现代刑法的政治使命》，载《中国人民大学学报》2022 年第 1 期。

[2] 田宏杰：《罪状结构的开放性与罪状类型化的反思》，载《法商研究》2023 年第 2 期。

[3] 赵秉志、郑延谱：《中国行政刑法的立法缺憾与改进》，载《河北法学》2006 年第 8 期。

[4] 赵秉志：《中国刑法立法晚近 20 年之回眸与前瞻》，载《中国法学》2017 年第 5 期。

[5] 黄明儒：《也论行政犯的性质及其对行政刑法定位的影响》，载《现代法学》2004 年第 5 期。

[6] 张祥宇：《行政犯法律性质的定位、缺陷及完善》，载《南华大学学报（社会科学版）》2016 年第 2 期。

[7] 杨柳：《释法抑或造法：由刑法历次修正引发的思考》，载《中国法学》2015 年第 5 期。

[8] 郭润生、刘东生：《行政刑罚基本问题初探》，载《山西大学学报（哲学社会科学版）》1998 年第 3 期。

[9] 孙万怀：《法定犯拓展与刑法理论取代》，载《政治与法律》2008 年第 12 期。

[10] 周佑勇、刘艳红：《行政刑法性质的科学定位》（上），载《法学评论》2002 年第 2 期。

[11] 刘艳红：《空白刑法规范的罪刑法定机能》，载《中国法学》2004 年第 4 期。

[12] 刘艳红：《违法性认识的体系性地位》，载《扬州大学学报（人文社会科学版）》2015 年第 4 期。

［13］刘树德：《罪刑法定原则中空白罪状的追问》，载《法学研究》2001 年第 2 期。

［14］孙国祥：《行政犯违法性判断的从属性和独立性研究》，载《法学家》2017 年第 1 期。

［15］王志远、董文哲：《论行政犯的犯罪本质——基于行政犯入罪逻辑的思考》，载《河北法学》2021 年第 2 期。

［16］游伟、赵云峰：《经济犯罪“入罪”问题研究》，载《法律适用》2012 年第 1 期。

［17］童德华：《我国刑法立法模式反思》，载《法商研究》2017 年第 6 期。

［18］童德华：《附属刑法：实现刑法参与国家治理的有效形式》，载《时代法学》2020 年第 1 期。

［19］张文、杜宇：《自然犯、法定犯分类的理论反思》，载《法学评论》2002 年第 6 期。

［20］王利宾：《行政犯研究》，载《政治与法律》2008 年第 12 期。

［21］张绍谦：《试论行政犯中行政法规与刑事法规的关系——从著作权犯罪的“复制发行”说起》，载《政治与法律》2011 年第 6 期。

［22］于冲：《附属刑法缺位下行政犯空白罪状的功能定位及其要件填补》，载《中国刑事法杂志》2021 年第 5 期。

［23］李希慧：《罪状、罪名的定义与分类新论》，载《法学评论》2000 年第 6 期。

［24］马荣春：《世界多样性及其方法论：去意识形态后犯罪论体系的哲学自觉》，载《法治研究》2014 年第 9 期。

［25］谭滨、赵宁、瞿勇：《我国刑法分则中空白罪状的解释规则探讨》，载《政治与法律》2012 年第 1 期。

［26］郑永流：《德国“法治国”思想和制度的起源与变迁》，载夏勇主编：《公法》（第二卷），法律出版社 2000 年版。

［27］徐松林：《我国刑法应取消“非法经营罪”》，载《法学家》2003 年第 6 期。

［28］韩粮远：《罪刑法定视野下对空白罪状的再追问——以赵春华案及 23 个同类案件为分析样本》，载《犯罪研究》2017 年第 6 期。

［29］陆焕强、沈琳梅：《从非法经营罪的设置评析空白罪状的缺陷》，

载《法治论丛》2016 年第 6 期。

[30]陈金林:《法定犯与行政犯的源流、体系地位与行刑界分》,载《中国刑事法杂志》2018 年第 5 期。

[31]詹红星:《“违反国家规定”的宪法解释与司法适用》,载《湘潭大学学报(哲学与社会科学版)》2016 年第 5 期。

[32]王恩海:《最高人民法院对非法经营罪中“违反国家规定”的适用》,载《法治研究》2015 年第 4 期。

[33]王恩海:《论我国刑法中的“违反国家规定”——兼论刑法条文的宪法意义》,载《东方法学》2010 年第 1 期。

[34]张涛、魏昌东:《回顾与展望:刑法中的“违反国家规定”研究》,载《法治社会》2018 年第 6 期。

[35]吴大勇、周天京:《论非法经营罪中的“国家规定”》,载《中国检察官》2016 年第 7 期。

[36]陈兴良:《罪刑法定主义的逻辑展开》,载《法制与社会发展》2013 年第 3 期。

[37]陈兴良:《违反行政许可构成非法经营罪问题研究》,载《政治与法律》2018 年第 6 期。

[38]陈兴良:《违法性理论:一个反思性检讨》,载《中国法学》2007 年第 3 期。

[39]陈兴良:《违法性的中国语境》,载《清华法学》2015 年第 4 期。

[40]陈兴良:《违法性论的重塑——一个学术史的考察》,载《政法论坛》2011 年第 5 期。

[41]陈兴良:《刑法中的责任:以非难可能性为中心的考察》,载《比较法研究》2018 年第 3 期。

[42]陈兴良:《形式解释论的再宣示》,载《中国法学》2010 年第 4 期。

[43]王俊:《法定犯时代下违法性认识的立场转换》,载《现代法学》2020 年第 6 期。

[44]陈璇:《责任原则、预防政策与违法性认识》,载《清华法学》2018 年第 5 期。

[45]车剑锋:《最高限度与最低限度罪刑法定的划分及其意义——对传统罪刑法定原则分层策略的反思与重构》,载《政治与法律》2017 年第 9 期。

[46]江溯:《罪刑法定原则的现代挑战及其应对》,载《政法论丛》

2021 年第 3 期。

[47] 陆焕强、沈琳梅：《从非法经营罪的设置评析空白罪状的缺陷》，载《法治论丛》2016 年第 6 期。

[48] 张涛、魏昌东：《回顾与展望：刑法中的“违反国家规定”研究》，载《法治社会》2018 年第 6 期。

[49] 唐稷尧：《论我国经济犯罪的立法模式选择——兼谈空白罪状内涵的解释与补充》，载《四川师范大学学报（社会科学版）》2006 年第 6 期。

[50] 蒋铃：《刑法中“违反国家规定”的理解和适用》，载《中国刑事法杂志》2012 年第 7 期。

[51] 胡启忠：《金融刑法立罪逻辑轮：以金融刑法修正为例》，载《中国法学》2009 年第 6 期。

[52] 古加锦：《利用未公开信息交易罪司法适用的疑难问题研究》，载《政治与法律》2015 年第 2 期。

[53] 陈兵：《空白罪状适用的规范性解释——以前置性规范为中心》，载《西南政法大学学报》2014 年第 2 期。

[54] 梁宏、马蓓蓓：《王力军非法经营案再审改判无罪案的理解与参照》，载《人民司法（案例）》2021 年第 17 期。

[55] 何天秀：《危害珍贵、濒危野生动物罪的认定——以“深圳鹦鹉案”“大学生掏鸟窝案”为例》，载《中国检察官》2021 年第 12 期。

[56] 姚万勤：《判决公正与刑法适用的公众认同——以深圳鹦鹉案等系列案件为分析视角》，载《法律方法》2019 年第 3 期。

[57] 张祥宇：《行政犯法律性质的定位、缺陷及完善》，载《南华大学学报》2016 年第 2 期。

[58] [德] 乌尔斯·金德霍伊泽尔：《德国刑事违法性的基础》，陈璇译，载《人民检察》2015 年第 19 期。

[59] 杜宇：《合分之道：构成要件与违法性的阶层关系》，载《中外法学》2011 年第 4 期。

[60] 王骏：《违法性判断必须一元吗？——以刑民实体关系为视角》，载《法学家》2013 年第 5 期。

[61] 童伟华：《日本刑法中违法性判断的一元论与相对论述评》，载《河北法学》2009 年第 11 期。

[62] 童德华：《违法性认识可能性的立场重置与功能再构》，载《法学

家》2020 年第 3 期。

[63] 吴镝飞:《法秩序统一视域下的刑事违法性判断》,载《法学评论》2019 年第 3 期。

[64] 赵珊珊:《非法吸收公众存款罪法益新论及对司法适用的影响——结合货币银行学对〈刑法修正案(十一)〉的审读》,载《中国刑事法杂志》2021 年第 2 期。

[65] 周光权:《论刑事一体化视角的危险驾驶罪》,载《政治与法律》2022 年第 1 期。

[66] 周光权:《法秩序统一性的含义与刑法体系解释》,载《华东政法大学学报》2022 年第 2 期。

[67] 张明楷:《抽象危险犯:识别、分类与判断》,载《政法论坛》2023 年第 1 期。

[68] 张明楷:《实质解释论的再提倡》,载《中国法学》2010 年第 4 期。

[69] 李涛:《论我国刑法中抽象危险犯的司法限缩》,载《河南财经政法大学学报》2022 年第 6 期。

[70] 肖晚祥:《非法吸收公众存款罪的司法认定研究》,载《东方法学》2010 年第 5 期。

[71] 孙建保:《可罚的违法性理论利弊之启示》,载《华东政法大学学报》2014 年第 2 期。

[72] 王彦强:《可罚的违法性论纲》,载《比较法研究》2015 年第 5 期。

[73] 孙国祥:《行政犯违法性判断的从属性和独立性研究》,载《法学家》2017 年第 1 期。

[74] 林维:《刑法解释中的行政解释因素研究》,载《中国法学》2006 年第 5 期。

[75] 彭霞:《走向司法审查:行政解释的困境与出路》,载《政治与法律》2018 年第 10 期。

[76] 黄晓文:《虚开发票罪司法适用若干问题探析》,载《中国检察官》2013 年第 1 期。

[77] 贾银生:《刑法体系解释之解释规则的反思、重构与展开》,载《西南政法大学学报》2021 年第 6 期。

[78] 吴允锋:《罪群式经济犯罪规范与体系解释》,载《江西社会科学》2009 年第 3 期。

［79］刘宪权：《跨境证券犯罪刑事管辖及法律适用探讨》，载《政治与法律》2021 年第 4 期。

［80］黎宏：《法益论的研究现状和展望》，载《人民检察》2013 年第 7 期。

［81］黄鹏：《刑法法益的学术谱系》，载《西部法学评论》2020 年第 3 期。

［82］舒洪水、张晶：《法益在现代刑法中的困境与发展——以德、日刑法的立法动态为视角》，载《政治与法律》2009 年第 7 期。

［83］丁安然：《“首罚不刑”原则之提倡——以刑法第 201 条规定为切入点》，载《南昌大学学报（人文社会科学版）》2021 年第 2 期。

［84］王帅：《逃税罪中的行刑反转条款：原理与解释》，载《当代法学》2021 年第 1 期。

［85］王雅琴：《再论行政行为的公定力》，载《国家行政学院学报》2015 年第 5 期。

［86］关振海：《中外行政犯罪与行政违法行为界分模式述评》，载《刑法论丛》2012 年第 4 卷。

［87］袁博：《假冒服务商标同样可以构成假冒注册商标罪》，载《中华商标》2013 年第 4 期。

［88］李林：《妨害公务罪中的公务合法性及相对人配合义务》，载《政治与法律》2016 年第 11 期。

［89］章志远：《人民法院对行政机关专业认定的尊重及其审查》，载《法理研究》2021 年第 6 期。

［90］张坤世：《司法权与行政权：中国法治语境下的关系定位》，载《社科纵横》2020 年第 7 期。

［91］［美］理查德·J. 皮尔斯、牛佳蕊、宋华琳：《行政法上尊重学说的未来》，载《经贸法律评论》2022 年第 5 期。

［92］李翔：《刑法中“行政处罚”入罪要素的立法运用和限缩解释》，载《上海大学学报（社会科学版）》2018 年第 1 期。

［93］段阳伟：《“受过行政处罚入罪”规定之证成》，载《河北法学》2021 年第 1 期。

［94］段阳伟：《“受过行政处罚入罪”规定适用的限制及完善》，载《湖北社会科学》2022 年第 6 期。

［95］熊亚文：《逃税罪初犯免责：价值、困境与出路》，载《税务与经济》2019 年第 2 期。

［96］李腾：《逃税罪的立法革新及司法解构——基于 100 起判决的分析》，载《经济刑法》2020 年第 1 期。

［97］黄小飞：《犯罪构成要件中的行政行为的界定》，载《政治与法律》2022 年第 9 期。

［98］徐翕明：《论作为犯罪阻却事由的行政许可》，载《江西警察学院学报》2019 年第 3 期。

［99］陈烨：《法定犯违法性认识必要说：我国现行刑事立法框架下如何坚守》，载《政治与法律》2017 年第 7 期。

［100］张春林：《主观过错在行政处罚中的地位研究——兼论行政处罚可接受性》，载《河北法学》2018 年第 5 期。

［101］尹培培：《论新〈行政处罚法〉中“主观过错”条款》，载《经贸法律评论》2021 年第 3 期。

［102］马怀德：《〈行政处罚法〉修改中的几个争议问题》，载《华东政法大学学报》2020 年第 4 期。

［103］张青波：《论应受行政处罚行为的主观要素》，载《法学》2020 年第 10 期。

［104］田宏杰：《走向现代刑法：违法性认识的规范展开》，载《政法论坛》2021 年第 1 期。

［105］张泽涛:《行政犯违法性认识错误不可避免的司法认定及其处理》，载《政法论坛》2022 年第 1 期。

［106］车浩：《法定犯时代的违法性认识错误》，载《清华法学》2015 年第 4 期。

［107］陈烨：《法定犯违法性认识必要说：我国现行刑事立法框架下如何坚守》，载《政治与法律》2017 年第 7 期。

［108］孙国祥：《违法性认识错误的不可避免性及其认定》，载《中外法学》2016 年第 3 期。

［109］何金洋：《经济刑法中违法性认识错误的理论反思与规则重塑》，载《西部法学评论》2022 年第 2 期。

［110］周航宇、牛建宇：《严格责任在我国刑法中的现实展望》，载《黑龙江省政法管理干部学院学报》2015 年第 3 期。

[111] 谷永超：《我国环境犯罪中引入严格责任的立法考量》，载《人民检察》2017 年第 12 期。

[112] 姜文秀：《污染环境罪认定中的严格责任适用问题》，载《人民检察》2016 年第 7 期。

[113] 张继钢：《环境犯罪归责原则研究》，载《刑事法评论》2019 年第 1 期。

[114] 周兆进：《我国环境犯罪适用严格责任的应然分析》，载《海南师范大学学报（社会科学版）》2016 年第 10 期。

[115] 于阳、王彦博：《相对严格责任视角下环境犯罪主观罪过探析》，载《行政与法》2018 年第 11 期。

[116] 刘传稿：《法治语境下犯罪圈的扩张及其限度——访武汉大学法学院教授何荣功》，载《人民检察》2017 年第 5 期。

[117] 何荣功：《社会治理“过度刑法化”的法哲学批判》，载《中外法学》2015 年第 2 期。

[118] 高铭暄、孙道萃：《预防性刑法观及其教义学思考》，载《中国法学》2018 年第 1 期。

[119] 莫晓宇：《刑法司法解释的基本问题》，载《刑法解释》2020 年第 1 期。

[120] 王东海：《刑法体系解释存在的问题及补全》，载《人民检察》2018 年第 15 期。

[121] 王安异：《对刑法兜底条款的解释》，载《环球法律评论》2016 年第 5 期。

[122] 王霖、孙伟乐：《非法吸收公众存款罪适用泛化的纠偏》，载《财经法学》2023 年第 1 期。

[123] 刘伟：《集资诈骗罪的司法困境与罪群立法完善》，载《政治与法律》2021 年第 5 期。

[124] 王强军：《刑法修正之于社会舆论：尊重更应超越》，载《政法论丛》2021 年第 3 期。

[125] 刘仁文、敦宁：《醉驾入刑五年来的效果、问题与对策》，载《法学》2016 年第 12 期。

[126] 何萍、李腾：《形式解释与实质解释之争及其出路》，载《法学》2017 年第 11 期。

［127］黄伯青、李杰文：《金融创新背景下的金融犯罪变迁与审判思路调整》，载《人民司法（应用）》2020年第4期。

［128］王勇：《互联网时代的金融犯罪变迁与刑法规制转向》，载《当代法学》2018年第3期。

二、专著

［1］黄河：《行政刑法比较研究》，中国方正出版社2001年版。

［2］陈兴良：《刑法的启蒙》，法律出版社2007年版。

［3］陈兴良：《刑法各论的一般理论》，中国人民大学出版社2007年版。

［4］陈兴良：《规范刑法学》（上），中国人民大学出版社2008年版。

［5］［意］加罗法洛：《犯罪学》，耿伟等译，中国大百科全书出版社1996年版。

［6］刘艳红、周佑勇：《行政刑法的一般理论》，北京大学出版社2008年版。

［7］［日］野村稔：《刑法总论》，全理其等译，法律出版社2001年版。

［8］［日］大塚仁：《犯罪论的基本问题》，冯军译，中国政法大学出版社1993年版。

［9］［日］大塚仁：《刑法概说》（总论），冯军译，中国人民大学出版社2009年版。

［10］［日］曾根威彦：《刑法学基础》，黎宏译，法律出版社2005年版。

［11］［日］松宫孝明：《刑法总论讲义》（第4版补正版），钱叶六译，中国人民大学出版社2013年版。

［12］谭兆强：《法定犯理论与实践》，上海人民出版社2013年版。

［13］马克昌：《比较刑法原理》，武汉大学出版社2002年版。

［14］马克昌、卢建平：《外国刑法学总论（大陆法系）》，中国人民大学出版社2016年版。

［15］陈家林：《外国刑法通论》，中国人民公安大学出版社2009年版。

［16］黎宏：《刑法学》，法律出版社2012年版。

［17］黎宏：《刑法学各论》，法律出版社2016年版。

［18］高铭暄、马克昌主编：《刑法学》，北京大学出版社、高等教育出版社2019年版。

［19］张明楷：《刑法学》（第五版），法律出版社2016年版。

[20] 张明楷：《刑法的基本立场》，中国法制出版社 2002 年版。

[21] 张明楷：《罪刑法定与刑法解释》，北京大学出版社 2009 年版。

[22] 张明楷：《诈骗罪与金融诈骗罪研究》，清华大学出版社 2007 年版。

[23] 曲新久：《刑法学》，中国政法大学出版社 2016 年版。

[24] 周光权：《刑法各论》（第四版），中国人民大学出版社 2021 年版。

[25] [法] 卢梭：《社会契约论》，何兆武译，商务印书馆 2003 年版。

[26] 李晓明：《行政刑法学导论》，法律出版社 2003 年版。

[27] [意] 贝卡里亚：《论犯罪与刑罚》，黄风译，中国大百科全书出版社 1993 年版。

[28] [美] 庞德：《法律史解释》，华夏出版社 1989 年版。

[29] [美] 卡尔威因等：《美国宪法释义》，徐卫东译，华夏出版社 1989 年版。

[30] 高铭暄主编：《刑法专论》（上编），高等教育出版社 2002 年版。

[31] 刘伟：《经济刑法规范适用原论》，法律出版社 2012 年版。

[32] [意] 杜里奥·帕多瓦尼：《意大利刑法学原理》，陈忠林译评，中国人民大学出版社 2004 年版。

[33] [美] 卡尔威因等：《美国宪法释义》，徐卫东译，华夏出版社 1989 年版。

[34] [德] 克劳斯·罗克辛：《德国刑法学总论》，王世洲译，法律出版社 2005 年版。

[35] [意] 克劳斯·罗克辛：《德国最高法院判例刑法总论》，何庆仁、蔡桂生译，中国人民大学出版社 2012 年版。

[36] [德] 汉斯·海因里希·耶赛克、托马斯·魏特根：《德国刑法教科书》，徐久生译，中国法制出版社 2017 年版。

[37] [德] 卡尔·拉伦茨：《法律方法论》，陈爱娥译，商务印书馆 2005 年版。

[38] [德] 汉斯·韦尔策尔：《目的行为论导论——刑法理论的新图景》（增补第 4 版），陈璇译，中国人民大学出版社 2015 年版。

[39] [德] 约翰内斯·韦塞尔斯：《德国刑法总论》，李昌珂译，法律出版社 2008 年版。

[40] 林钰雄：《新刑法总则》，中国人民大学出版社 2009 年版。

[41] 劳东燕：《刑法基础的理论展开》，北京大学出版社 2008 年版。

[42] 杨剑波：《刑法明确性原则研究》，中国人民公安大学出版社2010年版。

[43] 谢佑平主编：《刑事诉讼国际准则研究》，法律出版社2002年版。

[44] 刘宪权：《金融犯罪刑法学原理》，上海人民出版社2020年版。

[45] 王爱立主编：《〈中华人民共和国刑法〉解释与适用》，人民法院出版社2021年版。

[46] 袁杰等主编：《中华人民共和国药品管理法释义》，中国民主法制出版社2019年版。

[47] 刘树德：《"口袋罪"的司法命运——非法经营罪的罪与罚》，北京大学出版社2011年版。

[48] 刘艳红：《开放的犯罪构成要件理论研究》，中国政法大学出版社2002年版。

[49] 于改之：《刑民分界论》，中国人民公安大学出版社2007年版。

[50] 张淑芳：《行政法援用研究》，中国政法大学出版社2008年版。

[51] 孔祥俊：《法律方法论——法律解释的理念与方法》（第二卷），人民法院出版社2006年版。

[52] 刘伟：《经济刑法规范适用原论》，法律出版社2012年版。

[53] 柯耀程：《刑法的思与辩》，元照出版有限公司2003年版。

[54] 黄太云：《刑法修正案解读全编》，人民法院出版社2011年版。

[55] 马春晓：《经济刑法的法益研究》，中国社会科学出版社2020年版。

[56] 涂龙科：《经济刑法规范特性研究》，上海社会科学院出版社2012年版。

[57] 姜明安主编：《行政法与行政诉讼法》（第七版），北京大学出版社、高等教育出版社2019年版。

[58] 罗豪才：《行政法学》（第四版），北京大学出版社2016年版。

[59] 姜明安主编：《行政法论丛》（第22卷），法律出版社2018年版。

[60] 方世荣、石佑启主编：《行政法与行政诉讼法》（第六版），北京大学出版社2022年版。

[61] 黄全：《行政行为效力制度研究——以行政程序法的制定为视角》，中国政法大学出版社2020年版。

[62] 赵运锋：《刑法解释论》，中国法制出版社2012年版。

[63] 杨永华主编：《行政执法与刑事司法衔接的理论与实践》，中国

检察出版社 2013 年版。

[64] 陈家林：《外国刑法理论思潮与流变》，中国人民公安大学出版社 2017 年版。

[65] [英] J.C. 史密斯、B. 霍根：《英国刑法》，李贵方等译，法律出版社 2000 年版。

[66] 赵秉志：《环境犯罪及其立法完善研究》，北京师范大学出版社 2011 年版。

[67] 焦艳鹏：《刑法生态法益论》，中国政法大学出版社 2012 年版。

[68] 赵星、胡宗金：《刑法责任论的新展开》，知识产权出版社 2015 年版。

[69] 高巍：《经济刑法要论》，中国社会科学出版社 2008 年版。

[70] 毛玲玲：《金融犯罪的实证研究——金融领域的刑法规范与司法制度反思》，法律出版社 2014 年版。

三、学位论文

[1] 郭晶：《刑事领域中行政犯问题研究》，华东政法大学 2008 年博士学位论文。

[2] 何子伦：《台湾地区刑事犯与行政犯分界之研究》，中国政法大学 2005 年博士学位论文。

[3] 吴允锋：《经济犯罪规范解释的基本原理》，华东政法大学 2008 年博士学位论文。

[4] 张冬霞：《论行政法与刑法的衔接与互动》，中国政法大学 2008 年博士学位论文。

[5] 李楠：《行政与刑事法律关联问题研究》，吉林大学 2012 年博士学位论文。

[6] 陈超然：《非法经营罪适用范围的扩张及其限制研究》，上海交通大学 2013 年博士学位论文。

[7] 施锐利：《行政违法与行政犯罪界分研究》，山东大学 2016 年博士学位论文。

[8] 夏宏强：《刑行冲突问题研究》，南京大学 2017 年博士学位论文。

[9] 夏陈婷：《行政犯的行政处罚与刑罚流动机制研究》，华东政法大学 2020 年博士学位论文。

[10] 孙继科：《论法定犯出罪机制的建构》，中南财经政法大学 2020 年博士学位论文。

四、报纸文章

[1] 储槐植：《要正视法定犯时代的到来》，载《检察日报》2007 年 6 月 1 日，第 3 版。

[2] 姜永义、陈学勇、王尚明：《〈关于办理利用未公开信息交易刑事案件适用法律若干问题的解释〉的理解与适用》，载《人民法院报》2020 年 4 月 30 日，第 5 版。

[3] 陈禹僮：《刑事违法性判断必须遵循法秩序统一性原理》，载《检察日报》2023 年 2 月 8 日，第 3 版。

[4] 王利明：《建构符合中国国情的法律解释学》，载《法制日报》2012 年 6 月 13 日，第 11 版。

[5] 曹凤岐：《沪港通的主场原则与变通处理》，载《中国财经报》2014 年 9 月 30 日。

[6]《截至 2018 年年底影视行业纳税人自查申报税款 117.47 亿元》，载《中国青年报》2019 年 1 月 25 日，第 8 版。

[7] 张玖霞：《形式审查也应审查材料的真实性和合法性》，载《人民法院报》2013 年 5 月 29 日，第 6 版。

[8] 冯军：《刑法功能责任论的理论与现实之惑》，载《检察日报》2011 年 6 月 16 日，第 2 版。

五、会议录

[1] 朝正：《国际刑法学协会第 14 届代表大会综述》，载《中国法学》1990 年第 1 期。

[2] 上海市高级人民法院审判委员会 2004 年第 28 次会议审议通过的《关于刑法总则适用问题的解答》。

六、外文文献

[1] Arnold H. Loewy，*Criminal Law*，4th Edition. 法律出版社，2004 年。

[2] Ashworth and Blake，The Burden of Proof And The Presumption of

Innocence，Criminal Law Review(1996).

[3] D.Neil MacCormick and Robert S.Summers，Interpreting Ststutes:A Comparative Study，Dartmouth，1998.

[4] Henry M. Hart，Jr，The Aims of the Criminal Law，Harvard Law Review，Vol.71(1958).

[5] Herbert L.Packer，The Limits of the Criminal Sanction，Stanford University Press，1968.

[6] Jonathan Herring，*Criminal Law*，3th ed. 法律出版社，2003 年。

[7] Michael Jefferson，*Criminal Law*，5th Edition. 法律出版社，2003 年。

[8] Michael L.Travers，Mistake of Law in Mala Prohibita Crimes，University of Chicago Law(1995).

[9] Susan f. Mandiberg，The Dilemma of Mental State in Federal Regulatory Crimes，The Environmental Example Journal，Vol.25(1995).

[10] Zabihollah Rezaee，Richard Riley，Financial Statement Fraud Prevention and Detection，John Wiley & Sons Inc，2010.

[11] Christopher J.Clark，International White Collar Enforcement，Aspatore，2010.